社会福祉を学ぶ **50**の扉

高齢者福祉

竹本与志人
神部智司 編著
杉山　京

法律文化社

はじめに

　令和5年簡易生命表によると，日本の平均寿命は男性が81.09年，女性は87.14年であり，世界一の長寿となっている。従来65歳以上を高齢者としてさまざまな施策を講じてきたが，年々伸長している平均寿命の状況等から，近年高齢者の定義の見直しが検討されている。健康寿命との差異等に照らして75歳以上が妥当であるといった考え方も提起されているが，高齢者は身体面や精神面だけではなく社会面にも配慮することが必要であることから，今後の議論の余地を残している。

　人口における高齢者の占める割合は，高齢者人口の増加だけではなく少子化の影響も受けて高くなってきている。これまで無料あるいは安価で利用可能であった生活を支えるサービスの利用に伴う自己負担が時代の変遷とともに増加してきており，公的年金を主たる収入源とする高齢者の経済基盤を圧迫しつつある。また，人口の都市集中化やそれに伴う核家族化の進行により，独居や老々介護，そして8050問題，介護殺人・介護心中などさまざまな社会問題が生じてきている。このような状況を鑑みるならば，高齢者は身体的にも精神的にも，そして社会的にも脆弱な状態にあるといえる。

　以上のことをふまえると，社会福祉における高齢者福祉とは，高齢者の身体的・精神的・社会的側面に視点を置き，今までの人生がいかに意味のあるものであったかを実感できるような余生を送ることができるよう，また生きがい感をもって住み慣れた地域での生活が可能となるようにするための学問であるといえる。日本を創ってきた先輩・先人であるという意識をもつことが大事である。そのためには高齢者に対する敬う心が前提にあり，その体現として高齢者福祉があるというロジックである。

　社会福祉士の養成課程では，高齢者福祉の目標として次の事項が掲げられている。

① 高齢者の定義と特性を踏まえ，高齢者とその家族の生活とこれを取り巻く社会環境について理解する

② 高齢者福祉の歴史と高齢者観の変遷，制度の発展過程について理解する

③ 高齢者に対する法制度と支援の仕組みについて理解する

④ 高齢期における生活課題を踏まえて，社会福祉士としての適切な支援のあり方を理解する

　これらの目標から考えると，社会福祉士として高齢者支援に携わるためには，高齢者福祉の歴史や高齢者の心身の状況，法制度の理解が求められているといえる。しかしながら，専門職としての社会福祉士にはこれらの理解に留まらず，更新されるさまざまなデータや情報から高齢者が置かれている状況を再分析し，現状に対応した施策等になっているか否かを逐次考察していただきたい。とくに高齢者の現状は，刻々と変化している。常に高齢者の目線から現象を観ることを忘れず，法制度の限界や課題を読み取り，最善の生活とは何かを念頭

に支援を検討することが重要なのである。

　先に述べた独居や老々介護，そして8050問題，介護殺人・介護心中などの社会問題は，「制度の狭間」にあって高齢者を取り巻く問題は，今後ますます複雑化していくと考えられる。そのなかで既存の法制度が十分に対応できない（できていない）現象もあるかもしれないが，そのような状況であっても社会福祉士には惜しみない不断の支援が期待されていることを強く認識してほしい。

　2025年1月

編著者代表　竹本与志人・杉山　京

目　　次

はじめに

1章　高齢者の定義と特性

① 人口高齢化の特徴と将来推計…2

② 高齢者の心身機能（健康）…6

③ 高齢者の社会生活機能…10

④ 高齢者の死生観…14

2章　高齢者の生活実態とこれを取り巻く社会環境

⑤ 高齢者の住まいの状況…18

⑥ 高齢者の経済状況と貧困問題…22

⑦ 高齢者の世帯構成…26

⑧ 高齢者の雇用・就労状況…30

⑨ 高齢者の介護問題…34

⑩ 災害弱者としての高齢者…38

⑪ ケアラー支援…42

⑫ 介護人材の確保と育成…46

3章　高齢者福祉の歴史

⑬ 高齢者の権利擁護…50

⑭ 高齢者福祉の理念と高齢者観の変遷…54

⑮ 高齢者福祉制度の発展過程…58

⑯ 地域包括ケアシステム…62

4章　高齢者に対する法制度

⑰　介護保険法…66

⑱　介護保険財政（保険料，財源，介護報酬）…70

⑲　特定疾病…74

⑳　介護予防…78

㉑　地域密着型サービス…82

㉒　居宅サービス・施設サービス…86

㉓　地域支援事業…90

㉔　福祉用具…94

㉕　介護保険制度と医療保険制度との関係…98

㉖　介護保険制度と障害者施策との関係…102

㉗　認知症…106

㉘　認知症施策…110

㉙　高齢者の生きがい支援…114

㉚　老人福祉法…118

㉛　高齢者の医療の確保に関する法律…122

㉜　高齢者虐待防止法…126

㉝　バリアフリー新法…130

㉞　高年齢者雇用安定法…134

㉟　育児・介護休業法…138

5章　高齢者と家族等の支援における関係機関と専門職の役割

㊱　支援機関の役割（国・自治体など）…142

㊲　地域包括支援センター…146

㊳　高齢者へのケアワーク…150

㊴　高齢者へのリハビリテーション…154

㊵　高齢者への終末期ケア…158

㊶　高齢者のフォーマルサービス（医療）…162

㊷　高齢者のフォーマルサービス（ケア）…166

㊸　高齢者のインフォーマルサポート…170

目　次

6章　高齢者と家族等に対する支援の実際

㊹　高齢者へのケアマネジメント…174

㊺　高齢者支援における多職種連携…178

㊻　高齢者への就労支援…182

㊼　高齢者への低所得者支援…186

㊽　高齢者支援における医療介護連携…190

㊾　地域包括ケアシステムにおける認知症高齢者支援…194

㊿　高齢者への介護予防…198

さくいん　202

v

社会福祉を学ぶ50の扉

高齢者福祉

1章　高齢者の定義と特性

人口高齢化の特徴と将来推計

◆**高齢者の定義**

　高齢者の定義は普遍的なものではなく，時代や国によって違いがある。そのようななかで，現在の日本では65歳以上の人が高齢者とされている場合が多い。たとえば，高齢者虐待の防止，高齢者の養護者に対する支援等に関する法律（高齢者虐待防止法）では，「この法律において『高齢者』とは，65歳以上の者をいう」と定義している。

　そして，65歳以上75歳未満の人を前期高齢者，75歳以上の人を後期高齢者と呼ぶことがある。たとえば，高齢者の医療の確保に関する法律（高齢者医療確保法）では，そのように規定している。

　近年の状況として，日本老年学会・日本老年医学会は高齢者の新たな定義を提言している。具体的には，心身の健康が保たれており，活発な社会活動が可能な人が大多数を占めている65～74歳を准高齢者・准高齢期（pre-old），75歳以上を高齢者・高齢期（old），そして超高齢者の分類を設ける場合には，90歳以上を超高齢者・超高齢期（oldest-old ないし super-old）と呼称するとしている。[(1)]

◆**日本の高齢化の現状と将来推計**

　日本の**高齢化率**（総人口に占める65歳以上人口の割合）は29.0％であり，65歳以上人口は3,623万6,000人となっている（2022（令和4）年10月1日現在）。このうち65～74歳（前期高齢者）の人口は1,687万2,000人（13.5％），75歳以上（後期高齢者）の人口は1,936万4,000人（15.5％）であり，後期高齢者が前期高齢者よりも多い状況である。

　65歳以上人口は2043（令和25）年の3,952万9,000人がもっとも多く，その後は減少すると推計されている。しかし，高齢化率は上昇を続け，2065（令和47）年には38.4％，そして後期高齢者の割合も上昇し25.3％になると推計されている。

　図表1-1は，以上の内容等をまとめた日本の高齢化の現状と将来推計である。

◆**都道府県別の高齢化**

　高齢化率は都道府県によって差があり，2023

高齢化率

　高齢化の状況を示す指標の一つであり，この割合が上昇するほど，高齢化が進展している社会，地域といえる。日本の高齢化率は上昇を続けている。具体的には，1950（昭和25）年では5％未満であったが，1970（昭和45）年に7％，1994（平成6）年に14％，2005（平成17）年に20％を超え，2023（令和5）年では29.1％となっている。このように日本では高齢化が進行している。

　なお，高齢化率が7％を超えた社会のことを「高齢化社会」（aging society），14％を超えた社会のことを「高齢社会」（aged society）と呼ばれることがある。

1　人口高齢化の特徴と将来推計

図表1-1　日本の高齢化の現状と将来推計

単位：人口（千人），割合（総人口に占める割合）（％）

			2022（令和4）年		2043（令和25）年		2065（令和47）年	
			人口	割合	人口	割合	人口	割合
総人口			124,947	100	110,434	100	91,587	100
	65歳以上人口		36,236	29.0	39,529	35.8	35,134	38.4
		65〜74歳人口	16,872	13.5	17,163	15.5	11,972	13.1
		75歳以上人口	19,364	15.5	22,366	20.3	23,163	25.3
15〜64歳人口			74,208	59.4	59,691	54.1	48,093	52.5
15歳未満人口			14,503	11.6	11,214	10.2	8,360	9.1

出所：2022年は総務省統計局「人口推計（2022年（令和4年）10月1日現在）」（https://www.stat.go.jp/data/jinsui/2022np/index.html, 2023.8.23），2043年および2065年は国立社会保障・人口問題研究所「日本の将来推計人口（令和5年推計）詳細結果表」の出生中位（死亡中位）推計（https://www.ipss.go.jp/pp-zenkoku/j/zenkoku2023/db_zenkoku2023/db_zenkoku2023syosaikekka.html, 2023.8.23）より筆者作成.

（令和5）年ではもっとも高い秋田県が39.0％，もっとも低い東京都が22.8％となっている（**図表1-2**）。今後，すべての都道府県で高齢化率が上昇し，2050（令和32）年ではもっとも高い秋田県で約5割（49.9％），もっとも低い東京都でも約3割（29.6％）になると推計されており，高齢化は大都市圏を含めて進んでいくと見込まれている。

◆世界の高齢化

　世界の総人口は2020（令和2）年では78億4,095万人，高齢化率は9.4％であったが，2060（令和42）年には総人口が100億6,773万人，高齢化率が18.7％になると見込まれている。[2]

　主要国における**高齢化の倍加年数**（高齢化率が7％を超えて14％に達するまでの所要年数）について，日本は24年（1970〜1994年）であり，フランス（115年），スウェーデン（85年），アメリカ（72年），イギリス（46年），ドイツ（40年）の欧米諸国と比べ短期間であった。一方，アジア諸国ではシンガポールが15年（2006〜2021年），韓国が18年（2000〜2018年），中国が22年（2001〜2023年）となっており，これらの国々では急速に高齢化が進んでいる状況がうかがえる。

◆日本の高齢化の特徴

（1）65歳以上の一人ぐらしの人の増加

　日本における65歳以上の一人ぐらしの人は増加傾向である（**図表7-2**，29頁）。具体的には，1980（昭和55）年では88万1,000人であったが，2020（令和2）年には671万7,000人となった。

高齢化

　高齢化が進展する要因は，「長寿化による65歳以上人口の増加」と「少子化による若年人口の減少」があげられる。日本の長寿化について，平均寿命は1950（昭和25）年では男性58.0年，女性61.5年であったが，2022（令和4）年では男性81.05年，女性87.09年となり，大幅に上昇している。

3

1章　高齢者の定義と特性

図表1-2　都道府県別高齢化率の推移

	2023（令和5）年					2050（令和32）年		高齢化率の
	総人口（千人）	65歳以上人口（千人）	75歳以上人口（千人）	65歳以上人口割合（%）	75歳以上人口割合（%）	65歳以上人口割合（%）	75歳以上人口割合（%）	伸び（ポイント）
北海道	5,092	1,681	915	33.0	18.0	42.6	27.2	9.6
青森県	1,184	417	221	35.2	18.7	48.4	31.1	13.2
岩手県	1,163	407	221	35.0	19.0	45.9	29.1	10.9
宮城県	2,264	662	344	29.2	15.2	39.4	24.0	10.2
秋田県	914	357	194	39.0	21.2	49.9	32.2	10.9
山形県	1,026	361	194	35.2	18.9	44.3	28.1	9.1
福島県	1,767	586	303	33.2	17.2	44.2	27.8	11.0
茨城県	2,825	865	460	30.6	16.3	40.0	25.2	9.4
栃木県	1,897	573	297	30.2	15.6	39.6	24.8	9.4
群馬県	1,902	589	322	30.9	16.9	40.0	25.5	9.1
埼玉県	7,331	2,012	1,116	27.4	15.2	35.5	22.1	8.1
千葉県	6,257	1,756	980	28.1	15.7	35.5	22.0	7.4
東京都	14,086	3,205	1,823	22.8	12.9	29.6	17.5	6.8
神奈川県	9,229	2,390	1,358	25.9	14.7	35.0	22.1	9.1
新潟県	2,126	720	391	33.8	18.4	43.2	27.3	9.4
富山県	1,007	333	191	33.1	19.0	41.4	26.6	8.3
石川県	1,109	338	189	30.5	17.1	38.3	24.5	7.8
福井県	744	235	128	31.5	17.3	40.3	25.5	8.8
山梨県	796	253	138	31.7	17.4	41.7	27.2	10.0
長野県	2,004	655	374	32.7	18.7	41.6	26.9	8.9
岐阜県	1,931	603	335	31.2	17.4	40.6	25.9	9.4
静岡県	3,555	1,101	609	31.0	17.1	39.6	25.2	8.6
愛知県	7,477	1,923	1,078	25.7	14.4	34.5	21.4	8.8
三重県	1,727	529	296	30.6	17.1	39.6	25.3	9.0
滋賀県	1,407	380	205	27.0	14.6	36.7	22.8	9.7
京都府	2,535	753	436	29.7	17.2	38.5	24.6	8.8
大阪府	8,763	2,424	1,407	27.7	16.1	36.6	23.2	8.9
兵庫県	5,370	1,609	906	30.0	16.9	39.5	25.3	9.5
奈良県	1,296	423	239	32.6	18.5	43.3	28.6	10.7
和歌山県	892	305	172	34.2	19.3	43.7	28.5	9.5
鳥取県	537	179	97	33.3	18.1	40.9	25.6	7.6
島根県	650	227	128	35.0	19.7	39.7	24.8	4.7
岡山県	1,847	573	327	31.0	17.7	37.8	23.8	6.8
広島県	2,738	825	465	30.1	17.0	37.4	23.6	7.3
山口県	1,298	459	260	35.3	20.0	42.3	27.0	7.0
徳島県	695	246	134	35.3	19.3	44.8	28.8	9.5
香川県	926	301	169	32.6	18.2	39.7	24.9	7.1
愛媛県	1,291	441	244	34.2	18.9	43.0	27.4	8.8
高知県	666	242	138	36.3	20.7	45.6	29.5	9.3
福岡県	5,103	1,452	778	28.5	15.2	35.1	21.3	6.6
佐賀県	795	252	132	31.7	16.6	39.3	24.4	7.6
長崎県	1,267	435	231	34.3	18.2	43.4	27.9	9.1
熊本県	1,709	552	298	32.3	17.4	38.8	24.3	6.5
大分県	1,096	375	206	34.2	18.8	40.5	25.5	6.3
宮崎県	1,042	351	188	33.7	18.0	40.8	25.6	7.1
鹿児島県	1,549	524	275	33.8	17.8	41.2	25.8	7.4
沖縄県	1,468	350	166	23.8	11.3	33.6	20.4	9.8

資料：2023年は総務省「人口推計」，2050年は国立社会保障・人口問題研究所「日本の地域別将来推計人口（令和5（2023）年推計）」.

出所：内閣府（2024）『令和6年版高齢社会白書（全体版）』表1-1-10（https://www8.cao.go.jp/kourei/whitepaper/w-2024/zenbun/pdf/1s1s_04.pdf, 2024.12.5）.

4

図表1-3　日本における75歳以上等の人の将来推計

年　次	人　口（千人）			総人口に占める割合（％）		
	75歳以上	80歳以上	90歳以上	75歳以上	80歳以上	90歳以上
2020（令和2）年	18,602	11,537	2,391	14.7	9.1	1.9
2045（令和27）年	22,772	15,483	5,143	20.9	14.2	4.7
2065（令和47）年	23,163	17,481	6,527	25.3	19.1	7.1

出所：国立社会保障・人口問題研究所「日本の将来推計人口（令和5年推計）詳細結果表」の出生中位（死亡中位）推計（https://www.ipss.go.jp/pp-zenkoku/j/zenkoku2023/db_zenkoku2023/db_zenkoku2023syosaikekka.html, 2023.8.23）より筆者作成.

そして，2040（令和22）年では，1,041万3,000人になると推計されている。

また，65歳以上の人口に占める一人ぐらしの人の割合も1980（昭和55）年では男性4.3％，女性11.2％であったが，2020（令和2）年には男性15.0％，女性22.1％に増加し，2040（令和22）年では男性24.2％，女性28.3％になると推計されている。

（2）75歳以上の人の増加

日本における75歳以上や90歳以上の人口，および総人口に占めるそれらの割合は今後増加すると推計されている（**図表1-3**）。具体的には，2020（令和2）年では75歳以上が1,860万2,000人（割合は14.7％），90歳以上が239万1,000人（1.9％）であったが，2045（令和27）年では75歳以上が2,277万2,000人（割合は20.9％），90歳以上が514万3,000人（4.7％），2065（令和47）年では75歳以上が2,316万3,000人（割合は25.3％），90歳以上が652万7,000人（7.1％）になると見込まれている。　　　　　（梅谷進康）

注
（1）　日本老年学会・日本老年医学会（2017）『日本老年学会・日本老年医学会「高齢者に関する定義検討ワーキンググループ」報告書』日本老年学会・日本老年医学会，66.
（2）　内閣府（2023）『令和5年版高齢社会白書（全体版）』6.（https://www8.cao.go.jp/kourei/whitepaper/w-2023/zenbun/05pdf_index.html, 2023.8.5）.

参考文献
一般社団法人日本ソーシャルワーク教育学校連盟編（2021）『高齢者福祉（最新社会福祉士養成講座2）』中央法規出版.
岩崎晋也・白澤政和・和気純子監修／大和三重・岡田進一・斉藤雅茂編著（2020）『高齢者福祉（新・MINERVA社会福祉士養成テキストブック⑩）』ミネルヴァ書房.
内閣府（2024）『令和6年版高齢社会白書（全体版）』（https://www8.cao.go.jp/kourei/whitepaper/w-2024/zenbun/06pdf_index.html, 2024.12.5）.
内閣府（2023）『令和5年版高齢社会白書（全体版）』（https://www8.cao.go.jp/kourei/whitepaper/w-2023/zenbun/05pdf_index.html, 2023.8.5）.

2 高齢者の心身機能（健康）

◆老化

　老化とは，**成熟期**後に，年齢を重ねるとともに不可逆的に進行する形態の変化や生理機能の低下（衰え）のために，個体の**恒常性**を維持することが不可能となり，最終的に死に至る変化の過程を指す。老化はすべての生命体に起こり，決して避けて通ることができない。

　加齢とは，生まれてから時間の経過のなかで自然に起こるすべての過程を指し，必ずしも衰えのみを指さない。たとえば，小児期における加齢は，成長や発達といった人の成熟過程となる。

◆高齢者の身体機能

（1）皮膚の機能

　皮膚は年齢を重ねるとともに薄くなり弾力を失う。皮膚の感覚受容体の変化，神経線維の減少や変性，脳感覚中枢の変化により，皮膚の触覚や痛みに対する感覚が低下する。さらに皮脂分泌の低下によるドライスキン，弾力性の低下による皮膚のしわやたるみ，毛髪の白髪化や眉毛が長くなるなど一部の毛の長さの変化などが見られる。脳内の体温調節機能低下や汗腺の機能低下により，低体温や高体温状態になりやすい。

（2）視　力

　一般的に，老視や老眼と呼ばれる現象は40歳を超えると顕著になり，本を目から遠ざけないと見えにくくなる等の症状が現れる。この原因は，目の水晶体の弾性低下と毛様体筋の機能衰退である。年齢とともに水晶体は硬くなり，その形を変える能力が低下することで近くの物を見ることが難しくなる。暗順応能力も低下するために暗い場所への適応が難しくなる。色覚も影響を受けるため，色が黄色くくすんで見えるようになる。さらに，水晶体が混濁する白内障を発症すると，焦点調整が困難になることでぼやけるといった現象が起こり，視力の低下がさらに進む。

（3）聴　力

　比較的低音域の聴力は保たれるものの，高音域の聴力が低下するために音のひずみが生じやすくなる。また，複数の音の識別能力も低下するため，騒がしい環境での会話が困難になりや

成熟期

　思春期が終わってから更年期まで，およそ17, 18歳ごろ〜40代前半ごろまでの期間を指す。この時期は，身体的および精神的な成熟が進む時期であり，社会的役割の確立や職業生活の安定が見られる。また，家族をもつことや子育てなど，人生の重要なイベントが多く発生する時期でもある。

恒常性

　生体を取り巻く外部環境の変化に対して，生体を構成する細胞や組織といった内部環境が一定の状態に保たれた状態を指す。

すい。耳から入った情報と脳での処理に時間差が生じることで，聞き逃しや聞き間違えも起こりやすくなる。

（4）味覚と嗅覚

年齢を重ねると味蕾細胞が減少するものの，味覚には大きな影響を与えないと考えられている。ただし，塩味の感知能力が若干低下することで，塩分の摂取量の増加につながる場合がある。この味覚の変化は苦味にも見られるが，甘味や酸味には大きな変化は見られない。

嗅覚もまた，年齢を重ねるとともに低下する。ただし，個人差が大きい。

（5）呼吸器の機能

呼吸機能は直線的に低下する。肺胞の弾力性と数が減少することにより，酸素と二酸化炭素の交換効率が悪化し，血液中の酸素飽和度が下がる。さらに，筋力と骨密度の低下により姿勢が前かがみになることで呼吸が浅くなり，呼吸困難や身体を動かしたときに息切れが生じやすくなる。そのため，高齢者は歩行可能な距離の減少や階段昇降に困難が生じやすい。

（6）心循環器の機能

安静時の循環機能の変化には血圧の上昇がある。心拍数や心臓から全身に送られる血液量（心拍出量）は変わらないものの，年齢を重ねるとともに運動時の拍出量が減少し，全身への酸素供給が不足しがちになる。

そのため，運動時に息切れしやすく，長時間の運動を続けることが難しくなることが多い。

血管の弾力性低下により，少しの打撲でも毛細血管が破れやすく，皮下出血が起こりやすくなる。

（7）消化器の機能

消化液の分泌減少や胃液の酸度低下により消化不良や胃もたれ，食欲低下が生じやすくなる。胃腸粘膜の萎縮と神経細胞の減少による腸蠕動運動の低下は便秘を，腸管壁の脆弱化は栄養素の吸収不良をもたらす。歯の脱欠損や歯周病は咀嚼能力の低下を引き起こし，その結果として食事時間の増加や消化不良が生じやすくなる。

消化吸収能力の低下と咀嚼機能の低下が合わさると，**低栄養状態**を引き起こすこともある。肝臓では，解毒機能の低下により薬の副作用が発生しやすくなる。

（8）腎・泌尿器の機能

腎臓は老化の影響をとくに受けやすく，80歳の腎機能は20歳代の半分程度にまで低下しているといわれる。腎臓内で尿をろ過する働きのある糸球体数が減少し，尿の濃縮機能低下を引き起こす。その結果として尿量が増え，脱水状態になりやすくなる。尿を溜める働きのある膀胱も年齢を重ねるごとに委縮，硬化し，尿失禁が生じやすくなる。尿回数も増加し，夜間の尿回数増加が原因で不眠を引き起こすこともある。

男性は前立腺肥大による排尿困難，女性は尿道の短さや出産の影響で尿失禁が起きやすい。

（9）運動器の機能

骨の健康は吸収と形成のバランスによって維

低栄養状態

身体を動かすエネルギーや身体をつくるたんぱく質などが不足している状態のことをいう。低栄養が進行すると体重減少，筋肉量や筋力の低下，活力の低下，感染症にかかりやすくなり，治りにくくなる。また，食事量とともに水分摂取量も減少するため，脱水症状を引き起こしやすい。主な原因として，口腔機能や消化吸収機能低下などの身体的側面，独居や社会的孤立，経済的困窮といった社会的側面，認知機能の低下，身体機能の低下や死別に伴う喪失感などの精神的側面が挙げられる。これらが相互に関係し，低栄養の進行を招く。

持されるが，**骨粗鬆症**はこのバランスが崩れ骨形成が吸収を上回ることで起こる。とくに20代で骨密度がピークに達した後，年齢を重ねるとともに減少し，女性では更年期以降に急激に減少する。骨密度の低下により骨がもろくなり，転倒や骨折のリスクが高まる。筋肉の萎縮，筋力の低下，柔軟性とバランスの維持力の低下なども見られ，これらは高齢者の行動範囲を狭めるとともに，転倒や交通事故の危険性を高める原因となる。高齢者は転倒の恐怖から外出を控える傾向があり，運動器系の障害によっても同様の影響が見られる。

（10）生殖器の機能

女性は50歳前後に閉経を経験する。一方，男性は50歳代で生殖能力が終わることはなく，70歳代まで徐々に低下する。女性では閉経によるホルモン低下が骨粗鬆症や動脈硬化症のリスクを高め，閉経直後にはのぼせ，ほてり，発汗，手足の冷え，不眠，うつ状態，興奮，しびれ，肩こり，腰痛など多様な自覚症状を引き起こす。これらの症状は更年期障害と呼ばれる。

◆高齢者の精神心理機能

（1）脳の機能

脳の重さは約10歳で成人（約1,200〜1,500g）と同様になり，20〜50歳をピークにその後は減少し，80歳では成人の89％となる。この脳の重量減少に伴い，受け取った刺激や情報をほかの細胞へ伝える働きをもつ脳神経細胞

（ニューロン）の数も減る。ニューロンは生後50〜100億個あまりあるが，ほとんど増えず，20歳を過ぎると毎日10万個減少し，これが脳機能の衰退を引き起こす。脳神経細胞には神経伝達物質が存在する。これは，信号や情報を伝える重要な役割を担っている。しかし，年齢を重ねるごとに神経伝達物質の活性が自然に減少し，その結果，神経の機能も低下する傾向にある。この機能低下は，記憶の保持に関する問題や，抑うつ状態といった心理的な症状の原因となることがある。とくに，脳の血管が硬くなる動脈硬化や，脳の血管が詰まったり破れたりすることで脳がダメージを受ける脳卒中の後遺症によってこれらの症状が引き起こされることがあり，これらは時間の経過とともに自然と生じる変化として認識されている。

（2）知的機能

脳の変化に伴い知的機能にも変化が現れる。知的機能は，得られた情報の処理や分析，解釈と応用するための能力を指し，流動性能力と結晶性能力の二つに大別される。流動性能力は，問題解決やパターン認識など生まれながらにしてもつ能力で，年齢を重ねるとともに衰えが見られる。一方，結晶性能力は，言語，一般知識，判断力など学習や経験を通じて培われる能力で，年齢を重ねても衰えることはなく，経験や学習により向上することができる。

（3）認知機能

認知機能とは，考え，判断，記憶する能力を

骨粗鬆症

骨量（骨密度）が減少し，骨の微細構造も変化することで骨がもろくなり，骨折しやすくなる病気である。日本では1,000万人以上が骨粗鬆症と推計されている。骨密度の減少はゆっくり進行するため，初期段階では自覚症状がほとんどないが，進行すると骨折による痛みを伴うことがある。原因の一つに女性ホルモン（エストロゲン）の不足があげられる。男女とも加齢とともにエストロゲン値が低下するが，とくに閉経後の女性はエストロゲンの急激な減少で骨がもろくなりやすい。カルシウムやビタミンＤの不足も骨をもろくする要因である。

指し，年齢に応じた物忘れが典型的な現象として見られる。この種の物忘れは，特定の情報の一部が思い出せなくなるものの，忘れたことに対する自覚があり，他人からの指摘で間違いを認識し訂正が可能である。物忘れはだれもが経験する自然な過程であり，とくに重篤な病気が原因でなければ，生理的な現象とみなされる。一方，記憶の喪失が特定の疾患による場合，それは病的物忘れと区別され，生理的物忘れと比較して，忘れた内容の自覚がなく，与えられたヒントでさえ思い出せない場合がある。

（4）記　憶

記憶は，短期記憶と長期記憶の二つにわけられる。短期記憶は情報を一時的に保持する機能であり，たとえば友人に電話をするときに電話番号をプッシュするまでの短い時間覚えておくといったことが該当する。この短期記憶は数秒から数分しか持続しない。長期記憶は年単位など長期に覚えている記憶を指す。長期記憶は，**エピソード記憶**，**意味記憶**，**手続き記憶**に大別される。

（5）感　情

身体機能の低下は，人の心理反応にも大きな影響をおよぼす。具体的には，他人への依存性の増加，自己防衛のための警戒心の高まりや周囲に対する不信感の増大に伴う攻撃性の出現，適応力の低下により固執する傾向が強まるなど，個人差が大きいものの多様な変化が起こる。さらに，年齢を重ねるとともに感情表出が衰え，周囲に対する関心の低下と感情が平板化する人もいる。これらの変化は，身体機能や脳機能の低下に加えて高齢期に生じる仕事や社会的地位の喪失体験，配偶者や親しい人との死別に伴う孤独感や不安感の増大が原因となっていると考えられている。

（鵜川重和）

参考文献

秋下雅弘（2020）『シリーズ超高齢化のデザイン　老化と老年病　予防・治療・医療的配慮の基礎』東京大学出版会.

石丸直明・丸山直記（2014）『老化の生物学──その分子メカニズムから寿命延長まで』化学同人.

鳥羽研二・佐々木英忠・荒井啓行・秋下雅弘・海老原覚・角保徳（2018）『老年看護 病態・疾患論（第5版）』医学書院.

林泰史・長田久雄（2016）『発達と老化の理解』メヂカルフレンド社.

社会福祉士養成講座編集委員会（2019）『高齢者に対する支援と介護保険制度（第6版）』中央法規出版.

エピソード記憶

個人が体験した出来事や経験に関する記憶であり，特定の時間や場所にひもづいている。たとえば，子ども時代に訪れた場所や特定のイベントでの体験などがこれに該当する。エピソード記憶は時間が経つにつれて衰える傾向にあり，忘れられることが多い。

意味記憶

特定の日時や場所とは無関係の一般的な知識や事実に関する記憶である。意味記憶には言葉の意味や概念，世界についての理解などが含まれる。意味記憶の保持は比較的安定しており，時間が経過しても忘れにくい特性をもっている。

手続き記憶

特定の行動や技能，手続きを実行する方法に関する記憶で，たとえば自転車の乗り方や楽器の演奏方法，料理のレシピなどが該当する。手続き記憶は，一度身につけると長期間にわたって維持されやすく，実際に行動を起こす際に無意識のうちに引き出される。

1章　高齢者の定義と特性

 高齢者の社会生活機能

◆高齢期の発達課題

　発達課題とは，人間が健全で幸福な発達をとげるために各発達段階で達成しておかなければならない課題である。ハヴィガースト(Havighurst. R. J.)は，人生を幼児期から高齢期まで7つの段階にわけ，とくに高齢期における発達課題として，身体的な力の衰退と健康管理への適応，職業からの引退や収入の減少に対する対応，配偶者の死という人生の大きな変化への適応，同年代の人々との親密な関係の構築，社会的・市民的な役割への貢献，そして満足のいく日常生活を送るための準備などをあげている。これらの課題への適応は，充実した老年期を送るために不可欠であるとされる。

　エリクソン（Erikson, E. H.）によれば，高齢期は年齢を重ねることに伴う自己の老いへの自覚や，社会的・家庭内での役割の喪失から生じる自己縮小感や絶望感に直面し，これらを個人の叡知によって受け入れ，克服していく成長と適応の段階としている。この過程では，身体的，精神的，社会的，スピリチュアル的な側面が統合された自我の実現をめざし，自己肯定感を高めることが求められる。この過程において，自己の人生を肯定的に受け入れることができれば充実した老後を送ることが可能となるが，そうでない場合は「絶望」という危機に直面する可能性があると指摘している。

◆社会機能

　高齢期は，社会的な地位や役割の変化に直面する時期である。これには心身機能の衰えが伴うことがあるものの，必ずしもそれらが伴うわけではない。たとえば，企業等に雇用される労働者は，60歳や65歳といった一定の年齢に達すると，多くの人が職業からの引退を迫られる。これを定年退職といい，雇用の側から定められた年齢制限によって職を失うことを意味する。

　一方，自営業者など雇用された労働者でない人々にはこのような定年退職制度がなく，体力の限界や次世代への役割移行などにより，その職業から退くこととなる。高齢期は心身機能の個人差が大きく現れる時期である。企業等に雇用されている労働者がたとえ本人が業務に耐えられるだけの心身機能を備えていると考えて働

エリクソン（Erikson, E.H.）

　エリクソンは，ドイツで生まれアメリカで活躍した心理学者である。アイデンティティ（自分が自分であるという感覚）の概念を提唱した。さらに，人の発達段階を8つ（乳児期：0～1歳半頃，幼児前期：1歳半～3歳頃，幼児後期：2歳～5歳頃，学童期：5歳～12歳頃，青年期：12歳～20歳頃，成人期：20～40歳頃，壮年期：40～65歳頃，老年期：65歳以降）にわけ，各発達段階における乗り越えるべき心理社会的危機を適切に解決できれば，人格が形成されていくと主張した。

き続けたいと願ったとしても，定年退職制度によってその願いは叶えられない。理想的には，自営業者と同様に，個人が体力や能力に合わせて職業の引退を自己決定できる社会が望ましい。

　職業からの引退後には，新たな社会的役割を求める高齢者も多く，その一つが再雇用や再就職である。再雇用・就職を選択した場合，定年退職前と日常生活のパターンに大きな変化はないものの，職場で期待される役割や内容には変化が生じる可能性がある。なかには，再雇用制度（134頁）の利用や再就職をせずに，シルバー人材センターなどに登録して臨時的または短期的に働く高齢者もいる。

　職業は地位，経済的基盤，人間関係などのさまざまな要素を通じて，個人の**アイデンティティ**に大きく影響する。そのため，職業からの引退は心理的な危機をもたらす可能性がある。高齢者が社会的に活動的な生活を送り続けるためには，定年退職や職業からの引退を前向きにとらえ，退職後の生活に対する具体的な計画と展望をもつことが重要である。職業は人生の重要な部分を占めるため，その喪失は大きな変化をもたらすものの，新たな社会的役割への移行は人生の新しい章のはじまりととらえることができる。これには早期からの準備が不可欠であり，高齢期の充実した生活には欠かせない。

◆社会的役割

　社会的役割とは，個人が社会内で担う立場や
ステータスに基づいて他者から期待される行動の総体を意味する。これは職場や家庭など，個人が所属するあらゆる社会的環境における文脈の中で定義される。たとえば，ある一人の女性が職場では非常に有能な会社員，家庭では配偶者や母親としての責任を担い，各役割における期待に応えて生活している状況がそれに該当する。役割は個人が自覚しているか否かにかかわらず存在し，多様な役割をもつことが常によいというわけではなく，ときには過剰な役割によって個人が精神的に疲弊することもある。

　とくに，役割を突然失うことは個人の自己認識や存在意義の喪失に直結するため，役割の有無やその変化は個人の生活の質や生きがいに深く影響をおよぼす。高齢期に入ると，定年退職や家庭内の立場の変化などによって多くの社会的役割を失うことが一般的であり，この役割喪失はしばしば生きがいの減少や生活の質の低下につながるとされる。したがって，高齢者が役割を失った際に感じる生活の喪失感や目的意識の欠如は，社会的役割の重要性を物語っており，適切な役割の維持や新たな役割の発見は，高齢者の生活の充実に必要不可欠となっている。

◆経済機能

　経済機能と社会的役割の変化は密接に関連しており，職業生活からの引退は収入の変化が伴う。具体的には，雇用された労働者は毎月の給与収入から，自営業者も事業収入から年金生活

アイデンティティ

「自分は何者であり，何をなすべきか」ということに関する概念である。とくに，青年期（12〜18歳）において自己の価値観や目標を探求し確立することで，将来の方向性が明確になり，心理的な安定が得られるとされる。この概念は高齢者にとっても重要であり，自己の価値や役割を再確認し，新たな目標を見つけることで，生活の質や精神的な健康が向上することが期待される。

へ移行することになり，一般的には収入が減少する。しかし，一部の高齢者では，子どもが成人して巣立つことにより養育費や学費など子育てに必要な生活費の負担がなくなるため，ゆとりのある生活が可能になることもある。

　ただし，高齢者全体としてゆとりある生活を送ることができる人は限られている。経済的自立や安定は，老後の余暇活動を充実させ，生きがいのある生活を送るための基本条件となる。このためには，充実した年金制度の確立が不可欠であり，さらには能力があり，働く意欲のある高齢者が働き続けられるような社会環境の整備や，時代に合わせた定年制度の見直し等が適宜必要であろう。

◆人間関係

　高齢者にとって，配偶者や身近な人の死は人生でもっともストレスを伴う出来事の一つである。とくに配偶者との死別は深い喪失感を引き起こす。加えて，子どもの独立，定年退職，あるいは自営業からの引退などによる職業的役割の終焉も，高齢者の心に大きな喪失感をもたらす。このような喪失感に対処するためには，**ボランティア活動**や趣味など，新しい場における社会的役割を見つけ出すことが生きがいを再発見するためには重要だとされる。

　新たな目標や楽しみをもつことで失われた役割の穴を埋め，人生の意義を見出すことが可能となる。しかし，高齢期にこれらの活動を初め

て経験する場合は，慣れるまでの時間や心理的な不安定さが課題となることもあるようだ。そこで，高齢期に入る前からこうした活動をはじめることが新しい役割にスムースに適応するために推奨される。これは，ただ新しい役割に慣れるためだけでなく，新たな友好的な人間関係を構築する機会ともなり得る。とくに男性は職場から離れた後に人間関係が希薄になりがちで，新たな役割を見つけ出すことが困難になる傾向がある。したがって，高齢期に入る前から多様な活動に参加し，新しい関心事や役割を探求することが，高齢期の充実した生活には重要である。

◆高齢期の生活時間

　社会的役割の変化は，個人の生活パターンにも大きな影響をもたらし，日常生活における時間の使い方を根本的に変えることにつながる。退職や子どもの独立によって，従来の労働に割かれていた時間が自由時間へと変わり，それまでとは異なる新たな日常がはじまる。農業や自営業のような職種ではこのような変化が少ないが，心身機能や体力の衰えに合わせた業務量の調整がおこなわれる。平均寿命が80歳を超える現代社会では，長期にわたる高齢期をどのように充実させるかが重要な課題となっている。

◆高齢者の社会活動への参加状況

　社会活動への参加状況をみると，1年間に活

ボランティア活動

　個人の自発的な意思に基づく自主的な活動である。自然や環境を守るための活動，まちづくりのための活動，安全な生活のための活動，防災・被災者支援に関係した活動，スポーツ・文化・芸術に関係した活動，乳幼児・児童・青少年等の健全育成を対象とした活動など，多岐にわたる。参加者にとっては，自己実現や社会への参加の欲求を満たす機会となる。さらに，地域の人々が協力し合うコミュニティが形成されるなど，社会全体においても重要な役割を果たす。

3 高齢者の社会生活機能

図表 3-1　性・年齢別に見た社会活動への参加（n=2,414）（複数回答）

(%)

	健康・スポーツ	趣　味	地域行事	生活環境改善	生産・就業	安全管理	教育・文化啓発	高齢者の支援	子育て支援
全体	25.8	14.9	12.8	9	6.6	4.7	4.6	2.8	2.7
男性									
65〜69歳	20.9	9.3	19.8	15.7	4.9	6	6.3	3	2.2
70〜74歳	28.4	13.9	17.5	11.5	11.2	7.4	7.1	2.7	3.6
75〜79歳	29	11.6	18.7	11.2	10	8.7	4.1	2.1	1.2
80歳以上	24.3	12	13.7	6.5	6.5	6.2	3.1	1.7	0.7
女性									
65〜69歳	29.1	23.5	11.7	11.3	7.7	3.6	5.3	6.1	6.9
70〜74歳	25.3	21.3	10.3	7.9	4.2	3.4	5	4.5	4.2
75〜79歳	31.9	17.1	11.6	8.4	7.2	2	3.6	2	2
80歳以上	20.7	10.8	3.8	2.8	3.3	1.5	2.8	1	0.8

出所：内閣府（2023）『令和 5 年版高齢社会白書』日経印刷株式会社，37.

動または参加した人は約半数の51.6％であった（図表3-1）。参加者の割合が高かった活動は、「健康・スポーツ（体操，歩こう会，ゲートボール等）」が25.8％，「趣味（俳句，詩吟，陶芸等）」が14.9％の順である。[4]

（鵜川重和）

注

（1）　Erikson, E. H.（1950）*Childhood and society*, Norton.

（2）　（1）と同じ.

（3）　Havighurst, R. J.（1953）*Human development and education*, Longmans, Green.

（4）　内閣府（2022）「図表 2-4-6-2」『令和 4 年　高齢者の健康に関する調査結果（全体版）』（https://www8.cao.go.jp/kourei/ishiki/r04/zentai/pdf/2_4_2.pdf）を一部改変.

参考文献

厚生労働省（2023）『令和 5 年版厚生労働白書』日経印刷株式会社.

社会福祉士養成講座編集委員会（2019）『高齢者に対する支援と介護保険制度（第 6 版）』中央法規出版.

林泰史・長田久雄（2016）『発達と老化の理解』メヂカルフレンド社.

奥野茂代・大西和子監修，百瀬由美子編（2019）『老年看護学——概論と看護の実践（第 6 版）』ヌーヴェルヒロカワ.

MEMO

4 高齢者の死生観

◆高齢者と死

　今日，高齢者と死は，比較的近い関係にあるものと考えられている。すなわち，わたしたちは，老いゆくことの先に死がやってくる，という認識を共有している。多くの人々は，高齢者になってから死を経験する。死は，突然に訪れるものではなく，老いというプロセスを経る。この意味において，死は高齢者にとって身近である。

　しかし，歴史を振り返ってみれば，高齢者と死を関連させて考えるようになったのは，意外にも最近のことである。かつて，高齢者と死は，今日ほど身近ではなかったのである。

　ここに10万人あたりの死亡数の推移を表した図がある（図表4-1）。この図から，どの年齢でどのくらいの人が亡くなるかという死亡数がわかる。そして，過去から現在にかけて，その死亡数はどのように移り変わってきたかを知ることができる。

　まず，2020（令和2）年に実施された第23回調査の曲線をみると，死亡数は，前期高齢期（65〜74歳）からようやく上昇しはじめ，後期高齢期（75歳以上）でピークを迎える。すでに述べたように，今日では，多くの人にとって老いと死は近い関係にあるといえよう。

　それと対比的にみると，1947（昭和22）年に実施された第8回調査では，死亡者数は，高齢期（65歳以上）において一定の死亡数はあるものの，さきほどの第23回調査ほど多くはない。第23回調査では低かった若年，中年でも一定の死亡者数がある。そして驚くべきことに，死亡者のピークは高齢期ではなく，出生直後である。

◆高齢者の死生観の特徴

　このように死亡数の推移をみると，どのような時代に生まれたかで，個人の人生のあり方は大きくかわる。わたしたちは，多くの人が高齢期に死ぬようになった令和の時代を生きている。そのため，「死ぬこと」，そして「生きること」について考える「**死生観**」が，高齢期における重要なテーマとして位置づけられることになる。

　ところで，一口に高齢者の死生観と言っても一概に述べることができないことには注意が必要である。すなわち，高齢者の死生観は，人生

死生観

生と死に対する考え方や価値観を指す。死生観は多様であり，文化，宗教，哲学，個人の経験などの影響を大きく受ける。より具体的には，①生命の意義や目的についての考え方，②死後の世界についての信念，③死に対する恐怖や不安，④死後に何が起こるかについての考え方，⑤人生の意味や価値をどのように見出すか，などを含む。このような死生観は，哲学や宗教，心理学，医療，福祉などの分野で重要なテーマとして扱われている。

4 高齢者の死生観

図表4-1 死亡数の推移（女性）

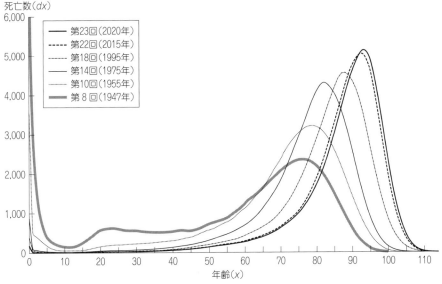

出所：厚生労働省（2023）「第23回生命表（完全生命表）の概況（令和4年3月2日）」5.

経験，社会・文化的背景，宗教的背景，個人の価値観などによって多様である。さらにいえば，同じ個人であっても固定化したものではなく変化する可能性もある。わたしたちはソーシャルワーク実践において，特定の死生観をクライエントに押しつけることがあってはならない。

このことをふまえたうえで高齢者の死生観の特徴として，①死への予期，②死の受容，③人生への感謝，④死後への関心，⑤終活への関心，の5点を指摘することができる。ここでは，この5点について簡単に整理したい。

◆死への予期

まず，①死への予期についてみていきたい。わたしたちは年齢を重ねるにつれて，自身の死を身近なものとしてとらえはじめるようになる。これは，身体機能の衰退や周囲の人の死を経験することによって，自らの死を予期し，いずれ訪れる死を意識する気持ちが自然と高まっていくためであると考えられている。

具体的にみていくと，高齢者になると，体力や感覚機能の衰えを感じやすくなり，死が現実的なものとして意識されるようになる。また，社会的役割の変化として，仕事を辞めたり，配偶者や友人を亡くしたりすることで，社会的な

終活

「終わりの活動」の略語であり，自分の人生の終わりに向けて，あらかじめ準備や整理をおこなう活動を指す。具体的には，エンディングノートの作成，財産・遺産の整理，医療・介護の意思表示，遺品整理，葬儀やお墓の準備などおこなうことである。こうした活動により，自分自身の人生を見つめ直す，家族や周囲への負担を軽減する，自分らしい最期を迎える，不安を軽減し安心を得る，などのメリットがある。一般的には，早めに取り組むことがよいとされる。

エンディングノート

自分が亡くなった後に残された家族や友人が困らないように，自分の意思や希望，重要な情報をまとめて記録しておくノートのことを指す。エンディングノートに記録される具体的な内容としては，本人の情報，家族や友人の連絡先，医療に関する希望，葬儀や埋葬の希望，遺産や財産の情報，パスワードやアカウント情報，メッセージや遺言などである。終活の一環として，活用されている。

役割を失い，人生の終末を感じやすくなる。さらには，今日では，終活やエンディングノート（15頁）などの死の準備する人が増えていることも死への意識を高めることに影響を与える。

◆死の受容

次に，②死の受容であるが，一般的に，若年者は死を恐れる傾向があるが，高齢者になると死を受け入れられるようになっていくと考えられている。人生のさまざまな経験を通して，死は避けられない自然な流れであると理解し，それを忌避するのではなく受容するようになる。

死の受容について考えるうえで，無視できない論者として，キューブラー・ロス（Kübler-Ross, E.）をあげることができる。キューブラー・ロスは，死期を迎えた人が経験する感情を5段階に分類した。すなわち，否認，怒り，取引，抑うつ，そして受容である。ここでいう受容とは，死を受け入れ，自分の人生を振り返り，残された時間を大切に過ごすことである。[^1]

なお，死の受容を助けるための方法の一つとして，死について話し合うというものがある。たとえば，**デスカフェ**の取り組みがおこなわれている。

◆人生への感謝

そして，③人生への感謝であるが，一般的にわたしたちは，残された時間が限られていることを意識することで，これまでの人生や周りの人々への感謝の気持ちが強くなる。

高齢者にとって，人生に感謝する気持ちが強くなることの背景には，人生経験の積み重ねが大きく影響している。高齢者は，長い人生のなかで経験を通して，人生の尊さを知り，日々の生活や家族や仲間等の周囲への感謝の気持ちを抱くようになると考えられている。

この人生への感謝であるが，社会貢献への意識が高齢者はとくに高いことにもつながっている。高齢者は，自身の経験や知識を活かして社会に貢献したいという思いが強い。ボランティア活動や地域活動に参加することで，時間とスキルを地域社会に還元するなかで，社会とのつながりを深めることになる。

◆死後への関心

高齢者の死生観として，④死後の世界について，宗教的な信仰や哲学的な思想に基づいて多様な考えを抱くという特徴がある。

そして，現実的な問題として，自身の葬儀や墓についても関心をもつ。近年では，生前から高齢者自身が自分の葬儀や墓について積極的に考え，遺族に希望を伝えることも珍しくない。そのため，葬儀や墓のあり方は多様化している。

たとえば，**新しい葬儀**の形式としては，故人と親しい家族や親族のみでおこなう家族葬が普及している。また，生前葬と呼ばれる，自身が生きている間に自分の葬儀を準備し，自身も生きたまま出席するものもある。

デスカフェ

死に関する話題をオープンに話し合うためのカジュアルな集まりのことを指す。デスカフェの目的は，死や死後の問題について自由に話し合い，死に対する恐怖や不安を和らげること，そして人生や死について深く考える機会を提供することである。デスカフェの活動は，2011年にイギリスのアンダーウッド（Underwood, J.）によってはじめられ，いまでは世界中で取り組まれている。デスカフェは，死別の悲しみを癒したり，カウンセリングを受けたりする場ではなく，終活にあたっての自分の考えをまとめるためにいろんな人の意見を参考にする場という特徴がある。

新しい葬儀

近年，親族や友人，職場の人が集まり，通夜・葬式・告別式・火葬がおこなわれる「一般葬」とは異なる「新しい葬儀」が広まりをみせている。参列者を限定する「家族葬」，通夜をせず一日で葬儀を終わらせる「一日葬」，故人が住み慣れた自宅でおこなう「自宅葬」，葬儀をせずに火葬のみをおこなう「直葬（じきそう）」，本人が行きているうちにおこなう「生前葬」，宗教やしきたりにとらわれない「自由葬」，故人が生前に好きだった音楽を流す「音楽葬」など，葬儀のあり方は多様化している。

新しい墓の形式としては，永代供養墓が注目を集めている。永代供養墓は，寺院や霊園が管理・運営し，永代にわたって供養してくれる墓である。後継者がいない人や，将来墓の管理が難しくなる人などが増えていることから普及している。また同様の理由から，墓石を必要としない**散骨**への関心は高い。

◆終活への関心

最後に，⑤終活への関心についてみていきたい。さきほどの④死後への関心と重なるが，近年，自身の死後のことを考え，葬儀や相続などの準備をする終活への関心が高まっている。

たとえば，2023（令和5）年11月におこなわれた調査では，50代以上の約8割が終活に興味をもっていると回答している。その理由は，家族に迷惑をかけたくない，自分の人生を自分で決めて終えたい，大切な人に感謝の気持ちを伝えたい，老後の生活を充実させたい，社会的な負担を減らしたいなどがあげられる。終活への関心は高いものの，実際におこなっている人は2割程度と，行動への移行には課題がある。

また近年では，終活の一環として**人生会議（アドバンス・ケア・プランニング：ＡＣＰ）**の取り組みが注目を集めている。人生会議では，人生の最終段階における医療やケアについて，自分自身の希望をあらかじめ話し合い，共有することがめざされる。厚生労働省は，11月30日（いい看取り・看取られ）を「人生会議の日」と定め，普及・啓発をおこなっている。

（荒井浩道）

注
（1） Kübler-Ross, E. (1969) *On death and dying*, Scribner Classic.（=2001，鈴木晶訳『死ぬ瞬間——死とその過程について』中央公論新社.）
（2） NTTファイナンス（2021）「終活に関する実態調査2021」(https://lifenote.ntt-finance.co.jp/report, 2021.11.28).
（3） 厚生労働省（2023）「『人生会議』普及・啓発用ポスター」.

参考文献
中木里実（2023）「死生観から捉えた高齢者の終末期支援——看護の視点から」『臨床老年看護』30（1），33-40.
岡本美代子・島田広美・齋藤尚子（2017）「都市と地方における高齢者の死生観と終活の現状」『医療看護研究』13（2），62-69.
佐藤惟（2022）「老年学におけるアドバンス・ケア・プランニング（人生会議）と質的研究の可能性」『老年社会科学』43（4），406-414.
吉川直人（2023）「市民が死を語り合う場『デスカフェ』の持つ意味」『都市問題』114（8），29-34.

散　骨

遺骨を粉末状にして海や山など自然の中に散布することを指す。従来の墓地に遺骨を埋葬する方法とは異なり，自然に還ることを意識した新しい葬送の形といえる。散骨には，樹木のもとに埋葬する「樹木葬」，海に散骨する「海洋葬」，ロケットで宇宙に散骨する「宇宙葬」まである。墓地ではない場所への散骨はトラブルになることもある。国は，「墓地，埋葬等に関する法律においてこれを禁止する規定はない。この問題については，国民の意識，宗教的感情の動向等を注意深く見守っていく必要がある」という見解を出している。

人生会議（アドバンス・ケア・プランニング）

「人生会議」は，日本におけるアドバンス・ケア・プランニング（ACP：Advance Care Planning）の愛称である。病気や老化によって自分の意思を伝えることが難しくなる前に，自分の希望や価値観を明確にし，それを周囲の人々と共有するプロセスとして重要である。具体的には，①自分が大切にしている価値観や人生の目標を考える，②自分の代わりに医療やケアの決定をしてくれる信頼できる代理人を決める，③代理人と自分の価値観や希望，医療やケアについての意向を話し合う，④話し合いの内容を医療・介護従事者に伝える，というステップで進める。

2章 高齢者の生活実態とこれを取り巻く社会環境

高齢者の住まいの状況

◆**高齢者のくらしと住居の実態**

日本では社会構造の変化や人々のライフスタイルの多様化，生涯未婚率の増加等を背景として，高齢者の単独世帯や夫婦のみ世帯の割合が増加傾向にある。厚生労働省「国民生活基礎調査」によると，2022（令和4）年現在における「高齢者（65歳以上の者）がいる世帯」のうち，夫婦のみ世帯（32.1％）と単独世帯（31.8％）を合わせると全体の6割以上を占めている。今後も同様の増加傾向が続くものと見込まれていることから，居宅での家族介護力の一層の低下が懸念されている。

このようななか，国は，主に居宅系（訪問型・通所型・短期入所型）の介護サービス等を充実させて高齢者の居宅生活の限界点を高めるとともに，高齢者の多様な住まいを整備し，高齢者が住み慣れた地域で居宅を基本とした生活を続けられることをめざして地域包括ケアシステムの推進に取り組んできた。2014（平成26）年の「地域包括ケア研究会報告書」では，地域包括ケアシステムの構成要素の一つである「すまいとすまい方」について，「生活の基盤として必要な住まいが整備され，そのなかで高齢者本人の希望にかなった住まい方が確保されている」ことが掲げられている。また，居宅生活の継続が困難な高齢者に対しては，自宅からの住み替え先となる「高齢者向け住宅」や「重度者向けの住まい」を確保するとともに，基本的な見守りサービスや相談支援，さらには介護・看護専門職によるケアの提供体制を構築することの必要性が提唱されている。そして，2011（平成23）年の高齢者の居住の安定確保に関する法律（高齢者住まい法）改正や2017（平成29）年の住宅確保用配慮者に対する賃貸住宅の供給の促進に関する法律（住宅セーフティネット法）の制定など，高齢者が安心して住み慣れた地域でくらし続けられるためのさまざまな法制度が整備されてきている。

◆**高齢者向け住まい・施設の設置状況**

内閣府の調査によると，高齢者の持家率は約90％となっている。しかし，近年増加している一人ぐらし高齢者の持家率は約70％であり，賃貸住宅の割合が相対的に高い。また，賃貸住宅

特定目的公営住宅

公営住宅法（1951（昭和26）年施行）に基づき，住宅困窮度が特に高い人を対象に社会福祉の増進を目的として供給される公営住宅の一つである。老人世帯向公営住宅のほか，心身障害者向公営住宅，母子世帯向公営住宅などがある。

5　高齢者の住まいの状況

図表5-1　介護施設等の定員数（病床数）の推移

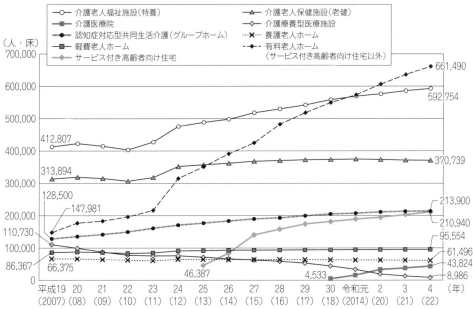

資料：厚生労働省「介護サービス施設・事業所調査」，「社会福祉施設等調査」，「介護給付費等実態統計（旧：介護給付費等実態調査）」（各年10月審査分）．
注1：「認知症対応型共同生活介護（グループホーム）」については受給者数である．なお，2006（平成18）年以降は短期利用以外である．
注2：「サービス付き高齢者向け住宅」は，有料老人ホームに該当するもののみである．
出所：内閣府（2024）『令和6年版高齢社会白書（全体版）』35．

の一人ぐらし高齢者の場合，「虚弱化したときの住宅の構造」や「世話をしてくれる人の存在」，「住宅の修繕費等必要な経費を払えなくなる」などの不安を感じている人の割合も相対的に高くなっている。(5)そのため，家族介護が期待できない高齢者や賃貸住宅でくらす高齢者の自立，そして支援や介護に配慮した住まい・施設の整備に向けた福祉政策がますます重要となってきている。

高齢者向け住まい・施設に関する福祉政策は，主として老人福祉法および介護保険法，高齢者住まい法のもとに展開されてきた。図表5-1に示すように，重度者向けの住まいとしての特別養護老人ホーム（介護老人福祉施設），のほか養護老人ホーム，軽費老人ホーム（ケアハウス等），有料老人ホーム，認知症高齢者グループホーム，サービス付き高齢者向け住宅などの住まい・施設が整備されている。

シルバーハウジング・プロジェクト制度

本プロジェクトは，地方公共団体の福祉部局および住宅部局が密接に連携し，高齢者が安全にくらせるように手すりや緊急通報装置等が設置されたバリアフリー構造の設計がおこなわれるとともに，福祉サービスや生活援助員（ライフサポートアドバイザー：LSA）による日常生活支援サービス（安否確認，緊急時への対応等）が受けられる公営住宅等の供給を推進することを目的としている。

生活福祉空間づくり大綱の基本的方向

基本的方向として，①自立した日常生活や在宅介護を可能とする，②多様な住まい方が選択できる，の2点が示され，住宅のバリアフリー化や，高齢者向けのサービスを付加した住宅の供給の促進等を講じていくことが，掲げられた。また，同年に本大綱とともに策定された「高齢者向け公共賃貸住宅整備計画」では，国と都道府県および公共賃貸住宅事業主体が一体となって，高齢者住宅対策の推進に総合的かつ計画的に取り組んでいくことが示された。

◆高齢者向け住まいに関する施策の歴史的変遷

（1）1950年代〜1980年代

1951（昭和26）年に施行された公営住宅法により，住宅に困窮する低額所得者が低廉な家賃で入居できる公営住宅の整備が開始されるとともに，1964（昭和39）年に住宅困窮度が著しく高い世帯が優先的に入居できる**特定目的公営住宅**（18頁）が制度化され，その一つとして老人世帯向公営住宅の供給が推進された。さらには，1980（昭和55）年の法改正により，とくに居住の安定をはかる必要がある単身高齢者等の公営住宅への入居が可能となった。

また，入居後の自立生活に向けた支援のあり方についても検討されるようになり，1987（昭和62）年に厚生省（現厚生労働省）と建設省（現国土交通省）の共同による**シルバーハウジング・プロジェクト制度**（19頁）が開始された。

（2）1990年代

1990（平成2）年にシニア住宅供給推進事業が制度化され，高齢者を対象にシニア住宅（生活支援サービス付き住宅）が供給されるようになった。また，1994（平成6）年に建設省が策定した「生活福祉空間づくり大綱」では，施策のひとつとして「住まいを福祉の基礎的インフラとして位置付け，生涯を通じた安定とゆとりのある住生活を実現」することが位置づけられた（**生活福祉空間づくり大綱の基本的方向**）（19頁）。さらに，1998（平成10）年に高齢者向けの民間賃貸住宅である「高齢者向け優良賃貸住宅（高優賃）」の確保（建設）に係る費用の助成制度が創設された。

（3）2000年〜

高齢者の一人ぐらし世帯や夫婦のみ世帯の場合，日常生活上の支援や介護が必要な状態となったときに居宅生活を継続することへの不安が強い傾向にあり，適切なケアが受けられる住宅等を供給することの必要性が提唱されてきた。そこで，国は2001（平成13）年に高齢者住まい法を制定した（**高齢者住まい法の目的**）。

また，1998年に制度化されていた「高齢者向け優良賃貸住宅（高優賃）」の確保（建設）に係る費用の助成制度が本法に位置づけられるとともに，高齢者の入居を拒否しない賃貸住宅である「高齢者円滑入居賃貸住宅（高円賃）」の登録制度が開始された。そして2005（平成17）年に高齢者専用，すなわち高齢者を賃借の要件とした住宅である「高齢者専用賃貸住宅（高専賃）」の登録制度が創設され，本法のもとに高優賃・高円賃・高専賃の住宅制度が整備された。

さらに，2007（平成19）年に住宅セーフティネット法が施行された。本法の目的は，高齢者や障害者，子ども，被災者，低所得者等の住宅確保要配慮者に対する賃貸住宅の供給促進を図ることである。また，2017（平成29）年の法改正により，**住宅確保要配慮者居住支援法人**の指定制度等が創設された。

高齢者住まい法の目的

高齢者が日常生活を営むために必要な福祉サービスの提供を受けることができる良好な居住環境を備えた高齢者向けの賃貸住宅等の登録制度を設けること，そして，良好な居住環境を備えた高齢者向けの賃貸住宅の供給を促進し，高齢者が安定的に居住できる賃貸住宅について終身建物賃貸借制度を設けるなど，高齢者の居住の安定の確保をはかることである。

住宅確保要配慮者居住支援法人

住宅確保要配慮者の入居を拒まない賃貸住宅として都道府県知事の登録を受ける制度，入居者の経済的負担を軽減するための支援や入居者の生活相談や見守りなどをおこなう。

◆高齢者住まい法の改正（2011年）

高齢者向け住宅として高優賃・高円賃・高専賃の住宅制度が順次開始されたが，入居した高齢者への生活相談や医療・福祉サービスの提供等の支援が十分に行き届いていないこと，高優賃・高円賃・高専賃の住宅制度の違いが複雑でわかりにくいこと，高齢者向け住宅の数自体が不足しているなどの問題点が指摘されていた。

そこで，2011年に高齢者住まい法が改正され，従来の高優賃・高円賃・高専賃の住宅制度が廃止されるとともに，これらを一本化して新たに「**サービス付き高齢者向け住宅（サ高住）**」の住宅制度が開始されることになった。また，民間事業者等によるサービス付き高齢者向け住宅の供給を推進するため，国土交通省が支援するスマートウェルネス住宅等推進事業での取り組みの一つとして，サービス付き高齢者向け住宅の建設費や改修費の助成等がおこなわれている。

◆施策の課題と今後の方向性

高齢者の住まいに関する施策については，住まいの「確保」を中心として進められてきた。しかし，民間の賃貸住宅では，家主が高齢者や障害者，生活困窮者など要配慮者への賃貸をためらうケースが依然として少なくない。また，入居後の継続的な見守りや生活支援（サポート）のための体制も十分とはいえない。そのため，高齢者の日常生活上の不安や悩みに寄り添い，必要かつ適切な支援やサービスの利用につなげていくための仕組みを早急に構築していくことが必要不可欠である。

また，認知症や精神障害などで認知機能が十分ではない高齢者に対する日常生活上の金銭管理の支援，とくに家賃や光熱水費等を滞納しないように支援することも大切である。これらの取り組みを充実させることで，家主が安心して高齢者に住宅を賃貸できるように法整備を進めていくことが求められよう。また，これらの支援の担い手となる保健医療・福祉専門職の確保と育成，さらには地域住民による相互の見守りや声かけなどの支援ネットワークの形成が大切である。　　　　　　　　　　　　（神部智司）

注
（1）　厚生労働省「2022（令和4）年国民生活基礎調査の概況」4（https://www.mhlw.go.jp/toukei/saikin/hw/k-tyosa/k-tyosa22/index.html, 2024.2.23).
（2）　厚生労働統計協会（2023）『国民の福祉と介護の動向2023／2024』222.
（3）　地域包括ケア研究会（2014）「地域包括ケアシステムを構築するための制度論当に関する調査研究事業報告書」三菱UFJリサーチ＆コンサルティング.
（4）　内閣府（2018）「平成30年度高齢者の住宅と生活環境に関する調査結果（全体版）」.
（5）　（4）と同じ.

サービス付き高齢者向け住宅（サ高住）

以下の基準を満たした住宅を都道府県知事が登録する制度である。登録基準は，おおよそ以下のとおりである。

住宅に関する基準
・各専用部分の床面積は，原則25㎡以上であること
・バリアフリー構造であること（段差解消，手すり設置等）

サービスに関する基準
・少なくとも安否確認・生活相談サービスを提供するほか，食事の提供，清掃・洗濯等の家事援助を提供すること

契約に関する基準
・長期入院を理由に事業者が一方的に解約できないなど居住の安定が図られた契約であること
［厚生労働統計協会編（2023）『国民の福祉と介護の動向2023／2024』224-225.］

2章 高齢者の生活実態とこれを取り巻く社会環境

 # 高齢者の経済状況と貧困問題

◆高齢者の所得とくらし向き

「2023年 国民生活基礎調査[(1)]」によると、日本における65歳以上の人がいる世帯の平均所得は427.6万円（平均可処分所得：261.0万円），そのうち高齢者世帯が304.9万円（同：221.1万円）であり，高齢者世帯や母子世帯を除いたその他の世帯の平均所得656万円（同：325.9万円）と比較すると大きく下回っている。また世帯主の年齢階級別によっても平均所得の差は大きく，世帯主が65歳以上の世帯で407.2万円（同：327.1万円），75歳以上の世帯で342.6万円（同：276.3万円）であり，世帯主の年齢が高い世帯ほど所得が少ない傾向にある。

このような高齢者の主たる収入源は**公的年金・恩給**であり，約6割の高齢者世帯の総所得の80％以上が公的年金・恩給が占めている。公的年金・恩給による所得額は，高齢者世帯で年間平均191.9万円であるが，実際には加入する年金の種類や加入期間などによって個人差が大きい。また近年は，65歳以上の就業者数が急増しており，稼働所得を有する世帯も増加しているが，年齢とともに働くことが難しくなる高齢者にとって将来を通じた安定的な収入源にはなっていない。

このような状況の中「家計調査年報（2022年）[(2)]」によって，2人以上の世帯のうち世帯主が65歳以上の無職世帯，および65歳以上の単身無職世帯における1か月あたりの家計収支をみると，**可処分所得**に対して平均2万円以上消費支出が上回っており，所得が少ない世帯ではその不足分をこれまでに蓄えてきた貯蓄や資産などで補っている状況がある。同じく「家計調査年報（2022年）[(3)]」によると，2人以上の世帯のうち世帯主が65歳以上の世帯における貯蓄現在高は平均2,414万円（貯蓄保有世帯の中央値：1,677万円）であり，約3分の1が2,500万円以上の貯蓄現在高を有している。一方で，貯蓄現在高が300万円以下の世帯が全体の14.4％を占めるなど，世帯主が65歳以上の世帯では所得と同様に，貯蓄現在高も高低に広く偏った分布をしており，高齢者における経済状況の二極化がうかがわれる。

また，2019（平成31）年には金融審議会市場ワーキング・グループが「高齢社会における資

公的年金	恩給
日本の年金制度は，20歳以上60歳未満のすべての人が加入する国民年金（基礎年金）がある。その被保険者は，職業等に応じて第1・2・3号被保険者に分類され，年金の構造が異なっている。自営業者などの第1号被保険者は，国民年金に国民年金基金（任意加入）を上乗せした2階建て構造である。また会社員や公務員などの第2号被保険者は，国民年金に厚生年金を上乗せした2階建て構造であり，さらに企業年金や年金払い退職給付等を上乗せすることで3階建て構造になっている。公的年金は，これらの2階建て部分までの年金をさす。	公務員が①公務のために死亡，②公務による傷病のために退職，③相当年限忠実に勤務して退職のいずれかに該当した場合に，これらの人やその遺族の生活の支えとして給付される国家補償を基本とした年金制度である。1959年に国家公務員共済組合法が施行したことで，公務員の年金制度は恩給制度から共済年金制度に移行し，2015年に共済年金制度は厚生年金制度に統一された。現在恩給を受給しているのは，共済年金制度への移行前に退職した一般文官や旧軍人ならびにその遺族である。

産形成・管理」⁽⁴⁾という報告書を提出したことを
きっかけに，高齢期における経済問題が社会の
大きな注目を集めることとなった。本報告書に
よると，高齢夫婦のみ世帯（無職）が老後30年
生活することを想定した場合に，最低日常生活
費を補うためには約2,000万円の貯蓄が必要で
あると試算され，経済的に安定した高齢期にお
ける生活の難しさが顕在化してきている。実際
「2023年 国民生活基礎調査」⁽⁵⁾によると，高齢者
夫婦のみ世帯の56.2％，単身高齢者世帯の
59.1％が現在のくらしを「大変苦しい」「やや
苦しい」と回答している。加えて「第9回高齢
者の生活と意識に関する国際比較調査」⁽⁶⁾による
と，日本では現在の貯蓄や資産で老後の備えが
「やや足りない」「まったく足りない」と回答し
た人が約6割であったことに対して，アメリカ，
ドイツ，スウェーデンは15〜20％に留まってお
り，国際的にみても深刻な状況にあることがう
かがわれる。先行きを見通すことが難しい高齢
者にとって，支出に対して十分な所得を得るこ
とができない状況にある人は，目減りする貯蓄
や資産と向き合うことや，支出軽減に努めるこ
とが欠かせず，常に生活不安を抱えざるを得な
いという問題がある。

◆高齢者の支出
　日本における健康寿命は男性が72.7歳，女性
が75.4歳であり，平均寿命との差に鑑みると男
性で8.7年間，女性で12.0年間，健康上の問題

で日常生活が制限される期間がある。⁽⁷⁾つまり高
齢者は，加齢とともに医療・介護ニーズが高ま
るなかで，可能な限り安定した生活を維持する
ためにはサービス利用が欠かせない状況にある。
しかし，医療・介護サービスに伴って生じる費
用負担が，高齢者の家計を逼迫し，経済的問題
に拍車をかけていることに注意しなければなら
ない。
　厚生労働省の「令和3年度 医療保険に関す
る基礎資料」⁽⁸⁾によると，一人が生涯にかかる保
険診療の医療費は平均2,815万円であり，その
うち57.0％（1,604万円）が65歳以降に生じる
ことが推計されている（**図表6-1**）。日本では
医療保険制度が導入され，保険診療に伴う医療
費の自己負担は一部であるものの，80歳代後半
で年間平均8.1万円，90歳代前半で8.4万円の自
己負担が生じている。また「2022年 家計調査
年報」⁽⁹⁾によると，高齢夫婦のみ世帯（無職）は
保健医療に係る支出（医薬品，健康保持用摂取
品，保健医療用品・器具，保健医療サービスに
係る費用）として月平均1.6万円の負担がある
ことが報告されている。
　また介護費について「令和4年度 介護給付
費等実態統計報告」⁽¹⁰⁾によると，介護保険サービ
ス利用者一人あたり，月平均で**図表6-2**の自
己負担が生じている。また生命保険文化セン
ターの「2021年度 生命保険に関する全国実態
調査」⁽¹¹⁾によると，介護のための住宅改修や介護
用ベッドの購入といった一時的な費用に平均

可処分所得

　稼働所得や公的年金・恩給等の実収入から，所得税，
住民税，固定資産税，自動車税等の税金や社会保険料等
の非消費支出を差し引いたものである。いわゆる手取り
収入と同義であり，自分の意思で自由に使える収入分を
さす。

図表6-1 日本における生涯医療費の推計

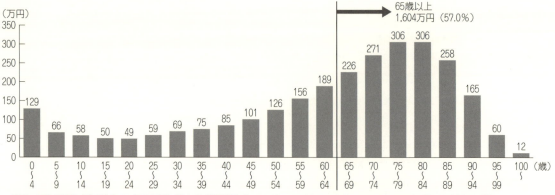

出所：厚生労働省「令和3年度 医療保険に関する基礎資料」(https://www.mhlw.go.jp/content/shougai_r03.pdf, 2024.2.28).

74.0万円かかっており，そのほかに介護にかかる費用として月平均8.3万円（在宅の場合：4.8万円，施設の場合：12.2万円）が必要であるとの報告もある。

医療・介護サービス等の利用に係る費用負担は，低所得層にある高齢者ほど消費に対して当該支出が占める割合が高いことが報告されている[12]。またサービス利用料を支払うことによる経済的負担の大きさから，必要な医療・介護サービスの利用を制限する事例も少なくない[13]。このような諸サービスの利用制限は，高齢者の健康状態の悪化や，家族の介護負担を増大させ，介護破綻あるいは介護放任，高齢者虐待などにもつながりかねないため，とりわけ低所得層に対する「所得の保障・補填」や「財産の保障」のための制度活用を目的とした経済的支援が欠かせない。

◆高齢者の貧困問題

高齢者は，就労などによる安定した所得を得る機会が制限されるため，公的年金・恩給による所得や，貯蓄・資産を十分に保有していない場合には，ただちに貧困状態に陥りやすい。その結果として「2022年 国民生活基礎調査」[14]によると，2021年時点における65歳以上の貧困率は男性が16.6％，女性が22.8％であることが報告されている。また世帯類型別でみると，65歳以上の女性単身世帯で44.1％，男性単身世帯で30.0％が**貧困線**[15]を下回る経済状況にあり，高齢者における深刻な貧困問題が明らかになっている。

そして，このような状況下にある高齢者が，最低生活を維持するためには**生活保護制度**を利用することが期待される。実際，厚生労働省の「令和4年度被保護者調査（年次調査）」[16]による

貧困線

等価可処分所得（世帯の可処分所得を世帯人員の平方根で割って調整した所得）の中央値の半分の額をいう。国民生活基礎調査における貧困率は，貧困線を下回る等価可処分所得しか得ていない人の割合をさす。

生活保護制度

生活保護法に基づき，生活に困窮するすべての国民に対して，最低限度の生活の保障と自立の助長をはかることを目的に，その困窮の程度に応じて必要な保護をおこなう制度である。生活保護は世帯単位でおこなわれ，世帯員全員が利用し得る資産や能力，その他あらゆるものを最低限度の生活の維持のために活用することが前提である。そのため，厚生労働大臣が定めた基準で計算した最低生活費と収入（稼働所得や年金・恩給，仕送り等）を比較して，最低生活費に満たない場合に，最低生活費から収入を差し引いた差額が保護費として支給される。

図表6-2　介護サービス利用者一人あたりの自己負担額（月平均・万円）

区　分	要支援・要介護度							全　体
	要支援1	要支援2	要介護1	要介護2	要介護3	要介護4	要介護5	
施　設	－	－	2.8	3.0	3.0	3.2	3.4	3.1
居　住	0.8	1.4	2.4	2.6	2.8	3.0	3.2	2.6
在　宅	0.2	0.3	0.9	1.2	1.8	2.2	2.6	1.2
全　体	0.2	0.3	1.1	1.5	2.3	2.8	3.2	1.7

注：施設（介護老人福祉施設，地域密着型介護老人福祉施設，介護老人保健施設，介護医療院，介護療養型医療施設）居住（特定施設入所者生活介護，認知症対応型共同生活介護）在宅（上記の施設・居住以外の訪問介護，通所介護，短期入所介護，小規模多機能，看護小規模多機能等）.
出所：厚生労働省『令和4年度 介護給付費等実態統計報告』.

と，2022年7月末時点における65歳以上の生活保護受給者は105.1万人（保護率：2.9％）に上り，生活保護受給世帯のうち半数以上が高齢者世帯を占めていた。またその一方で唐鎌の調査[17]によって，高齢者のいる世帯の27.0％（2016年時点）が生活保護基準を下回る所得で生活していたと報告されていることや，日本における生活保護の捕捉率が低いなどという現状を鑑みると，貧困状態にある高齢者への経済的支援が十分に行き届いていない状況が考えられる。また生活保護基準を下回らないまでも，貧困状態にあって生活不安を抱える高齢者の問題が深刻化している実情を見逃してはならない。

（杉山　京）

注
（1）　厚生労働省（2024）「2023（令和5）年国民生活基礎調査」.
（2）　総務省（2023）「家計調査年報（家計収支編）（2022年）」.
（3）　総務省（2023）「家計調査年報（貯蓄・負債編）（2022年）」.
（4）　金融審議会市場ワーキング・グループ（2019）「高齢社会における資産形成・管理——金融審議会市場ワーキング・グループ報告書」.
（5）　（1）と同じ.
（6）　内閣府（2021）「第9回高齢者の生活と意識に関する国際比較調査」.
（7）　厚生労働省（2021）「健康寿命の令和元年値について」.
（8）　厚生労働省（2023）「令和3年度 医療保険に関する基礎資料」.
（9）　（2）と同じ.
（10）　厚生労働省（2023）「令和4年度 介護給付費等実態統計報告」.
（11）　生命保険文化センター（2021）「2021（令和3）年度 生命保険に関する全国実態調査」.
（12）　田中聡一郎・四方理人・駒村康平（2013）「高齢者の税・社会保障負担の分析——『全国消費実態調査』の個票データを用いて」『財務省財務総合政策研究所「フィナンシャル・レビュー」』115，117-133.
（13）　竹本与志人・杉山京・倉本亜優未・ほか（2019）「介護支援専門員を対象とした認知症者の経済問題に対する支援内容とその展開過程」『社会医学研究』36（1），53-60.
（14）　厚生労働省（2023）「2022（令和4）年国民生活基礎調査」.
（15）　阿部彩（2024）「相対的貧困率の動向（2022調査update）」（https://www.hinkonstat.jp/，2024.2.29）.
（16）　厚生労働省（2023）「令和4年度被保護者調査（年次調査）」.
（17）　唐鎌直義（2017）「高齢者の生活実態と貧困問題」『月刊保団連』1239，10-15.

2章　高齢者の生活実態とこれを取り巻く社会環境

高齢者の世帯構成

◆**高齢者世帯の動向**

　日本の高齢者世帯（65歳以上の者のみで構成するか，またはこれに18歳未満の未婚の者が加わった世帯）動向は，**図表7-1**のようになっている[1]。

　世帯構造について，2022（令和4）年をみると，夫婦のみの世帯（世帯主とその配偶者のみで構成する世帯）がもっとも多く，次に単独世帯（世帯員が一人だけの世帯），親と未婚の子のみの世帯（夫婦と未婚の子のみで構成する世帯）の順で多くなっている。1980（昭和55）年のデータをみると，**三世代世帯**（世帯主を中心とした直系三世代以上の世帯）の割合がもっとも多く，全体の半数を占めていた。次に多かったのが夫婦のみの世帯，その他の世帯の順となっている。

　1980（昭和55）年から2022年までの世帯構造の変化としては，三世代世帯が減少し，夫婦のみの世帯や単独世帯，親と未婚の子のみの世帯が増加している[2]。このような変化は，1980年代後半から家族社会学の分野において議論されてきた「家族の個人化」の特徴がみられる[3]。

　以下，**図表7-1**の2022年の世帯構造の多い順に見ていく。

◆**単身高齢者世帯の増加**

　高齢者世帯のなかで2番目に多い世帯が単独世帯である。「単身高齢者」「独居高齢者」「一人暮らし高齢者」とも呼ばれている（以下，単身高齢者）。単身高齢者に焦点をあてた**図表7-2**のデータをみると，単身高齢者は男女ともに増加傾向にある。1985年のデータでは65歳以上の男女それぞれの人口に占める割合は男性4.6％，女性12.9％であったが，**団塊世代**が全員75歳以上になる2025（令和7）年には男性が18.3％，女性が25.4％と推計されている。国立社会保障・人口問題研究所による報告の2015（平成27）年から2030（令和12）年までのデータ[4]をみると，高齢者層のなかでも80歳以上の単身世帯の増加率の高いこと，未婚の単身高齢者の増加が特徴としてあげられる。

　2011（平成23）年には，上野千鶴子の『おひとりさまの老後』[5]が出版され，「おひとりさま」といった言葉も登場している。以降，単身高齢者が生活していくためのノウハウが書かれたさ

三世代世帯

総務省統計局によると「世帯主との続き柄が，祖父母，世帯主の父母（又は世帯主の配偶者の父母），世帯主（又は世帯主の配偶者），子（又は子の配偶者）及び孫の直系世代のうち，三つ以上の世代が同居していることが判定可能な世帯」と定義されている。

7 高齢者の世帯構成

図表7-1 高齢者世帯の動向

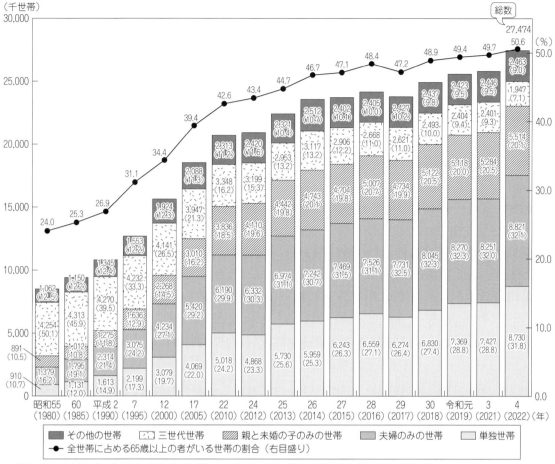

資料：昭和60年以前の数値は厚生省「厚生行政基礎調査」，昭和61年以降の数値は厚生労働省「国民生活基礎調査」による。
注1：平成7年の数値は兵庫県を除いたもの，平成23年の数値は岩手県，宮城県および福島県を除いたもの，平成24年の数値は福島県を除いたもの，平成28年の数値は熊本県を除いたものである。
注2：（　）内の数字は，65歳以上の者のいる世帯総数に占める割合（％）。
注3：四捨五入のため合計は必ずしも一致しない。
注4：令和2年は調査中止。
出所：内閣府『令和6年度高齢社会白書』10（https://www8.cao.go.jp/kourei/whitepaper/w-2024/zenbun/pdf/1s1s_03.pdf, 2024.10.28）．

団塊世代

団塊の世代とは戦後のベビーブーム世代ともいわれており，1947年から1949年生まれの人である。2025年にはその世代がすべて後期高齢者（75歳以上）となる。

まざまな本が出版され，一人ぐらしの老後は日本にとって身近なテーマとなっている。内閣府が2014（平成26）年に65歳以上を対象に実施した「一人暮らし高齢者の意識調査」では，老後の一人ぐらしの不安な内容として「健康や病気」「要介護状態になること」「自然災害」が上位となっている。[6]

◆親と未婚の子のみの世帯の抱える問題

　高齢者世帯のなかで3番目に多い，親と未婚のみの世帯のなかには複合的な課題を抱える世帯が含まれている。「8050問題」という，「80代の親が収入のない50代のひきこもりの子どもの生活を支え，行き詰まってしまっている世帯」[7]や「80代の高齢の親が，50代の無職やひきこもり状態の子どもと同居し，経済的な困窮や社会的孤立に至る世帯」[8]のような問題を抱えている世帯である。

◆単身高齢者世帯や複合的課題を抱える
　　高齢者世帯の課題

　上記で述べた，単身高齢者や複合的課題を抱える高齢者世帯について考えるうえの共通課題として，1つめが**社会的孤立**や孤独死がある。東京都福祉保健局がおこなった調査（2020）[9]によると東京23区で高齢者（65歳以上）の死亡者数は，他の年齢層に比べると多くなっている。警察庁の「自殺の状況」[10]では，60歳以上の自殺の原因や動機について，「健康問題」がもっと

も多く，次に「家庭問題」，「経済・生活問題」の順となっている。

　2つめが，「高齢者の要支援や要介護状態」である。未婚の単身高齢者や家族との別居の単身高齢者が要支援および要介護状態になると家族による支援が難しく，日常生活が困難な状態に陥りやすくなる。介護保険サービスや見守り等介護保険外の支援による支援が必要となる。

　複合的な課題のある世帯についても，たとえば親自身が要支援・要介護状態になると，親子で生活が共倒れ（これまで親が子どもの生活も含め支えてきたことが困難になる）になる可能性が高くなる。

　3つめが，「経済的な課題」である。高齢者本人自身の管理力が困難になると，金銭管理（収支や支払い等）にも影響がでてくる。また，未婚の単身高齢者は同居家族が不在のため金銭のサポートが弱くなる。また，同居家族（50側の子）の収入が少ない（または無収入）の場合，親世代の年金等の収入に頼ることになり，結果親子で貧困に陥りやすい。

◆高齢者世帯への支援の展開

　単身世帯や複合的な課題のある世帯への支援には，さまざまな制度の専門職や専門機関，地域の関係者による連携が必要となる。具体的には，地域包括支援センター職員や居宅介護支援事業所（介護支援専門員），相談支援事業所（相談支援専門員），診療所等の医療機関や介護

社会的孤立

　首相官邸のホームページによると，社会とのつながりが希薄になり，孤独や不安を感じる状態と説明されている。高齢者の社会的孤立に関しては，1990年代に都市部の高齢者を対象とした研究が報告されている［後藤昌彦（1991）「都市における高齢者の社会的孤立」『高齢者問題研究』（財）北海道高齢者問題研究協会7，73-90；浅野仁（1993）「高齢者福祉の実証的研究——豊かな高齢期に向けて（博士論文）」関西学院大学；港区社会福祉協議会（1995）「東京都港区におけるひとり暮らし高齢者の生活と社会的孤立に関する調査報告書——地域ネットワークの新たな展開を求め

て」。］

　2000年代より多くの論文や厚生労働省関連の白書においても取りあげられている。メディアでは，2010（平成22）年にNHKスペシャルで「無縁社会～“無縁死”3万2千人の衝撃～」，2015（平成27）年にNHKで「老人漂流社会～親子共倒れを防げ」，2019（令和元）年には「“ひきこもり死”～中高年　親亡き後の現実～」がとりあげられ，複合的な課題を抱える高齢者と同居する子の世帯の社会的孤立の現状も顕在化されるようになった。

図表7-2　単身高齢者世帯の動向

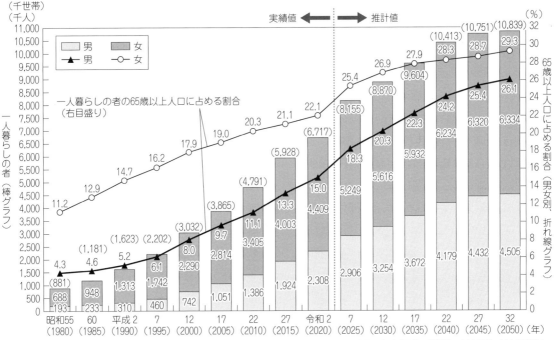

資料：令和2年までは総務省「国勢調査」による人数，令和7年以降は国立社会保障・人口問題研究所「日本の世帯数の将来推計（全国推計）」（令和6（2024）年推計）による世帯数．
注1：「一人暮らし」とは，上記の調査・推計における「単独世帯」又は「一般世帯（1人）」のことを指す．
注2：棒グラフ上の（　）内は65歳以上の一人暮らしの者の男女計．
注3：四捨五入のため合計は必ずしも一致しない．
出所：内閣府『令和6年度高齢社会白書』11（https://www8.cao.go.jp/kourei/whitepaper/w-2024/zenbun/pdf/1s1s_03.pdf, 2024.10.28）．

事業者，障害福祉の事業者，行政機関の生活困窮者を対象とした自立相談支援機関，社会福祉協議会，ひきこもり支援機関，成年後見人，民生委員等である．

制度では対応できない問題支援がある場合には，地域の町会長や近隣といった地域住民による支援協力も必要となる．制度による専門職や専門機関によるフォーマル資源だけでなく，地域住民によるインフォーマル資源の両資源が協力しながら，必要に応じて（タイミングをみながら）支援につなげていけるように，高齢者世帯を見守り続ける体制が重要となる．単身世帯や8050問題といった高齢者世帯における生活上の課題は，だれにでも起こりうる．それぞれが「自分事」としてとらえ，意識することも重要となる．

（綾部貴子）

注
（1）内閣府（2023）『令和6年版高齢社会白書』．
（2）（1）と同じ．
（3）目黒依子（1987）『個人化する家族』勁草書房．
（4）（1）と同じ．
（5）上野千鶴子（2011）『おひとりさまの老後』文芸春秋．
（6）内閣府（2015）「『平成26年度一人暮らし高齢者の意識調査』．
（7）池上正樹（2019）『ルポ「8050問題」――高齢親子"ひきこもり死"の現場から』河出書房新社，3．
（8）川北稔（2019）『8050問題の深層――「限界家族」をどう救うか』NHK出版，6．
（9）東京都福祉保健局（2020）「東京都監察医院で取り扱った自宅住居で亡くなった単身世帯の者の統計（令和2年）」．
（10）警視庁（2023）「令和2年中における自殺の状況」．

高齢者の雇用・就労状況

◆**定年の概念——諸外国との比較から**

内閣府の「**高齢者の生活と意識に関する国際比較調査**」(1)によると、欧米諸国と比較して日本の高齢者の理想引退年齢は高いのが特徴である。60歳代の人の理想の引退年齢は、日本においては65歳ぐらいと回答した者が全体の40.3％、70歳ぐらいと回答した者が全体の31.3％と高水準となっており、65歳以上とした者は全体の8割以上を占める。

一方、調査対象国となっているアメリカ、ドイツ、スウェーデンと比べると、年代別に調査時点で実際に収入のある仕事をしている割合では、アメリカ、ドイツ、スウェーデンなどの欧米諸国は65～69歳でほぼ70％以上の高齢者は就労はしていない。しかし日本の場合は46％となっており、実際に引退する年齢は日本の高齢者のほうが高いことがわかる。

就労には、海外の報告も含めると収入以外に「老化を防ぐ」「面白さや活力」を求めている高齢者も一定の割合でいることがうかがえる。これは生活充実のための就労といえる。日本の実際の退職年齢の平均は男性61.8歳、女性55.4歳と約7歳の差がある。アメリカとドイツでは、男女とも「60歳代前半」の割合がもっとも高く、大きな男女差はみられない。スウェーデンでは、「60歳代後半」（男性38.3％、女性38.7％）の割合がもっとも高い。また、今後も収入を伴う仕事をしたい（続けたい）と思うかについては日本は40％の者がそう思っていることから、諸外国（26～30％）と比べると高いことがわかる。今後の就労理由については性別にみると、日本では「収入がほしいから」（男性55.4％、女性45.5％）の割合は女性より男性が高く、諸外国（25～32％）と比べると収入の理由が多くなっている。

以上のように日本の高齢者の就業率は欧米と比較しても高い水準を保っており、今後は高齢者の雇用可能性や就労環境を整備することを促進することが求められる。

◆**定年後の経済的状況**

定年つまりいつまで就業するかという決定は、貯蓄額や年金受給開始などの経済的状況が影響を与えると考えられるが、生活保護受給世帯の

高齢者の生活と意識に関する国際比較調査
日本および外国3か国（アメリカ、ドイツ、スウェーデン）の60歳以上の男女個人（施設入所者は除く）を対象として5年ごとにおこなわれる調査。

うち，高齢者世帯の割合がもっとも多く，55％を超えていることから高齢者世帯は経済的に逼迫している層が多いことがわかる。[(2)]

国税庁が公表した「令和4年分民間給与実態統計調査」[(3)]で平均給与を年齢階層別にみると，男性では年齢が高くなるに従い平均給与も高くなり，50〜54歳の階層（707万円）がもっとも高くなっているが，女性では年齢による較差はあまり顕著ではない。しかしながら，60歳代前半では平均収入410万円，60歳代後半では平均は323万円となり，定年後は年齢が上がる毎に収入が低下していることがわかる。[(4)]

さらに，「令和6年版高齢社会白書」[(5)]によると，65歳以上の経済的なくらし向きを見ると，「家計にゆとりがない」または「非常に苦しい」と回答する者の割合が3割を超えており，「心配はないがあまりゆとりはない」と答える層も5割以上いることからも，余裕が少なく，生活費を抑えてくらしていかなければならない層が多いことがうかがわれる。

◆定年後の就労形態

定年を機会に，人々は長年勤めた役職を退き，次の道を進むことになるが，働き続ける選択をした場合は，その就業形態が変化すると考えられる。総務省の労働力調査[(6)]によると，正規雇用者として就業する人の割合は，50代後半では64.8％，60歳代前半で33.0％，60歳代後半で11.4％となっている。年齢が上がる毎に正規雇

用の割合は低下していく。その一方で増えているのが**非正規雇用**であり，定年後のもっとも多い就業形態となっている。

非正規雇用を選択しても「社会への貢献」や「生きがい」を感じることはできる。このような働き方では，正規雇用での高い収入の代わりに，ストレスを減らし，健康的に充実した生活を手に入れることができると思われる。けれどもその一方で，高齢者本人の希望する就職先と高齢者の就業を求める業種とがミスマッチしており，そのことが高齢者の就業を抑制し，QOLを低下させると予測される。[(7)]また，近年の社会保険の適用拡大[(8)]の影響もあり，定年後，非正規の雇用による厚生年金の加入で将来の年金を増やすことも可能となる。このことも高齢者の非正規の就業を促進する要因となっている。

◆高齢者の雇用を守る

厚生労働省によると，高年齢者等の雇用の安定等に関する法律（高年齢者雇用安定法）では，高年齢者が年齢に関わりなく働き続けることができる「生涯現役社会の実現」をめざして，企業に定年制の廃止や定年の引上げ，継続雇用制度の導入（高年齢者雇用確保措置）のいずれかの措置を，65歳まで講じるよう義務づけている。

さらに，2023（令和3）年4月1日からは，同法の改正により，70歳までを対象として，定年制の廃止や定年の引上げ，**継続雇用制度**の導入という雇用による措置や，業務委託契約を締

非正規雇用

正規の雇用契約を結んでいない雇用形態のことをさす。総務省の「労働力調査」（2022年）によれば，役員を除いた雇用者のうち，全体の約4割の労働者が非正規雇用で働いている。非正規雇用では，基本的に雇用期間は状況に応じて契約の更新も可能ではあるものの，企業側から更新を拒むことができることが特徴といえる。企業側の非正規雇用のメリットは，人手不足の解消や人件費の節約ができることであるが，人材育成が困難となる。また働き手からは，収入が比較的低く，不安定な状況といえる反面，自由時間の活用などのメリットがある。

継続雇用制度

雇用している高年齢者を，本人が希望すれば定年後も引き続いて雇用する，「再雇用制度」などの制度を指す。この制度の対象者は，以前は労使協定で定めた基準によって限定することが認められていたが，高年齢者雇用安定法の改正により，2013（平成25）年度以降，希望者全員を対象とすることが必要となっている。2025（令和7）年4月1日以降は，高年齢者雇用確保措置として，以下のいずれかの措置を講じる必要がある。

・定年制の廃止
・65歳までの定年の引き上げ
・希望者全員の65歳までの継続雇用制度の導入

結する制度の導入，社会貢献事業に従事できる制度の導入（高年齢者就業確保措置）という雇用以外の措置のいずれかの措置を講じるように努めることを義務づけている。これによると，65歳以上の継続雇用制度の導入をおこなうことで**雇用確保措置**を講じている企業（16万6,335社）の継続雇用制度の内容をみると，希望者全員を対象とする制度を導入している企業は83.0％（2.1ポイント増加）であった。

　また，70歳までの高年齢者就業確保措置の実施状況に関しても，実施している企業は若干ではあるが増えている。このように，企業は継続雇用制度導入や定年の引き上げや廃止などを推進する動きが活発となっていることがわかる。一方で定年後の就労は，企業側が労働者の派遣を実施する再雇用対策としても有効で，定年退職者の希望にも添った働き方ができると考えられている。

◆高齢者の就労と健康

　定年後を含めた高齢者のニーズに合う就労の仕方を考えることは，本人の健康にとっても重要な意味をもたらす。「長寿社会における中高年者の暮らし方の調査（JAHEAD）」の1987（昭和62）〜2002（平成14）年（第1回〜第6回）の調査において，60歳以上の就労がその後の健康状態に与える影響を検討した結果，寿命と健康寿命を延ばす効果があることが示唆されている。[9]

　また，一方で老化による身体的能力や認知機能の低下は，就労が若い世代と比べて高齢者には疲労感をもたらす程度も高くなることも周知しておかねばならない。加齢だけでは仕事の成果は低下するとは限らないが，職務遂行に必要な認知機能など，いくつかの条件が必要である。「第7回勤労生活に関する調査」（2015（平成27）年）によると高齢になり，年金が支給されても就労意欲があるか否かに関して尋ねたところ，「働く意欲あり」とする割合が75.8％と，「働く意欲なし」の割合（21.8％）を大きく上回っていた。日本の高齢者の就労への意欲は高いが，その実態には体力や老化も関係している。健康状態は家族同居や友人，地域活動や役割の有無など健康に関連する環境要因なども個人差が大きい。[10]

◆高齢者への就労支援

　老年学においては，「**プロダクティブ・エイジング**」や「**サクセスフル・エイジング**」という考え方があり，生産的な活動としての就労は高齢者に主観的な幸福感を高め，介護予防の観点からも，また，できる限り「人の役に立ちたい」という希望にも添った活動となる。一方で，健康な高齢者だけでなく，軽度認知症の高齢者に対しても，収入を伴う軽作業をアクティビティに取入れ，利用者支援という枠組みを超えて，職員・高齢者ともにいきいきと活動している事業所がみられる。このような取り組みは，住み

雇用確保措置

　高年齢者等の雇用の安定等に関する法律第9条第1項に基づき，定年を65歳未満に定めている事業主は，雇用する高年齢者の65歳までの安定した雇用を確保するため，以下のいずれかの措置（高年齢者雇用確保措置）を講じなければならない。①定年制の廃止，②定年の引上げ，③継続雇用制度（再雇用制度・勤務延長制度等）の導入。継続雇用制度とは，現に雇用している高年齢者が希望するときは，当該高年齢者をその定年後も引き続いて雇用する制度をいう。

プロダクティブ・エイジング（Productive Aging）

　「老年学の父」と呼ばれるバトラー（Butler, R.N.）が提唱した概念である。高齢者が心身ともに健康を保って人生を楽しみ，長年培ってきた経験を生かして生産的な活動に従事し，社会に貢献しながら年齢を重ねる生き方を示す。

慣れた地域で社会参加しながらくらしていけるような介護サービスとして位置づけることが期待できる[11]。今後，高齢者の就労の位置づけは「生きがい」や「生きる意味や目的」を見いだすことをふまえて就労支援策を講じていくことが重要であろう。 （広瀬美千代）

注

（1）　内閣府「高齢者の生活と意識に関する国際比較調査（令和２年10月承認）」(https://www.e-stat.go.jp/surveyplan/p00100106001, 2024.7.24).

（2）　厚生労働省社会・援護局「被保護者調査」（平成23年度までは政策統括官行政報告統計室「福祉行政報告例」）の，「世帯類型別生活保護受給世帯数の構成比の推移」(sh0800-08-b2.xlsx live.com, 2024.8.1).

（3）　国税庁「令和４年分民間給与実態統計調査」(https://www.nta.go.jp/publication/statistics/kokuzeicho/minkan/gaiyou/2022.htm?media=21062&media=23602&media=8568, 2024.8.1).

（4）　年収ガイド「年収ガイド」(https://www.nenshuu.net/generation/gene/generation_pages.php?generation=65, 2024.8.1).

（5）　内閣府『令和６年版高齢社会白書』(https://www8.cao.go.jp/kourei/whitepaper/w-2024/zenbun/pdf/1s2s_01.pdf, 2024.8.1).

（6）　総務省「労働力調査」(https://www.stat.go.jp/data/roudou/, 2024.8.1).

（7）　「シニアの就活　ミスマッチはなぜ？　定年後も働く高齢者　就職活動は　NHKビジネス特集」(https://www3.nhk.or.jp/news/html/20240216/k10014359391000.html, 2024.8.1).

（8）　日本年金機構「短時間労働者に対する健康保険・厚生年金保険の適用拡大」(https://www.nenkin.go.jp/oshirase/topics/2021/0219.html, 2024.8.1).

（9）　Okamoto S, Okamura T, Komamura K., Employment and health after retirement in Japanese men *Bulletin of the World Health Organization* 2018；96（12）：826-33.

（10）　独立行政法人労働政策研究・研修機構「第７回勤労生活に関する調査（2015年）」(https://www.jil.go.jp/kokunai/reports/report009.html, 2024.8.1).

（11）　中山久雄・広瀬美千代（2022）「高齢者就労がもたらす利点と可能性――「あをに工房」の取り組みについて」『日本認知症ケア学会誌』20（4），524-531.

サクセスフル・エイジング（Successful Aging）
　日本語では「生きがい」や「幸福な老い」が近いと考えられている。さまざまなモデルが提唱されているが，1950年ごろに提唱された活動理論を指す。高齢者も中年と同じような心理的・社会的ニーズをもっているということに着目し，活動から引退させようとはせず，活動を継続させることがよいとしている。

9 高齢者の介護問題

◆家族介護者のストレス

（1）家族介護者とは

　高齢者福祉領域における家族介護者とは、在宅で要介護高齢者をお世話している家族を指すが、要介護高齢者からみた主な介護者の続柄をみると、5割強が同居している人が主な介護者となっている。その主な内訳をみると、配偶者が23.8%、子が20.7%、子の配偶者が7.5%となり、性別については、男性が35.0%、女性が65.0%と女性が多い。近年は配偶者間介護が増え、男性介護者も増加している。要介護者等と同居している主な介護者の年齢についてみると、男性では72.4%、女性では73.8%が60歳以上であり、いわゆる老老介護のケースも相当数存在していることがわかる。(1)

（2）介護負担感（介護ストレス）

　近年の要介護高齢者の増加や**核家族**化の進行により、在宅での介護の担い手である家族介護者の精神的および身体的負担感が高まることが予想される。「高齢者介護に関する世論調査」(2)（2003（平成15）年）によると、「子が親の介護をすることは当たり前のことだ」（57.3%→48.6%）と答えた者の割合が低下し、「子だからといって、必ずしも自ら親の介護をする必要はない」（28.7%→36.1%）と答えた者の割合が上昇している。これは子どもが高齢の親を介護することが義務であったことが変化したことを意味している。平均寿命の伸びとともに介護期間が増え、介護負担感が高まったことによると考えられる。

　2000（平成12）年には介護保険制度が導入され、介護に要する時間については、2004（平成16）年と比較すると、2019（令和元）年には「ほとんど終日」が2.3ポイント低下し、時間の上では負担の改善が見られたが、家族介護者の介護負担感の軽減については限定的である。要介護高齢者を在宅で介護する家族の介護負担感には、介助などによる身体的負担感の他、経済的負担感、自分の活動や時間が拘束されるという社会生活の制限感、将来の漠然とした不安や親族・近隣との関係性の悪化から生じるストレスなどさまざまなマイナスの感情がある。(3)

　このような精神的負担感に対しては、介護サービスそのものではなく、介護職や介護支援

核家族

　核家族は夫婦と未婚の子どもで構成されている家族がその典型であるが、夫婦のみ、またはひとり親と未婚の子どもの同居も含んでいる。日本では1980年代以降、三世代家族のいわゆる拡大家族が年々減少し、核家族が増大してきた。2022（令和4）年現在、65歳以上のいる世帯では、夫婦だけの世帯と未婚の子どもと同居の世帯は全世帯の半数以上を占めており、単独世帯が3割と次いでいる。核家族では、家族機能で介護や育児の機能が低下することになる。[厚生労働省（2022）「国民生活基礎調査の概況」(https://www.mhlw.go.jp/toukei/saikin/hw/k-tyosa/k-tyosa22/dl/14.pdf, 2024.8.5).]

専門員などの専門職からの声かけや相談援助で軽減することがある。また，多くの家族介護者には，公的には支援体制が確立しておらず，介護者家族の会などのインフォーマルな支援などに頼らざるを得ない状況になっている。

（3）介護離職

厚生労働省の雇用動向調査によると，2020（令和2）年に離職した人は約727.2万人，そのうち「介護・看護」を理由とする人は約7.1万人となっていた。男性は約1.8万人，女性は約5.3万人と女性のほうが多くなっている。介護離職の割合は少ないが，2007（平成19）年から2017（平成29）年の10年間で2倍になっている。また，正規職員の介護離職が多くなっている。性別・年代別に「介護・看護離職」の割合をみると，男性は65歳以上，女性は55〜59歳でもっとも高くなっている。[5]

今後の取り組みとして，地域包括ケアシステムの一層の推進をはかるとともに，認知症を有する人が地域において自立した生活を継続できるよう支援体制の整備をさらに推進することや，家族介護をおこなう現役世代にとっても働きやすい社会づくりのため，介護の受け皿整備や介護人材の処遇改善等の「介護離職ゼロ」に向けた取り組みを推進することが必要である。

◆老老介護

平均寿命が伸びることで，要介護高齢者と家族介護者自身も高齢になることが予測される。

「令和6年版高齢社会白書」によると，主な介護者と要介護者の関係は「配偶者」が最多で，主な介護者の年齢は男女ともに75%以上が60歳以上となっている。さらに70歳以上の高齢者が介護を担っているケースは全体の40%を超えており，今後もこのような老老介護が増えることが予想される。

老老介護では，子による介護と比べてさまざまな次元で負担が高くなる傾向にある。排せつや入浴，移動・移乗の介助は日常的に頻度が高いため，介護者の体力を消耗し，大きな身体的負担を強いることになる。また介護ストレスを発散する機会や場所，話す相手も少なく，介護うつになりやすい。さらに，睡眠不足などから健康面に影響が出やすく，介護者自身が病気になりやすくなることが懸念される。家族介護者は日ごろから介護支援専門や地域包括支援センターなどの専門職とつながり，相談できる体制を整えておくことが重要である。

◆多重介護の現状と課題

（1）多重介護

多重介護とは，「1人で高齢者や障害者など複数の家族を同時にケアすること」であるが，近年はダブルケアの用語も使用されるようになっている。少子高齢化，合計特殊出生率の低下により，多重介護が今後も増えることが予測されるが，介護者の25%が複数人のケアをおこなっている。[6]多重介護にはたとえば，実親の介護

介護離職

家族が要介護状態になり，介護に専念するために仕事を辞めてしまうことを指す。仕事を断念せざるを得ない状況というのは，介護者が1人に集中している場合や高齢者本人の要介護度が高く，かつサービスを上手く活用できていないことが考えられる。子による介護は現役世代であることが多いので，介護の状況次第で介護離職となる可能性が出てくる。しかしながら介護のために離職すると，家族介護者が介護だけに集中せざるを得ない状況となり，逆に介護負担感が増すこともある。介護状況下では介護と仕事の両立を果たせるような対策が求められるといえる。

と義理の親の介護が重なる場合や，親の介護と育児が同時進行する場合などがある。

（2）ダブルケアの実態

少子高齢化となり，晩婚化や出産年齢の高年化が進むと，育児と親の介護が重なる形態が増加すると予測され，**ダブルケア**と呼ばれている。[7]

「ダブルケアに関する調査2018」によると，「現在ダブルケアに直面中」が12.3％，「過去にダブルケアを経験」が12.8％，「現在直面中で，過去にも経験がある」が4.0％で，ダブルケアに直面している人は16.3％，ダブルケアを経験したことがある人は29.1％であった。ダブルケアに直面中で親・義親と同居しているダブルケアラーでは「中心的な関わり」が4割強であった。女性が中心的に関わる理由で最多は「自分以外に主にできる人がいない」で，男性では「自身の希望で主に関わりたい」が最多であったことから，ダブルケアラーとなる理由に性差が見られる。

ダブルケアで負担に思うことは，「精神的，体力的にしんどい」が多く，「経済的負担」や「子どもや親の世話を十分にできない」の他，「仕事との両立」「遠距離の世話」「兄弟や親戚間での認識のずれ」などがあげられる。

（3）トリプルケアとは

トリプルケアとは，子育てに加えて親・祖父母などの介護を合わせておこなわなければいけないなど多重にケア役割があることを指す。少子高齢化，晩婚化が進み，多様な家族構成やラ

イフスタイルのもと，さまざまな家族へのケアが重複して起こる状況が増えている。また，祖父母による孫の世話も，自分の子どもへのサポートとして関わりたいという気持ちは十分あっても体力的に無理があり，負担が大きい。高齢者は我が身の健康を維持することも大変であるが，配偶者の介護や孫の世話など多様なケアを強いられる可能性が高いことがわかる。今後，晩婚化が進むとますますこのようなトリプルケアという多重介護が生じる可能性が高いが，その支援の充実が待たれる。

◆ヤングケアラーの実態とその背景

2020年度におこなわれた，子ども本人（中学生・高校生）を対象とした**ヤングケアラー**の全国調査では，世話をしている家族が「いる」と回答したのは，中学2年生5.7％，全日制高校2年生4.1％であるなどの実態が明らかとなった。[8]

ヤングケアラーの実態に関する全国調査が複数回実施されているが，ケアの頻度は「ほぼ毎日のようにケアをしている」は3割から5割相当あり，世話をしている家族が「いる」と回答した中高生のうち，約1～2割が，平日1日7時間以上を世話に費やしている。

子どもがこのようなケアを担うことで生じる問題については，「睡眠不足」「学校の遅刻・欠席」「家庭学習時間の不足」「友人との付き合いができない」などがあげられ，学習への妨げや

ダブルケア

狭義のダブルケアは，介護＋育児（主に18歳までの児童），広義のダブルケアは，介護と育児・他の介護・多重なケアととらえる。家族や親族等，親密な関係における複数のケア関係，またそれに関連した複合的課題ととらえる。[ソニー生命連携調査（2018）「ダブルケアに関する調査2018」(https://www.sonylife.co.jp/company/news/30/nr_180718.html, 2024.8.2).]

ヤングケアラー

日本ケアラー連盟によると，「家族にケアを要する人が要る場合に，大人が担うようなケア責任を引き受け，家事や家族の世話，介護，感情面のサポートなどを行っている，18歳未満の子ども」と定義されている。ヤングケアラーには，「幼いきょうだいの世話をする」や「家族の代わりに家事をする」「家計のためにアルバイトをしている」などの子どもも入る。

自分自身の時間がないこと，健康の問題や大きな精神的ストレスがあるといわれている。しかし，このような問題に対して，相談した経験が「ない」が5〜6割いるなかで，「誰かに相談するほどの悩みではない」や「相談しても状況が変わるとは思わない」と答える率も高くなっている。子ども自身がヤングケアラーである認識がなく，自身の状況を問題ととらえていないこ

とが課題である。

　このようなことから早期発見と専門職への連携，居場所作りやサポート体制が求められるといえるが，2024（令和6）年には子ども・子育て支援法等の一部を改正する法律が国会で可決・成立し，ヤングケアラーへの支援を一層強化することとなった。　　　　　（広瀬美千代）

注
（1）　内閣府（2024）『令和6年版高齢社会白書』（https://www8.cao.go.jp/kourei/whitepaper/w-2024/zenbun/pdf/1s2s_02.pdf, 2024.8.2）.
（2）　内閣府政府広報室（2003）「高齢者介護に関する世論調査の概要」（https://survey.gov-online.go.jp/h15/h15-kourei/, 2024.8.2）.
（3）　広瀬美千代（2010）『家族介護者のアンビバレントな世界——エビデンスとナラティブからのアプローチ』ミネルヴァ書房，14-26.
（4）　（3）と同じ.
（5）　大和総研（2019）「介護離職の現状と課題——両立支援制度の周知と働く環境の見直しが求められる」（https://www.dir.co.jp/report/research/policy-analysis/human-society/20191003_021060.html, 2024.8.2）.
（6）　NHK（2014）「クローズアップ現代 "多重介護" 担い手たちの悲鳴」（https://www.nhk.or.jp/gendai/articles/3578/index.html, 2024.8.2）.
（7）　相馬直子・山下順子（2016）「ダブルケアとは何か」『調査季報——ダブルケアとオープンイノベーション』横浜市政策局政策課，178.
（8）　日本総研（2022）「ヤングケアラーの実態に関する調査研究」（https://www.jri.co.jp/page.jsp?id=102439, 2024.8.2）.

MEMO

2章　高齢者の生活実態とこれを取り巻く社会環境

⑩ 災害弱者としての高齢者

◆災害弱者としての高齢者にアプローチが求められる背景と経緯

日本は古来より雨と共存してきた。「雨の恩恵を享受しつつ災害をいかに減らすか」という先人の多大な努力があり，現在の治水環境が整えられてきた。それでもなお，豪雨災害による被害は続いており，被害が集中するのが，高齢者をはじめとする「災害時要配慮者」である。

災害時要配慮者は，災害時に必要な情報を迅速かつ的確に把握し，災害から自らを守るために，安全な場所に避難するなどの一連の行動をとるのに支援を要する人々と定義される。一般的に高齢者，障害者，外国人，乳幼児，妊婦等があげられる。[1][2]

◆災害対策に関連する法令

災害対策基本法は，「国土並びに国民の生命，身体及び財産を災害から保護するため，防災に関し，基本理念を定め，国，地方公共団体及びその他の公共機関を通じて必要な体制を確立し，責任の所在を明確にするとともに，防災計画の作成，災害予防，災害応急対策，災害復旧及び防災に関する財政金融措置その他必要な災害対策の基本を定めることにより，総合的かつ計画的な防災行政の整備及び推進を図り，もつて社会の秩序の維持と公共の福祉の確保に資すること」（第1条）を目的に，1961（昭和36）年に制定された。

災害とは，「暴風，竜巻，豪雨，豪雪，洪水，崖崩れ，土石流，高潮，地震，津波，噴火，地滑りその他の異常な自然現象又は大規模な火事若しくは爆発その他その及ぼす被害の程度においてこれらに類する政令で定める原因により生ずる被害」（第2条）である。

施策における防災上の配慮等として，第8条に「国及び地方公共団体は，災害の発生を予防し，又は災害の拡大を防止するため，特に高齢者，障害者，乳幼児その他の要配慮者に対する防災上必要な措置に関する事項の実施に努めなければならない」ことが規定されている。同法には，「要配慮者」について，「要配慮者の生命又は身体を災害から保護するためにあらかじめ講ずべき措置に関する事項」（第46条），警報の伝達等において，円滑かつ迅速な避難の確保がはかられるよう必要な情報提供その他の必要な

個別避難計画

2021（令和3）年の災害対策基本法の改正により，避難行動要支援者について個別避難計画を作成することが市町村の努力義務とされた。個別避難計画は，発災時の避難情報の伝達，安否確認，避難に同行すること等に加え，平常時に避難訓練を実施すること等の計画である。避難行動要支援者名簿と同じく，作成に必要な範囲で避難行動要支援者に関する情報を活用できることとされている。さらに，本人の同意を得て，災害の発生に備え，避難支援等の実施に必要な限度で，避難支援等関係者に対し情報を提供するものとされている（情報の提供を受けた者の秘密保持義務も記されている）。

災害派遣福祉チーム

東日本大震災を契機に，災害時の福祉について議論が高まり，災害時に主に避難所において，要配慮者を対象に福祉的支援をおこなう「災害派遣福祉チーム」が活躍している。「災害時の福祉支援体制の整備について」および「災害福祉支援ネットワーク構築推進等事業」に基づき，派遣元である災害福祉支援ネットワーク等により整備が進められている。DWAT（Disaster Welfare Assistance Team）や，DCAT（Disaster Care Assistance Team）の名称も定着しつつあり，社会福祉施設や病院等で働く社会福祉士・精神保健福祉士・介護福祉士・介護支援専門員・保育士等がチームで活躍している。

配慮をすること（第56条），罹災証明書の交付や被災者台帳の作成において留意すること（第90条の2，第90条の3）等が記されている。

◆福祉避難所

主として要配慮者が滞在することが想定される福祉避難所は，要配慮者の円滑な利用の確保，要配慮者が相談・助言・その他の支援を受けることができる体制の整備，良好な生活環境の確保に資する事項について①〜③に適合するものという基準が定められている（災害対策基本法施行令第20条の6）。

①要配慮者の円滑な利用を確保するための措置が講じられていること，②災害が発生した場合において要配慮者が相談・助言・その他の支援を受けることができる体制が整備されること，③災害が発生した場合において主として要配慮者を滞在させるために必要な居室が可能な限り確保されること（施行規則第1条の9）。

◆災害時要配慮者への配慮

2013（平成25）年の災害対策基本法の改正により，災害時に自ら避難することが困難な災害時要配慮者について，「避難行動要支援者名簿」を作成することが市町村の義務とされた（第49条の10）。避難行動要支援者名簿には，避難行動要支援者に関する氏名，生年月日，性別，住所または居所，電話番号その他の連絡先，避難支援等を必要とする事由，避難支援等の実施に関し市町村長が必要と認める事項の7つが記載・記録される（第49条の10）。

また，避難行動要支援者について，「**個別避難計画**」を作成することが市町村の努力義務とされ（第49条の14），全国の自治体等がモデル事業をおこない，計画作成プロセスを構築する取組みが進められている。さらに，要配慮者が避難する避難先について，要配慮者の円滑な利用の確保，要配慮者が相談・助言その他の支援を受けることができる体制の整備，良好な生活環境の確保等について定められている。

また福祉的支援をおこなう DWAT，DCAT などの**災害派遣福祉チーム**が活躍している（**災害派遣福祉チームが協働するチーム**）。

◆災害弱者としての高齢者の特徴の理解

災害弱者としての高齢者の特徴は幅広い。身体機能や認知機能等が高く就労を継続している高齢者から，フレイルやロコモティブシンドロームといった脆弱性が亢進している人，介護保険の要支援・要介護認定を受けている人，理解力や判断力が制限されている人もいる。家族構成も独居から多世代同居まで多様である。これらの要素は，疾患や服薬により日内・日間変動があったり，時間帯によってその特性は一定ではなかったりするため，対策をより複雑にしている。多様な特性とともに地域でくらしている高齢者のうち，どういった人を災害時要配慮者に含めるのか，含めないのか，という基準の

災害派遣福祉チームが協働するチーム

発災時に保健・医療・福祉の各チームが一丸となって活動することがめざされ，「大規模災害時の保健医療福祉活動に係る体制の整備について」[厚生労働省社会・援護局長通知　社援発0722 第1号]が2022（令和4）年に発出された。災害派遣福祉チームは，都道府県などによる災害派遣医療チームである DMAT（Disaster Medical Assisstance Team）（医師，看護師，薬剤師，放射線技師，検査技師，調整員等），日本医師会災害医療チーム JMAT（Japan Medical Association Team）（医師・看護職・事務職員），日赤救護班（医師，看護師，社会福祉職，介護福祉職，心理士，助産師，薬剤師，検査技師等），DPAT（Disaster Psychiatric Assistance Team）（精神科医師，看護師，業務調整員等）等との協働を展開している。

整理が必要である。共有すべきひとつの基準をもとに、小さな地区単位で、要配慮者と多様な社会資源のバランス等を見合わせ、実情に即したアレンジが求められる。

◆災害時要配慮者の避難行動の考え方 ——防護動機理論

人は、今いる場所が危険だと思い、避難できるという見込みをもち、避難しようと思えば、避難行動をとる。これは、防護動機理論で説明される。防護動機理論は、リスク回避・軽減行動を分析するための理論で、脅威評価と対処評価により防護動機が形成され、防護動機が高いほど防護行動をとるとされる。脅威評価は、深刻さ・発生確率・恐怖などで測定され、対処評価は、自己効力感・反応効果性・反応コストなどで測定される。システマティックレビューやメタアナリシスが散見され、脅威評価や対処評価(自己効力感)の増加により防護動機形成が促進されることや、防護動機理論に基づき措定されたモデルが、防護動機形成の予測に役立つこと等が明らかにされてきた。(5)(6)

発災時に実際の避難を経験した**要配慮者を対象とした研究**でも、脅威評価と対処評価をバランスよく保持することが防護動機形成および早期避難につながる可能性が示唆されている。(7)

◆避難場所を考える

災害から命を守る方策を検討するポイントが

ふたつある。ひとつめは「いつ避難するか」、ふたつめは「避難する場所」である。居住地によって、公民館や学校などが避難場所として自治体から指定されている。これは教科書どおりという意味で「ベスト」避難場所とされる。

他のもっとよい避難場所の例として、浸水想定地域に暮らしている高齢夫婦が、台風が接近する前日には子どもが住む高層マンションに身を移すといったケースが「スーパーベスト」である。ベストの避難場所にはとてもたどり着けそうにない状況になった時、次善の策として、自宅よりも丈夫で高い場所にある隣家に身を寄せたりすることが「セカンドベスト」と呼ばれる。

◆防災活動と地域づくり

災害で人命が失われることなく、安心で安全な地域社会を維持していくためには、地域にある課題に地域住民自身が気づき、その課題解決に向かって、行政、専門職等と協働しながら自分ごととして解決しようとする取組みが求められる。社会福祉活動と防災活動は一体となって進められるものである。福防一体や福防融合といった表現で取組みが進められている。(8)

また、被災が契機となり、コミュニティ活動が活発におこなわれるようになった事例も報告されている。生じた体験をも強みとした、ストレングスモデルに基づく援助が展開されている。

災害弱者としての高齢者は、避難行動の援助を受ける人ととらえられがちであるが、高齢者

要配慮者を対象とした研究

避難方法の想定に関する意識調査や、生活環境をふまえた災害に対する備えの認識等が把握されてきた。要配慮高齢者は、避難の限界を認識しつつ、安心が得られる環境条件の焦点化をおこなっており、人的環境(他者)を頼りに安心を得ようとしていると報告されている。

また、介護保険の要支援や軽度要介護者の半数は避難方法が未想定であり、迅速な動作や転倒に不安を感じていると指摘されている。要介護度が中程度の者では、被災想定、避難方法ともに本人のみでは適切に絞り込めない特徴がある等、要介護度によって災害時避難における認識の特徴が異なること等も報告されている。[中井寿

雄(2015)「医療的ケアの必要な要介護護者の自分自身を取り巻く生活環境を踏まえた災害に対する備えの認識」『日本在宅ケア学会誌』19(1),74-81.][菊池裕美・原嶋創・村上幹・ほか(2017)「在宅要介護高齢者における災害時避難方法に関する実態調査—災害時避難方法の認識・想定状況・不安要因の要介護度別分析」『理学療法—臨床・研究・教育』24,48-54.]

が避難の先導者となった事例も報告されている。豪雨災害を実際に経験した災害時要配慮者を対象とした調査により，こうした先駆例に学び，個別避難計画の作成に必要な方略を検討する研究が進められている(9)(**避難スイッチ**)。

これらの研究は，社会福祉学をはじめとする社会科学，保健学，行動心理学，土木・建築学，都市工学，法学など多彩な学問領域による学際的な研究としてさらなる進展が期待されている。

◆記録と記憶の伝承

自然災害伝承碑とは，過去に発生した自然災害（洪水，土砂災害，高潮，地震，津波，火山災害等）の様相や被害状況等が記載されている

図表10-1　自然災害伝承碑の地図記号

出所：国土地理院（https://www.gsi.go.jp/bousaichiri/denshouhi.html, 2024.8.1）.

石碑やモニュメントのことを指す。過去にその土地で，どのような災害が起こったかを知ることができ，2019（令和元）年には地図記号も新設された（**図表10-1**）。地域活動と連動した，正しい記憶と記録の伝承ならびにそれを活用した平常時からの取組みが求められている。

（佐藤ゆかり）

注
（1）内閣府（2023）『令和5年版防災白書』（https://www.bousai.go.jp/kaigirep/hakusho/r05/honbun/index.html, 2024.8.1）.
（2）内閣府（2021）「避難行動要支援者の避難行動支援に関する取組指針令和3年度版」（https://www.bousai.go.jp/taisaku/hisaisyagyousei/youengosya/r3/index.html, 2024.8.1）.
（3）Rogers, R.W.（1983）Cognitive and psychological processes in fear appeals and attitude change: A revised theory of protection motivation Cacioppo, J.T., Petty, R.E. eds. *Social Psychophysiology: A Sourcebook* 153-177, Guilford Press.
（4）柿本竜治・吉田護（2020）「防護動機理論に状況認識の失敗を考慮した豪雨時の避難行動分析の提案――平成30年7月豪雨の避難状況の調査を通じて」『都市計画論文集』55（3），843-850.
（5）（4）と同じ.
（6）Milne, S., Sheeran, P., Orbell, S.（2000）Prediction and intervention in health-related behavior: A meta-analytic review of protection motivation theory, *Journal of Applied Social Psychology*, 30, 106-143.
（7）日笠優希実・佐藤ゆかり・齋藤美絵子・ほか（2024）「災害時要配慮高齢者における時系列に沿った避難意思の類型化と避難行動の実態」『老年社会科学』45（4），338-352.
（8）菊池裕美・原嶋創・村上幹・ほか（2017）「在宅要介護高齢者における災害時避難方法に関する実態調査――災害時避難方法の認識・想定状況・不安要因の要介護度別分析」『理学療法――臨床・研究・教育』24，48-54.
（9）北後明彦・大石哲・小川まり子（2019）『災害から一人ひとりを守る』神戸大学出版会.

避難スイッチ

避難行動をいつ開始するかについて考えるためのキーワードとして「避難スイッチ」が提唱されている。近年の豪雨災害では，わずかな時間に集中的に雨が降り，避難開始のタイミングを逸するケースが目立つ。夜間であればなお，避難をいつ開始するかという判断が一層難しくなる。

避難スイッチとは「避難を実際に行動に移すためのきっかけになること」であり，情報（避難指示，特別警報など気象に関する情報や河川の水位情報等），身近な異変（自宅近くの川があふれそうになっているといった身のまわりで観察可能なできごと等），人からの呼びかけ（隣の人が逃げようと誘ってくれた，友人がSNSで逃げた方がいいと知らせてくれた等）の3つの素材が示されている。［矢守克也（2018）「空振り・FACPモデル・避難スイッチ――豪雨災害の避難について再考する――」『消防防災の科学』134, 7-11.］［矢守克也（2021）『防災心理学入門――豪雨・地震・津波に備える』ナカニシヤ出版.］

2章　高齢者の生活実態とこれを取り巻く社会環境

11 ケアラー支援

◆要介護者等の家族等の介護者（ケアラー）の悩みやストレス

ケアラーは，身近な他者の生活を支える人として広く存在しているが，日々の生活において負担や困難を抱えている人も少なくない。たとえば，「2022（令和4）年 国民生活基礎調査」によれば，要介護者等の主な介護者のうち，約7割は日常生活での「悩みやストレス」を経験している。その原因は「家族の病気や介護」のほか，「自分の病気や介護」「収入・家計・借金等」「家族との人間関係」「自由にできる時間がない」「自分の仕事」など多岐にわたる。また近年では，認知症や老老介護などに加えて，ヤングケアラー，ダブルケアラー，ビジネスケアラーなど，複合的な課題に直面しやすい介護者への支援も急務となっている。

◆介護離職の現状

働きながら介護する家族等が直面する課題のひとつに，仕事と介護の両立がある。「令和4年就業構造基本調査」によれば，介護をしている15歳以上人口は628.8万人であり，このうち有業者は364.6万人となっている。介護者に占める有業者の割合はおよそ6割を占め，介護者の2人に1人以上は働きながら介護をしている。ここで着目すべきが「介護離職」（35頁）である。同調査によれば，過去1年間に介護・看護のために前職を離職した者（介護離職者）は10.6万人（2022年）であり，前回調査の9.9万人（2017年）から増加している。その内訳をみると，男性は2.6万人，女性は8.0万人であり，介護離職者の多くは女性である。

介護離職は，定期的な収入の減少のほか，人によっては，退職金や将来の厚生年金受給額などに影響する。また，退職や退職後の介護などによる生活の変化から，社会との接点が希薄になり，孤立状態に陥る可能性も否定できない。そのため介護離職は，ときにケアする人，ケアされる人，双方の生活や健康にかかわる問題として，留意する必要がある。

◆仕事と介護の両立困難による経済損失と両立支援の取り組み

生産年齢人口の減少が続くなかで，介護によ

ケアラー

介護や看護，療育や世話などの「ケア（care）」をする人（-er）のこと。一般的には，公的な制度に基づくサービスの担い手や専門職のことではなく，高齢や障害，疾病などによりケアを必要とする家族，近親者，友人などを無償でケアする人のことをさす。「2022（令和4）年 国民生活基礎調査」によれば，介護保険法で要支援または要介護と認定された者のうち，在宅の者（要介護者等）と「主な介護者」との続柄は「同居の家族等」が45.9％，「別居の家族等」が11.8％であり，家族等の介護者（ケアラー）が約6割と多数を占める。［厚生労働省（2023）「2022（令和4）年国民生活基礎調査の概況」.］

ビジネスケアラー

働きながら家族や親族等の介護（ケア）に従事する人のこと。「新しい健康社会の実現」（経済産業省）によれば，就業構造基本調査における有業者のうち「仕事が主な者」をビジネスケアラーとして定義している。他方で，「仕事が従な者」も含めて有業者全体でとらえた場合，その数はさらに増大する。そのため，多様な働き方も視野に入れたうえで，介護に従事する家族等へ適切で柔軟な対応が求められる。［経済産業省（2023）「第13回産業構造審議会 経済産業政策新機軸部会資料 新しい健康社会の実現」（https://www.meti.go.jp/shingikai/sankoshin/shin_kijiku/013.html, 2024.2.15）.］

る労働総量や生産性の減少が日本の労働損失に甚大な影響をもたらすことが予測されている。経済産業省が2023（令和5）年3月に公表した試算によれば，2030（令和12）年にはビジネスケアラーは約318万人になると推計され，離職や労働生産性の低下などにより，約9.1兆円の経済損失が生じると推計されている。とくに「仕事と介護の両立困難による労働生産性損失額」は約7.9兆円にのぼると推計されており，介護離職とあわせて「介護と仕事の両立支援」の実現に向けた取り組みが必要とされている。

仕事と介護の両立支援制度としては，育児休業，介護休業等育児又は家族介護を行う労働者の福祉に関する法律（育児・介護休業法）による介護休業や介護休暇等があるが，これらの制度の利用率は高くない。介護離職の予防や仕事と介護の両立支援をはかるためには，労働者だけでなく，雇用環境の整備など企業（使用者）側の取り組みや支援も不可欠である。そのため，厚生労働省は「介護離職を予防するための仕事と介護の両立支援対応モデル」や「**介護支援プラン**」の普及をはかるなどして，企業における仕事と介護の両立支援の取り組みを推進している。

◆近年の家族等の介護者（ケアラー）支援の位置づけと概略

かつて日本では，高齢者と子世代の同居率が高く，1978（昭和53）年版の「厚生白書」では，同居は日本のいわば「福祉における含み資産」と表現されていた。また，1979（昭和54）年に自民党が発表した「家庭基盤の充実に関する対策要綱」では老親扶養の第一義的責任は家庭にあるとされ，同年閣議決定された「新経済社会7ヵ年計画」においても「個人の自助努力と家庭や近隣・地域社会等の連帯を基礎としつつ，効率のよい政府が適正な公的福祉を重点的に保障する」と明記されるなど，福祉のあり方としてとくに自助や互助が強調された時代でもあった。

一方で，寝たきり高齢者や社会的入院の問題が指摘されるようになると，1970年代から1980年代にかけて施設の量的整備や家族の介護負担軽減をはかるための在宅介護サービスの拡充がはかられた。また，1990年代には高齢者介護対策の緊急性からさらなる高齢者介護サービスの基盤整備や拡充がはかられた。しかし，介護ニーズの増大や核家族化の進行等による家族の介護機能の低下等から介護は家族の大きな負担となっていた。そのため，高齢者の介護を一部の限られた問題としてとらえるのではなく，社会全体で支え合うしくみとして介護保険法が1997（平成9）年に成立し，2000（平成12）年に施行された。ただし，同法が施行されてもしばらくは介護保険サービスが不十分な地域があること，また自ら介護を希望する家族も存在すると考えられることから，高齢者を介護する家族の負担軽減と家族に対する支援対策の充実化

介護支援プラン

介護に直面した従業員を対象として，個々に両立支援の取り組みをおこなうためのプランのこと。介護休業の取得・復帰等の両立支援制度の利用や働き方の調整等，仕事と介護を両立しながら安心して働くことができる雇用環境の整備に向けて，個々の従業員のニーズに応じた両立支援に取り組むためのプランである。「介護離職を予防するための仕事と介護の両立支援対応モデル」の5つの取り組みのうち，「④介護に直面した従業員への支援」に位置づけられる。［厚生労働省（2017）「〜介護に直面した従業員への支援〜「介護支援プラン」策定マニュアル」.］

をはかるため「家族介護支援特別事業」が実施されることとなった。その後，同事業は2001（平成13）年に「介護予防・生活支援事業」（2003（平成15）年から「介護予防・地域支え合い事業」に改称）に統合され，「家族介護支援事業」として実施された。2005（平成17）年に介護保険法が改正されてからは，「地域支援事業」の任意事業のひとつとして「**家族介護支援事業**」が再構成され，その後の改正では事業内容の一部見直しや名称の変更等がおこなわれている。

このほかにも，家族等の介護者（ケアラー）支援に関わる主要な施策には，認知症施策（認知症施策推進５か年計画，認知症施策推進総合戦略，認知症施策推進大綱等）や介護離職の予防（**介護離職ゼロ**），高齢社会対策大綱等がある。直近では，「経済財政運営と改革の基本方針2023」においてビジネスケアラーの増大等をふまえた介護と仕事の両立支援の推進などが示されたほか，2023（令和５）年に成立した共生社会の実現を推進するための認知症基本法ではその基本理念のひとつとして認知症の人の家族等に対する支援の視点も掲げられた。また，2024（令和６）年には子ども・若者育成支援推進法が一部改正され，ヤングケアラーが「家族の介護その他日常生活上の世話を過度に行っていると認められる子ども・若者」と定義されるとともに，国や地方公共団体等が各種支援に努めるべき対象としてヤングケアラーが含まれる

ことが明記された。[10]

◆ケアラー支援をとらえる視点

ケアラー支援を公的にとらえる視点としては，ツウィッグ（Twigg,J.）とアトキン（Atkin,K.）[11]の研究が参考になる。ツウィッグとアトキンは，ケアラーをとらえる視点を「主たる介護資源としてのケアラー（carers as resources）」「介護協働者としてのケアラー（carers as co-workers）」「クライエントとしてのケアラー（carers as co-clients）」「ケアラー規定を越えたケアラー（superseded carers）」の４つに分類し，次のように整理している。[12]

具体的には，第１の「主たる介護資源としてのケアラー」は，ケアラーは無償で利用できる介護資源とみなされ，その役割を維持することに重点がおかれる。第２の「介護協働者としてのケアラー」は，公的なケアと家族等によるケアの統合がみられるが，ケアラーは専門職と協働してケアに従事する人として認識される。第３の「クライエントとしてのケアラー」は，被介護者のみならず，ケアラーも独自のニーズをもつ援助の対象者として認識される。第４の「ケアラー規定を越えたケアラー」は，介護関係にある被介護者とケアラーを切り離し，それぞれが独立した援助すべき個人（市民）として認識される。関心の焦点や目的はタイプによって異なるものの，少なくともケアラーを「介護者」として狭義にとらえるだけではなく，ケア

家族介護支援事業

介護保険法第115条の45第３項第２号に規定される「介護方法の指導その他の要介護被保険者を現に介護する者の支援のため必要な事業」に該当するもので，大きくわけて介護教室の開催，認知症高齢者見守り事業，家族介護継続支援事業がある。

介護離職ゼロ

家族等の介護のために離職する人を減らすための目標のひとつ。2016（平成28）年に閣議決定された「ニッポン一億総活躍プラン」の新たな３本の矢のひとつである「安心につながる社会保障」に関わる取り組みの一環として，必要な介護サービスの確保と，働く家族等の環境改善や家族支援を両輪として「介護離職ゼロ」という目標が掲げられた。

が過度な負担や社会的不利につながることがないよう，ケアラーの生活や権利保障もふまえて，社会が一丸となってケアという課題を解決していく姿勢が重要である。

◆ケアラー支援条例

　家族等のケアラー支援の必要性に鑑み，2020（令和２）年３月に，埼玉県が全国に先駆けてケアラー支援条例を制定した。この条例においてケアラー支援は，①すべてのケアラーが個人として尊重され，健康で文化的な生活が営むことができるようにおこなわれること，②県，県民，市町村，事業者，関係機関，民間支援団体等の多様な主体が相互に連携し，ケアラーが孤立しないように社会全体で支えること，③ヤングケアラーの支援は，当該時期がとくに社会において自立的に生きる基礎を培い，人間として基本的な資質を養う重要な時期であることから，適切な教育の機会を確保し，心身の健やかな成長と発達，そしてその自立がはかられるようにおこなわれることとされた。

　最近，こうした条例を制定する自治体は少しずつ増えてきており，今後，このような自治体による取り組みがさらに普及していくことが期待される。　　　　　　　　　　　（桐野匡史）

注
（１）　政府統計の総合窓口（e-Stat）「国民生活基礎調査（厚生労働省）介護票　第064表　同居の主な介護者数，介護を要する者の現在の要介護度の状況・主な介護者の性・主な介護者の悩みやストレスの有―悩みやストレスの原因（複数回答）―無別」より算出（https://www.e-stat.go.jp/stat-search/files?stat_infid=000040071965, 2024.2.15）.
（２）　総務省（2023）「令和４年就業構造基本調査結果の概要」.
（３）　経済産業省（2023）「第13回産業構造審議会 経済産業政策新機軸部会資料 新しい健康社会の実現」（https://www.meti.go.jp/shingikai/sankoshin/shin_kijiku/013.html, 2024.2.15）.
（４）　厚生労働省（2017）「〜介護に直面した従業員への支援〜「介護支援プラン」策定マニュアル」.
（５）　厚生省（1978）『厚生白書（昭和53年版）』.
（６）　自由民主党政務調査会家庭基盤の充実に関する特別委員会（1979）「家庭基盤の充実に関する対策大綱」.
（７）　経済企画庁（1979）「新経済社会７カ年計画」（1979年８月閣議決定）.
（８）　厚生省「平成12年全国厚生関係部局長会議資料（老人保健福祉局）」（https://www.mhlw.go.jp/www1/topics/h12-kyoku_2/roujin-h/tp0119-1.html, 2024.2.15）.
（９）　内閣府（2023）「経済財政運営と改革の基本方針2023」（2023年６月閣議決定）.
（10）　子ども家庭庁「ヤングケアラー支援の強化に係る法改正の経緯・施行について」（https://www.cfa.go.jp/policies/young-carer, 2024.7.22）.
（11）　Twigg, J., Atkin, K.（1994）『Carers perceived : Policy and practice in informal care』Open University Press.
（12）　木下康仁編（2015）『ケアラー支援の実践モデル（M-GTA モノグラフ・シリーズ２）』ハーベスト社.

ケアラー支援条例

　埼玉県に次いで，栗山町（北海道），名張市（三重県），総社市（岡山県）などが順次制定（公布）をしている。ヤングケアラー支援に関する条例も含めて，2023（令和５）年末までに約20の自治体が同様の条例を制定している。埼玉県ケアラー支援条例では，ケアラーは「高齢，身体上又は精神上の障害又は疾病等により援助を必要とする親族，友人その他の身近な人に対して，無償で介護，看護，日常生活上の世話その他の援助を提供する者」と定義されており，ヤングケアラーは「ケアラーのうち，18歳未満の者」と定義されている。

2章　高齢者の生活実態とこれを取り巻く社会環境

12 介護人材の確保と育成

◆介護人材の現状と課題

　2025（令和7）年にはいわゆる団塊の世代が後期高齢者，2040（令和22）年には団塊ジュニア世代がすべて65歳以上となり，高齢人口がピークになると見込まれている。高齢になれば必ず介護が必要な状態になるとはいえないが，年齢階級別の要介護認定率は，高齢になるほど要介護認定者数が増えることを示している。つまり高齢人口の増加に伴い要介護認定者も増加し，介護ニーズも増大すると予測される。

　また，核家族化の進行や家族形態の多様化，高齢者が高齢者を介護する老々介護や本来大人が担うと想定されるような家事や家族の世話を日常的におこなうヤングケアラーといわれる子どもの顕在化など，要介護者やその家族を取り巻く問題は複雑化しており，専門知識を有する介護人材が必要とされている。

　第8期**介護保険事業計画**に基づく介護職員の必要数では，2025年度末には約243万人（約32万人不足），2040年度末には約280万人（約69万人不足）が必要と示されており，今後も介護職員の必要数は増加する見込みである。一方，

「令和4年度介護労働実態調査」（公益財団法人介護労働安定センター）によれば，介護事業所における人材の不足感は，近年増加傾向にあり，とくに訪問介護員の人材不足感が他の職種に比べて恒常的に高くなっている。

　人材が不足している背景には，要介護高齢者の増加だけでなく，介護職の平均年収が日本の平均年収と比べると低い傾向にあるという低賃金の問題や一般的に介護職に対して「体力的にきつい」等のイメージがあることによって採用が困難であることが一因として考えられる。

◆介護人材のキャリアパス

　社会保障審議会福祉部会福祉人材確保専門委員会による「2025年に向けた介護人材の確保〜量と質の好循環の確立に向けて〜」（2015年2月）では，「まんじゅう型」から「富士山型」へ介護人材のめざすべき姿が示された（**図表12-1**）。これは，他業種からの転職者，中高年齢者等の介護未経験者の参入を促し裾野を広げながら，専門知識を有する人材の専門性を高め，質の向上をめざすという機能分化がされたとい

介護保険事業計画

　国が策定する基本指針に基づき，市町村は介護保険事業計画を策定し，各年度における介護給付等対象サービスの種類ごとの量の見込み，各年度における地域支援事業の量の見込み，介護予防・重度化防止等の取り組み内容及び目標等を記載する。なお，介護保険事業計画は3年を1期に策定する。

12 介護人材の確保と育成

図表12-1 介護人材のめざす姿

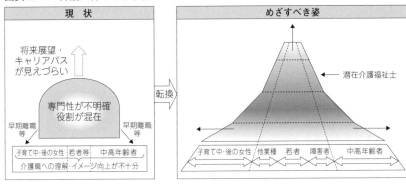

参入促進	1. すそ野を広げる	人材のすそ野の拡大を進め，多様な人材の参入促進を図る
労働環境・処遇の改善	2. 道を作る	本人の能力や役割分担に応じたキャリアパスを構築する
	3. 長く歩み続ける	いったん介護の仕事についた者の定着促進を図る
資質の向上	4. 山を高くする	専門性の明確化・高度化で，継続的な質の向上を促す
	5. 標高を定める	限られた人材を有効活用するため，機能分化を進める

国・地域の基盤整備

出所：厚生労働省（2015）「2025年に向けた介護人材の確保～量と質の好循環の確立に向けて～」2．

図表12-2 総合的な介護人材確保対策

介護職員の処遇改善
- リーダー級の介護職員について他産業と遜色ない賃金水準を目指し，総額2000億円（年）を活用し，経験・技能のある介護職員に重点化した更なる処遇改善を2019年10月より実施
- 介護職員について，収入を3％程度（月額9,000円）引き上げるための措置を，2022年2月から実施

※令和3年度介護報酬改定では，介護職員の人材確保・処遇改善等にも配慮し，改定率を＋0.70％とするとともに，更なる処遇改善について，介護職員間の配分ルールの柔軟化を実施。

（実績）月額平均7.5万円の改善
- 月額平均1.8万円の改善（令和元年度～）
- 月額平均1.4万円の改善（29年度～）
- 月額平均1.3万円の改善（27年度～）
- 月額平均0.6万円の改善（24年度～）
- 月額平均2.4万円の改善（21年度～）

多様な人材の確保・育成
- 介護福祉士修学資金貸付，再就職準備金貸付による支援
- 中高年齢者等の介護未経験者に対する入門的研修の実施から，研修受講後の体験支援，マッチングまでを一体的に支援
- ボランティアポイントを活用した介護分野での就労的活動の推進
- 多様な人材層の参入促進，介護助手等の普及促進
- 他業種からの参入促進のため，キャリアコンサルティングや，介護・障害福祉分野の職業訓練枠の拡充のため，訓練に職場見学・職場体験を組み込むことを要件に，訓練委託費等の上乗せ，訓練修了者への返済免除付きの就職支援金の貸付を実施
- 福祉系高校に通う学生に対する返済免除付きの修学資金の貸付を実施
- 介護施設等における防災リーダーの養成

離職防止 定着促進 生産性向上
- 介護ロボット・ICT等テクノロジーの活用推進
- 介護施設・事業所内の保育施設の設置・運営の支援
- キャリアアップのための研修受講負担軽減や代替職員の確保支援
- 生産性向上ガイドラインの普及
- 悩み相談窓口の設置，若手職員の交流推進
- ウィズコロナに対応したオンライン研修の導入支援，介護助手としての就労や副業・兼業等の多様な働き方を実践するモデル事業の実施

介護職の魅力向上
- 学生やその保護者，進路指導担当者等への介護の仕事の理解促進
- 民間事業者によるイベント，テレビ，新聞，SNSを活かした取組等を通じて全国に向けた発信を行い，介護の仕事の社会的評価の向上を図るとともに，各地域の就職相談のできる場所や活用できる支援施策等の周知を実施

外国人材の受入れ環境整備
- 介護福祉士を目指す留学生等の支援（介護福祉士修学資金の貸付推進，日常生活面での相談支援等）
- 「特定技能」等外国人介護人材の受入環境整備現地説明会等による日本の介護のPR，介護技能向上のための集合研修，介護の日本語学習支援，介護業務等の相談支援・巡回訪問の実施等
- 特定技能の受入見込数を踏まえ，試験の合格者見込数を拡充するとともに，試験の開催国を拡充

出所：厚生労働省（2022）「介護人材の確保，介護現場の生産性向上の推進について（参考資料）」7（https://www.mhlw.go.jp/content/12300000/001001183.pdf, 2024.1.20）．

える。

介護福祉士は介護に関する唯一の国家資格であり，専門的知識を有する人材として，質の向上に寄与することが期待されている。介護人材のめざすべき全体像や介護福祉士に求められる機能について検討された報告書（社会保障審議会福祉部会福祉人材確保専門委員会）「介護人材に求められる機能の明確化とキャリアパスの実現に向けて（概要）」（2017年10月）では，利用者の多様なニーズに対応できるよう，介護職のグループによるケアを推進していくことの重要性が示された。そのためにはリーダーの役割を担う者が必要であり，介護福祉士のなかでも一定のキャリアを積んだ介護福祉士が担うべきだと説明された。近年，介護福祉士のキャリアアップのしくみとして認定介護福祉士の取得などがある。

◆介護人材の確保対策

厚生労働省は，総合的な介護人材の確保対策として，①介護職員の処遇改善，②多様な人材の確保・育成，③離職防止・定着促進・生産性向上，④介護職の魅力向上，⑤外国人人材の受け入れ環境整備などに取り組むことを発表している（図表12-2）。

多様な人材で構成される介護職員が，それぞれの段階に応じた研修の受講機会を作ることや資格取得をめざせることで人材の確保・育成につなげている。たとえば介護未経験者に対して

は介護に関する基本的な知識を身につけるとともに，介護の業務に携わるうえで知っておくべき基本的な技術を学ぶことができるよう入門的研修が実施されており，実施後に介護分野での就労を希望する者には，介護施設・事業所とのマッチング支援の実施などにより，研修修了者の介護分野への参入を支援している。また，他業者からの参入促進のため，キャリアコンサルティングや求職者向け職業訓練枠の拡充等が予定されている。また，介護に関する国家資格以外の資格として，**介護職員初任者研修**，**実務者研修**などがある。

介護の質と生産性の向上，職員の負担軽減などのために介護ロボットの活用やICT等テクノロジーの活用が推進されてきた。介護ロボットとは，情報を感知（センサー系），判断し（知能・制御系），動作する（駆動系）3つの要素技術を有する，知能化した機械システムで，利用者の自立支援や介護者の負担の軽減に役立つ介護機器と定義されている。また，ICT機器・ソフトウェアの導入も進められている。これによって，情報共有の促進による介護の質の向上や介護職員の記録負担軽減が期待される。

さらに，離職した介護福祉士の再就業の促進や，効果的な支援をおこなうことを目的に，再就職準備金貸付事業や都道府県福祉人材センターに離職した介護福祉士の氏名・住所等を届け出るシステムの構築がおこなわれている。

一般的に抱かれている福祉・介護へのイメー

認定介護福祉士

介護福祉士資格取得後5年以上の実務経験を有する人を対象とした研修。「一般社団法人 認定介護福祉士認証・認定機構」が2016（平成28）年から開始した。この研修は，居住・施設系サービスを問わず，多様な利用者・生活環境，サービス提供形態等に対応して，より質の高い介護実践や介護サービスマネジメント，介護と医療の連携強化，地域包括ケア等に対応するための考え方や知識，技術等の修得を目的としている。

介護職員初任者研修

介護に携わる者が，業務を遂行する上で最低限の知識・技術とそれを実践する際の考え方のプロセスを身につけ，基本的な介護業務をおこなうことができるようにすることを目的としておこなわれるものである。

実務者研修

幅広い利用者に対する基本的な介護提供能力の修得を目的とした研修である。介護福祉士の資格取得をめざす実務経験者は，3年以上の実務経験に加えて，実務者研修を修了することが必要である。

図表12-3　外国人介護人材受け入れの仕組み

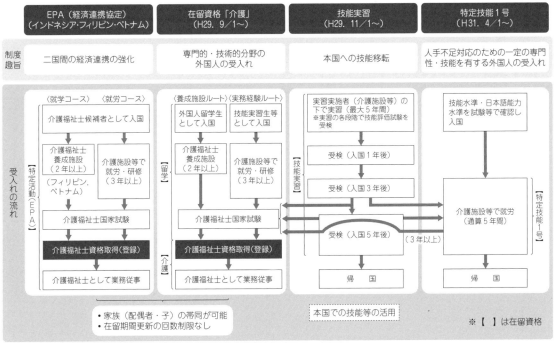

出所：厚生労働省「外国人介護人材受入れの仕組み」(https://www.mhlw.go.jp/content/12000000/000994004.pdf, 2024.1.25).

ジを向上させ，人材の参入促進・定着をはかる取り組みとして「介護のしごと魅力発信等事業」が2018（平成30）年から推進されている。(1) この事業では，若者層，アクティブシニア層等のターゲットを見据えた体験型のイベントやテレビ，SNS等での情報発信を通じて，福祉・介護の仕事の魅力を伝えている。

現在，介護人材の確保対策の一つとして，外国人介護人材の受け入れ環境整備に取り組んでいる。外国人介護人材の受け入れ制度として，①EPA（経済連携協定：Economic Partnership Agreement），②在留資格「介護」，③技能実習，④特定技能（1号）の4つがある（**図表12-3**）。これらの外国人介護人材が安心して日本の介護現場で就労・定着できる環境を整備するために，技能実習生および介護分野の特定技能外国人の介護技能を向上することを目的とした集合研修の実施や介護の日本語学習支援，介護業務の悩み等に関する相談支援が実施されている。

（合田衣里）

注
（1）厚生労働省（2018）「介護のイメージ刷新等による人材確保対策強化事業の実施について」．

参考文献
厚生労働省「介護ロボットの開発・普及の促進」(https://www.mhlw.go.jp/stf/seisakunitsuite/bunya/0000209634.html, 2024.2.1).

3章　高齢者福祉の歴史

⑬　高齢者の権利擁護

◆権利擁護とは

　権利擁護とは何かを語るとき，それを語る人たちの立場や考えによって異なる場合があり，現時点で一定了解の得られた定義というものはないとされている。しかし，共通することは，権利擁護はすべての人に必要とされ，自分の意見や思いを無視されたり，脅かされるような状況を生み出す社会に存在する力の不均衡を解消することをめざすものといえる。

　秋元によると，日本で権利擁護という言葉が広く用いられるようになったのは，1990年代からであり，以前は，権利救済や権利保障というように表現されていたという。そして，いわゆる自由権や社会権の侵害だけでなく，本人が価値あると考える生き方やくらし方の実現も権利擁護の問題として扱うことが大きな意味をもつようになったとしている。[1]

　また，同時期から日本の社会福祉やソーシャルワークの研究領域では，権利擁護を**アドボカシー（Advocacy）**の訳語としても用いるようになった。アドボカシーは，ソーシャルワークの重要な機能の一つであり，代弁や弁護と訳され

ることもある。日本のソーシャルワーク研究で取り上げられはじめたのは1970年代ごろと考えられるが，その当時，宮川はアドボカシーについて次のように述べている。アドボカシーとは「自らの権利や利益や訴えを自分で主張し実現することのできない社会的弱者を擁護し時には彼らに変わってそれらを主張することである。そして，もしそれらが何らかの制度や組織や人々に無視されたり脅かされるような時には，これらの社会的勢力に対抗して彼らの権利やインタレストを守ろうとすることである。あるいはまた，社会的弱者と彼らをとりまく社会的勢力との間の力の均衡を回復させることにより，彼らの権利が歪められるのを防ごうとすること」とした。[2]

　さらに，本人自らが権利を獲得していくことをめざす**エンパワメント**を重視したアドボカシーが主張されるようになる。北野は，当事者自らが侵害されている権利やあきらめさせられている権利に気づき，その権利を救済したり獲得していくことを支える活動をアドボカシーとした。[3]

アドボカシー（Advocacy）
代表的なアドボカシーとして，ケースアドボカシーとクラスアドボカシーがある。ケースアドボカシーは，利用者個人がサービスの利用を機関や組織から認められなかった等の場合に，機関等にその決定の変更を求めたり，法的に争って利用者の権利を擁護したりする。一方，クラスアドボカシーは，社会的に不利な状況におかれ，権利が侵害されている特定の集団が権利を回復できるように，制度変革等を要求したりする。そのほか，自らのニーズと利益を求めて行動するセルフ・アドボカシーや，市民がハンディキャップのある他の市民の利益を擁護するシティズン・アドボカシーなどもある。

エンパワメント
偏見や差別などによって抑圧を受け，パワーレスの状態に陥った人たちが，自分の人生や生活に関する決断力と行動力を獲得していく過程のこと。パターナリズムからの脱却をはかり，人々の主体性や潜在的な力，変化の可能性に着目する。また個人レベルから集団・地域レベル，政策レベルにおいて，人々の力の強化をめざす。1960年代に起きたアメリカの公民権運動や市民運動，自立生活運動などの影響を受け，ソーシャルワークにおいても重要視されるようになった。ソロモン（Solomon, B.B.）は，ソーシャルワークにエンパワメントの概念を取入れた先駆者として有名である。

権利擁護は，知的障害や認知症などによって自ら意見を述べることが難しいとされる人たちを対象とすることが多い。そのため，彼らに代わって権利や意見を主張したり代弁するということがおこなわれやすい。しかし，場合によっては，こうした行為が彼らの意見や思いよりも周囲の意見に基づいたものであることもある。そうなると，権利擁護ではなく権利侵害にもつながりかねない。したがって，権利擁護では，社会的に弱い立場にある人を保護するだけの存在としてみるのではなく，本人自らが自らのおかれている状況を改善していく主体としてとらえることが何よりも重要である。

◆高齢者の権利擁護と社会福祉基礎構造改革

高齢者福祉領域において権利擁護がとくに注目されるようになったのは，社会福祉基礎構造改革であり，福祉サービスの利用方式が措置から契約へと変更されたことによる。社会福祉基礎構造改革では，「個人が尊厳を持ってその人らしい自立した生活が送れるよう支える」という社会福祉の理念に基づき，①個人の自立を基本とし，その選択を尊重した制度の確立，②質の高い福祉サービスの拡充，③地域での生活を総合的に支援するための地域福祉の充実という３つの改革の方向性が示された。そのなかの①の利用者の選択を尊重した制度の確立として，契約により福祉サービスを利用する方式が導入された。その際，判断能力が不十分な高齢者な

どによる福祉サービスの利用に関する選択や契約が課題となり，利用者を保護する制度の創設が進められた。具体的には，**日常生活自立支援事業や成年後見制度，苦情解決制度**（52頁）などである。

◆高齢者の権利擁護と意思決定支援

権利擁護は，保護するだけでなく，本人自身が自分で声をあげたり，権利を獲得していくことも重要である。そして，意思決定が困難であると思われる人であっても，意思決定しながら尊厳をもって生きていくことができるよう，支援者は本人の意思決定支援をおこなうことが求められる。

2018（平成30）年に厚生労働省は「認知症の人の日常生活・社会生活における意思決定支援ガイドライン」を，2020（令和２）年には最高裁判所や厚生労働省および専門職団体（日本弁護士連合会，公益社団法人成年後見センター・リーガルサポート及び公益社団法人日本社会福祉士会）で形成された意思決定支援ワーキング・グループが「意思決定支援を踏まえた後見事務のガイドライン」を作成した。

これらのガイドラインでは，意思決定支援に関する基本原則が示されている。**図表13-1**と**図表13-2**にあるように，すべての人が意思決定できると推定すること，実行可能なあらゆる手を尽くしてその人の意思決定支援をおこなうこと，一見，不合理な決定をしたとしても，そ

日常生活自立支援事業

判断能力が不十分な人が地域において自立した生活が送れるよう，利用者との契約に基づき，福祉サービスの利用援助等をおこなう。具体的には，福祉サービスの利用援助，苦情解決制度の利用援助，住宅改造，居住家屋の貸借，日常生活上の消費契約および住民票の届出等の行政手続に関する援助等をおこなう。そして，これらの援助に伴うものとして，預金の払い戻し，預金の解約，預金の預け入れの手続等の利用者の日常生活費の管理（日常的金銭管理），定期的な訪問による生活変化の察知などもおこなう。

成年後見制度

すでに判断能力が不十分で契約などの法律行為をおこなううえで支援が必要となる人を対象とした法定後見制度と，判断能力が不十分になったときに備えて利用する任意後見制度の２つがある。法定後見制度には後見，保佐，補助の３類型があり，代理権や同意権・取消権などの権限をもった成年後見人や保佐人，補助人から，財産管理や身上保護に関する支援を受ける。なお，成年後見制度は，手続きの煩雑さや本人の自己決定を制限するなどのさまざまな課題が指摘されてきた。本人の尊厳にふさわしい生活の継続やノーマライゼーションの理念を十分に考慮した制度に向けて，現在，見直しの議論が進められている。

3章　高齢者福祉の歴史

図表13-1　認知症の人の日常生活・社会生活における意思決定支援ガイドラインの基本原則（一部抜粋）

Ⅲ　認知症の人の特性を踏まえた意思決定支援の基本原則

1　本人の意思の尊重

● 意思決定支援者は，認知症の人が，一見すると意思決定が困難と思われる場合であっても，意思決定しながら尊厳をもって暮らしていくことの重要性について認識することが必要である。

● 本人への支援は，本人の意思の尊重，つまり，自己決定の尊重に基づき行う。したがって，自己決定に必要な情報を，認知症の人が有する認知能力に応じて，理解できるように説明しなければならない。

● 意思決定支援は，本人の意思（意向・選好あるいは好み）の内容を支援者の視点で評価し，支援すべきだと判断した場合にだけ支援するのではなく，まずは，本人の表明した意思・選好，あるいは，その確認が難しい場合には推定意思・選好を確認し，それを尊重することから始まる。

● 認知症の人は，言語による意思表示が上手くできないことが多く想定されることから，意思決定支援者は，認知症の人の身振り手振り，表情の変化も意思表示として読み取る努力を最大限に行うことが求められる。

● 本人の示した意思は，それが他者を害する場合や，本人にとって見過ごすことのできない重大な影響が生ずる場合でない限り，尊重される。

出所：厚生労働省（2018）「認知症の人の日常生活・社会生活における意思決定支援ガイドライン」3. を参考に筆者作成.

のことだけで意思決定能力がないとみなしてはいけないことなどを掲げている。

意思決定支援は，決めなければならない事象が生じたときにのみおこなわれるものではない。来るべき意思決定の場面に備えて，日常的に好き嫌いを伝えることができる経験や日常の些細な選択肢を得ることができる経験などを提供していくことも重要となる。日常における選択の経験があるからこそ意思決定ができるとされている。また，意思決定支援ではチーム支援を求めている。本人の身近な信頼できる家族・親族，福祉・医療・地域・近隣の関係者等がチームとなり，本人の意思決定を日常から支える体制を形成することが必要である。

さらに，2023（令和5）年6月には共生社会の実現を推進するための認知症基本法（認知症基本法）が成立した。本法の基本理念には，

「認知症の人の意向を十分に尊重しつつ，良質かつ適切な保健医療サービス及び福祉サービスが切れ目なく提供されること」が掲げられ，国や地方自治体に対して認知症の人の意思決定支援に関する施策の策定，認知症の人へのわかりやすい情報提供の促進，消費者被害防止の啓発その他の必要な施策を講じることが定められた。

◆**高齢者の権利擁護をめぐる問題**

高齢者の権利擁護をめぐる問題としてよく取りあげられるのは，財産管理の問題や消費者被害，高齢者虐待などである。財産管理の問題では，高齢者自身が自分の生活に必要な金銭を適切に管理できず，衣食住がままならない状況となったり，消費者被害では，悪質な業者によって不当な契約を結ばされ，経済的に大きな損失となる場合もある。また，高齢者虐待では，高

苦情解決制度

社会福祉法第82条に，社会福祉事業経営者に対して，提供する福祉サービスに関する利用者等からの苦情に対して適切な解決に努めなければならないとの規定がある。これに伴い，事業所内での苦情解決体制として，苦情解決責任者と苦情受付担当者，第三者委員を配置し，利用者等からの苦情に適切に対応することを求めている。

図表13-2　意思決定支援を踏まえた後見事務のガイドラインの基本原則（抜粋）

（1）意思決定支援の基本原則
第1　全ての人は意思決定能力があることが推定される。
第2　本人が自ら意思決定できるよう，実行可能なあらゆる支援を尽くさなければ，代行決定に移ってはならない。
第3　一見すると不合理にみえる意思決定でも，それだけで本人に意思決定能力がないと判断してはならない。
（2）代行決定への移行場面・代行決定の基本原則
第4　意思決定支援が尽くされても，どうしても本人の意思決定や意思確認が困難な場合には，代行決定に移行するが，その場合であっても，後見人等は，まずは，明確な根拠に基づき合理的に推定される本人の意思（推定意思）に基づき行動することを基本とする。
第5　①本人の意思推定すら困難な場合，又は②本人により表明された意思等が本人にとって見過ごすことのできない重大な影響を生ずる場合には，後見人等は本人の信条・価値観・選好を最大限尊重した，本人にとっての最善の利益に基づく方針を採らなければならない。
第6　本人にとっての最善の利益に基づく代行決定は，法的保護の観点からこれ以上意思決定を先延ばしにできず，かつ，他に採ることのできる手段がない場合に限り，必要最小限度の範囲で行われなければならない。
第7　一度代行決定が行われた場合であっても，次の意思決定の場面では，第1原則に戻り，意思決定能力の推定から始めなければならない。

出所：意思決定支援ワーキング・グループ（2020）「意思決定支援を踏まえた後見事務のガイドライン」3-4を参考に筆者作成.

齢者の生命や尊厳が脅かされることもある。

高齢者の収入源は年金でしかないことが多い。そのため，何かしらの財産管理の問題が発生すると，貧困と直結してしまう可能性がある。また，将来に対する不安をあおられることもあり，消費者被害などにもあいやすい。そして，単身世帯や高齢夫婦世帯のみの世帯も多く，身近に相談できる相手もいない場合もある。さらには，老化に伴う判断能力などの低下によって，権利擁護の問題が発生することもある。加えて，こうした問題の渦中に自分がおかれていても気づかなかったり，SOSを出せないこともある。

介護の問題に関しても，核家族化や介護サービスにかかる費用なども影響し，適切な介護が受けられず，身体的にも精神的にも高齢者に大きなダメージを与える場合もある。

高齢者の生命や生活を脅かす問題は適切に解決されなければならない。そして，こうした問題が発生しないように予防することが何よりも重要である。権利擁護の問題は，知的障害や認知症などの個人的要因だけでなく，社会構造上の要因からも生み出されるものもあり，それらの改善にも取り組んでいくことが求められる。

（鵜浦直子）

注
（1）　秋元美世・平田厚（2015）『社会福祉と権利擁護——人権のための理論と実践』有斐閣.
（2）　宮川数君（1978）「ソーシャルワークとアドボカシー」大塚達雄・岡田藤太郎『ケースワーク論——日本的展開をめざして』ミネルヴァ書房，34.
（3）　北野誠一（2000）「第10章　アドボカシー（権利擁護）の概念とその展開」河野正輝・大熊由紀子・北野誠一編『福祉サービスと自立支援（講座　障害をもつ人の人権3）』有斐閣，149-159.

3章　高齢者福祉の歴史

14 高齢者福祉の理念と高齢者観の変遷

◆老人福祉法における理念

　1963（昭和38）年に公布された老人福祉法における高齢者福祉の理念は次のとおりである。
「第2条　**老人**は，多年にわたり社会の進展に寄与してきた者として敬愛され，かつ，健全で安らかな生活を保障されるものとする。
第3条　老人は，老齢に伴つて生ずる心身の変化を自覚して，常に心身の健康を保持し，その知識と経験を社会に役立たせるように努めるものとする。
　2　老人は，その希望と能力とに応じ，適当な仕事に従事する機会その他社会的活動に参与する機会を与えられるものとする。」

　敬老思想を根拠に高齢者の生活を保障し，自身の努力義務を促した上で，与えられる権利を示している。ただ，そこでは「多年にわたり社会の進展に寄与してきた」という「実績主義的敬老思想」が根底にみられ，親孝行思想や養老思想による敬老ではなく，差別的な解釈を生むことが指摘されている。[1]なぜなら多年にわたり社会の進展に寄与してきたと評価されなければ敬愛される価値がないと受け取れ，さらに，何

らかの理由で「社会の進展」を阻害した者は生活を保障されなくても仕方ないとも解釈できる。

　そこで，基本理念については1990（平成2）年の福祉八法改正によって変更された。

「第2条　老人は，多年にわたり社会の進展に寄与してきた者として，かつ，豊富な知識と経験を有する者として敬愛されるとともに，生きがいを持てる健全で安らかな生活を保障されるものとする。

　第3条　老人は，老齢に伴って生ずる心身の変化を自覚して，常に心身の健康を保持し，又は，その知識と経験を活用して，社会的活動に参加するように努めるものとする。

　2　老人は，その希望と能力とに応じ，適当な仕事に従事する機会その他社会的活動に参加する機会を与えられるものとする。」

　「豊富な知識と経験を有する者」の追加が変更点である。長年生きてきたことにより高齢者は豊富な経験を有するといえるが，「豊富な知識」があるとは限らない。何らかの条件をつけること自体が問題であり，すべての人は無条件にその権利を尊重され生活を保障されるべきで

老　人

　「老人」と「高齢者」はどちらも年齢を重ねた人をさす。「老人」は文学や歴史的な文脈で使用されることがあるが，直接的でネガティブなイメージを与えるため現代ではあまり使われない。ただ，法律や制度では老人福祉法や介護老人福祉施設等，「老人」が使用されている。一方，「高齢者」は中立的な意味合いをもち，高齢者施設や後期高齢者医療保険など，福祉や医療行政でも徐々に使われるようになってきた。

ある。⁽²⁾

もう一つの変更点は「生きがいを持てる」の追加である。1963（昭和38）年当時と比較すると改正時の**平均寿命**は男女ともに9年以上延伸している。引退後に20年近くの年月が与えられることになったことから，無為に過ごすのではなく「生きがい」をもつことの必要性が問われるようになったのである。

第3条では，「社会的活動に参加するように努めるもの」という文言が加わり，積極的に社会参加する高齢者の姿勢を推奨している。これは，社会参加が新たな仲間づくりや健康づくりの機会となったり，地域社会につながる機会となって高齢者の生活に充実感が生まれているからである。⁽³⁾ 今や人生100年時代を迎え，「生涯現役で活躍する社会」をめざすことになり，老人福祉法においては今後も活動的な元気高齢者を理想とする考え方が支持されるだろう。

以上，老人福祉法における基本理念を確認した。⁽⁴⁾ ただ，高齢者ほど個人差が大きいため，元気でアクティブに社会参加できる高齢者ばかりではない。この理想像に当てはまらない高齢者の存在を忘れてはならない。

◆介護保険法における理念

1997（平成9）年に制定された介護保険法は，要介護状態となり介護，機能訓練，看護および療養上の管理その他の医療を要する者等について定められた法律である。「国民の保健医療の向上と福祉の増進を図ることを目的」として，「これらの者が尊厳を保持し，その有する能力に応じ自立した日常生活を営むことができるよう，必要な保健医療サービス及び福祉サービスに係る給付を行うため，国民の共同連帯の理念に基づき」制度を設けるとしている。要介護状態となった者が尊厳を保持することができるように，またその能力に応じて自立した日常生活を営むことができるようにサービスを提供すると謳われていることから，介護保険制度では，要介護状態の軽減や悪化の防止，要介護状態の予防がめざされており，あくまでも対象は一般の健康な高齢者ではなく，要介護もしくは要支援状態にある高齢者に限定される。

本人の自己決定を最大限尊重すること，その選択に基づいて適切な保健・医療・福祉のサービスが提供されることが必要である。介護保険法では自己決定による尊厳の保持およびその人なりの自立した生活が重要な考え方であり，心身機能が低下した状態のときに必要なサービスを利用することでそれぞれの自立した生活を支えようとするものである。

◆敬老思想

敬老思想は儒教文化による影響が強く，高齢者を敬うことや長幼の序が当然のこととして理解され，年長者であることで尊敬に値するという考え方に基づく。高齢者は経験と知識に裏づけされた知恵を有しており，困ったときには相

平均寿命

ある集団において新生児が生まれた時点で，統計的に予測される平均的な生存年数（平均余命）をさす。各年齢の死亡率を基に計算される統計的な指標で，通常，男女別に算出される。世界的に女性の方が男性より平均寿命が長い。2024年度の日本の平均寿命は，男性81.09年，女性87.14年で，男女合計では世界第1位である。

敬老思想

年長者を敬い尊ぶ考え方である。とくに東アジア文化圏（日本，中国，韓国）では儒教の教えにより親を敬う「孝」の考え方が重要とされ，今も敬老思想が根強くみられる。高齢者の長年の知恵や経験を敬い，家族や社会に果たした貢献に対して感謝する。その表れとして日本では「敬老の日」が設けられている。

談する，あるいは最終的な決断を下す長として存在していた。しかし，第二次世界大戦後の新民法によって家を継ぐ直系家族の義務や恩恵が無くなり，兄弟はみな同じように相続の権利があり，結婚すれば独立して新しい戸籍を作ることができるようになった。1955（昭和30）年ごろからは高度経済成長期に入り被雇用者（サラリーマン）が増加するとともに核家族化が進展した。それによって家を守るという意識がさらに希薄化し，親孝行の思想や儒教における養老思想は次第に薄れていった。

一方，兵庫県は全国で初めて1950（昭和25）年に敬老の精神を表す記念日として9月15日を「としよりの日」と定めた。翌年に中央社会福祉協議会（現在の全国社会福祉協議会）もこれに倣い，「としよりの日」とともに15日から21日の1週間を敬老の運動週間と決めた。このように高齢者を敬う日と運動週間を設定して社会的に敬老精神の継承および啓発がめざされた。1963（昭和38）年に制定された老人福祉法でもこれを踏襲し，9月15日を「老人の日」とし，15日から21日を老人週間と定めた。その後9月15日は国民の祝日となり「敬老の日」と改名された。[5]

65歳以上の高齢者の世帯構造をみると，三世代世帯の割合は1986（昭和61）年には44.8%であったが，2021（令和3）年には9.3%まで減少している。[6] 経済成長とともに夫婦を中心とする家族形態が定着し，同居によって親を**扶養**す

ることは子どもにとって次第に負担となっていったと思われる。

日本がいわゆる高齢化社会を迎えたのは65歳以上の人口が全体の7%に達した1970（昭和45）年である。老人福祉法が制定された当時は経済成長期で，高齢者に対する人々の関心はさほどなかったといってよい。1972（昭和47）年に有吉佐和子の『恍惚の人』が出版され老人性痴呆（当時）をテーマとした小説がベストセラーとなったが，認知症に対する社会の関心はまだ低かった。1980年代に「ぼけ老人を抱える家族の会」が結成され，その後「認知症の人と家族の会」に名称が変わり，現在では全国47都道府県に支部をもち1万人以上の会員がいる。[7]

早期発見，早期治療に加え，生活環境の整備等による認知症への対応が進んだ一方で，メディアで取り上げられる認知症は悲観的なものが多く，2025（令和7）年には高齢者の5人に1人が罹患するという予測結果のみが先行し，罹患後の生活を必要以上に恐れる傾向もみられる。

◆エイジズム

高度経済成長によって産業構造が変化し，重工業の発展とともに第1次産業は衰退した。高齢者がその経験と知恵を発揮しやすい第1次産業の衰退は同時に高齢者を敬う敬老の精神をも薄れさせることにつながった。

サラリーマンとして働いていた者が60歳を過ぎると定年退職を迎えはじめ，その後の人生は

扶養

経済的な面や，生活するうえで自立することが困難な，家族や親族を支えることをいう。扶養には法律上の扶養義務がある一方，扶養家族がいる場合は税制度上や社会保険上において優遇措置がある。民法では配偶者，直系家族，兄弟姉妹を対象として扶養義務がある。ただ，扶養家族がいる場合は，税金が軽減されたり，扶養家族は保険料の負担がなくなるなどのしくみが講じられている。

社会の第一線で活躍する機会がなくなることが多くなった。それは同時に収入の減少と年金での生活を余儀なくされることでもある。現在では高齢者人口の増加とともに生産年齢人口が減少し、年金をはじめ医療、介護といった社会保障の財源も減少している。しかもその7割近くが高齢者に使われていることから高齢者は「社会のお荷物」として否定的に見られるようになった。

バトラー（Butler,R.N.）[8]は、これをエイジズムと名づけた。高齢者を年齢だけで差別し役に立たないと決めつけてしまい、それが社会全体に組織化されることをエイジズムと呼ぶ。エイジズムはアメリカだけでなく日本においても見られ、高齢であることで仕事に就けなかったり、住宅を借りることができないなどの差別を受ける。高齢者をひとまとめにして何もできない者ととらえたり、そのイメージを病弱、要介護、頑固、孤独等、否定的な見方をする者が多い。パルモア（Palmore,E.P.）[9]は、若者による高齢者のイメージについてクイズを用いて調査した結果、間違った回答が多く、若者たちは高齢者に対して先入観や偏見などからマイナスのイメージをもっていることを明らかにした。2024（令和6）年現在、日本では定年退職の年齢を65歳としているが、高齢者の多様性を無視して、一律65歳の誕生日を迎えると仕事から退かなければならないとする制度は、社会におけるエイジズムの一つの様相と考えられる。（大和三重）

注
（1） 副田義也（1986）「現代日本における老年観」伊藤光春・河合隼雄・副田義也ほか編『老いのパラダイム（老いの発見）』岩波書店、100.
（2） 副田あけみ（2002）「高齢者福祉の思想」小笠原祐次・橋本泰子・浅野仁編『高齢者福祉〔新版〕』有斐閣.
（3） 内閣府（2021）「令和3年度 高齢者の日常生活・地域社会への参加に関する調査結果（全体版）」8（https://www8.cao.go.jp/kourei/ishiki/r03/zentai/pdf/2_6_1.pdf, 2024.2.25）.
（4） 大和三重（2020）「高齢者福祉とその歴史的変遷」大和三重・岡田進一・斎藤雅茂編『高齢者福祉』ミネルヴァ書房.
（5） 敬老の日は2003（平成15）年から9月第3月曜日に変更された。
（6） 厚生労働省「2021（令和3）年 国民生活基礎調査の概況」4（https://www.mhlw.go.jp/toukei/saikin/hw/k-tyosa/k-tyosa21/dl/12.pdf, 2024.2.25）.
（7） 公益社団法人認知症の人と家族の会「組織概要」（https://www.alzheimer.or.jp/?page_id=198, 2024.2.25）.
（8） Butler, R. (1969) "Age-Ism: Another form of bigotry" *The Gerontologist*, 9（4-1）, 243-246.
（9） Palmore, E. (1977) "Facts on Aging: A short quiz" *The Gerontologist*, 17（4）, 315-320.

バトラー（Butler, R.N.）

バトラーはアメリカの国立老年学研究所（National Institute on Aging）の初代所長を務めた精神科医で、1969年にエイジズム（Ageism）という言葉を創った老年学者である。エイジズムとは、年齢だけで高齢者に偏見をもち、差別する考え方のことを指す。バトラーは、老化を身体的な側面だけでなく、心理、社会、文化的側面から総合的に研究し、ポジティブにとらえることで、高齢者に対する社会的偏見の払拭に尽力し、老年学の発展に貢献したことで知られる。

15 高齢者福祉制度の発展過程

◆明治期から第二次世界大戦までの
高齢者福祉制度の歴史

　高齢者福祉あるいは老人福祉という用語が一般的に使われるようになったのは，1963（昭和38）年7月に制定，同年8月1日より施行された老人福祉法以降といえる。

　日本では，高齢者だけではなく人民全般に対する福祉的なものは，いわゆる慈善とか慈恵といわれる宗教的なものから派生してきた。池田・池本は「『日本書記』は「京内諸寺の貧乏しき僧尼及び百姓を憐みて賑給す」と記した。これが「日本における天皇の恩賜としての賑給の所見である」とし，681年におこなわれたと記している。そして「鰥寡孤独される高齢者・幼少者・廃疾者にして「無告」である「天下之窮民」を対象とし，生活必需品を天皇の恩賜として支給することを意味した」としている。

　明治に入り初めて，1874（明治7）年に国家的制度としての恤救規則が制定された。恤救規則では，65歳以上のあくまでも身よりのない貧困高齢者への救済という限定的なものである。

　明治後期には，1895（明治28）年に東京に初めて民間のキリスト教施設である**聖ヒルダ養老院**が誕生し，1899（明治32）年には神戸養老院，1902（明治35）年には大阪養老院等の貧困高齢者を収容する施設が各地で設立された。その後，1929（昭和4）年には救護法が制定され，65歳以上の老衰者に対しては養老院等の救護施設による施設救護することが規定された。

　第二次世界大戦後の旧生活保護法（1946（昭和21）年）においては，養老院は保護施設として位置づけられ，その後新生活保護法（1950（昭和25）年）では，「老衰のため独立して日常生活を営むことのできない要保護者を収容して，生活扶助を行うことを目的とする」施設として養老施設が規定された。

　1955（昭和30）年以降には，高齢者問題が積極的に取扱われるようになり，1956（昭和31）年には長野県で訪問介護の前身である家庭養護婦派遣事業が開始され，1958（昭和33）年には大阪市で臨時家政婦派遣制度（翌年「家庭奉仕員制度」に改称）が実施された。1962（昭和37）年度からは，生活保護法の要保護層である高齢者を対象に訪問介護が制度化された。1961

鰥寡孤独

　身よりがだれもいなくさびしいことという意味。「鰥」は年をとって妻がいなくなった夫，「寡」は年をとって夫がいなくなった妻，「孤」は親がいない子ども，「独」は子どもがいない老人を表す。

聖ヒルダ養老院

　社会福祉法人聖ヒルダ会のホームページによると1933（昭和8）年発刊の『本邦社会事業概要』（内務省社会局社会部）の中で日本の老人福祉事業の草わけと記載されており，「聖ヒルダ養老院の働きは，1895（明治28）年ヒルダミッション所属の英国人宣教師ミス・ソーントンが個人的事業として民家を借り入れ，「扶養者なき老女二名を救護したるに始まり」がその最初」としている。

（昭和36）年４月には，契約施設である軽費老人ホームが創設された。

◆老人福祉法の制定と展開

1963（昭和38）年には老人福祉法が制定・施行された（**老人福祉法の目的**）。老人福祉法では，養護老人ホーム，特別養護老人ホーム，軽費老人ホームが創設され，養護老人ホームならびに特別養護老人ホームへの入所は福祉の措置によっておこなわれ，軽費老人ホームは契約によって入所するという形態がとられることとなった。また，高齢者に対する在宅サービスも同法により規定された。

1965（昭和40）年以降，核家族化の進行，病弱高齢者の増加などから，老人福祉に対する期待は高まり，1970（昭和45）年には中央社会福祉審議会が「老人問題に関する総合的諸施策について」ならびに「社会福祉施設の緊急整備について」の答申をおこなった。この答申を受けて，1971（昭和46）年度からはじまった「社会福祉施設緊急整備五か年計画」により，特別養護老人ホームの増設がおこなわれた。

◆老人保健法の創設

1973（昭和48）年には，老人医療費支給制度が老人福祉法の一部改正によってはじめられた。老人医療費支給制度は，老人医療費無料化ともいわれ，高齢者の医療保険の一部自己負担分を公費で負担し，高齢者の医療費の負担を軽減す

るという機能を担って発足した制度であり，このころから，いわゆる**悪徳老人病院問題**や乱診乱療，**病院のサロン化**（60頁），**社会的入院**（60頁）などの問題がいわれるようになった。

1975（昭和50）年に社会保障長期計画懇談会では，人口構成の高齢化の問題に対応するための改革や見直しのひとつとして，社会福祉施設の計画的整備の意見書を提出した。同年には，社会保障制度審議会の「今後の老齢化社会に対応すべき社会保障のあり方」という建議において，高齢化社会の問題と高福祉・高負担問題等が提言されている。

1978（昭和53）年からは，短期入所生活介護（ショートステイ）が開始され，1979（昭和54）年には通所サービス事業（デイサービス事業）が開始された。1981（昭和56）年度からは在宅の寝たきり老人・重度身体障害者等に対する居宅に訪問しての入浴，給食サービスを提供する訪問サービス事業も開始された。1982（昭和57）年には，ホームヘルプサービスが所得税課税世帯に対しても有料で派遣されるようになった。

1973（昭和48）年に制定された老人医療費の無料化は，老人医療費の増大等の問題から，1982（昭和57）年８月17日に公布された老人保健法（1984（昭和59）年２月１日から全面的に施行）により一定額の負担が導入されることとなった。老人保健法における医療の対象者は原則として70歳以上の者（寝たきり等障害の状態にある者については65歳以上）であり，医療保

老人福祉法の目的

「老人の福祉に関する原理を明らかにするとともに，老人に対し，その心身の健康の保持及び生活の安定のために必要な措置を講じ，もって老人の福祉を図ること」（第１条）であり，介護保険法の目的は「加齢に伴って生ずる心身の変化に起因する疾病等により要介護状態となり，入浴，排せつ，食事等の介護，機能訓練並びに看護及び療養上の管理その他の医療を要する者等について，これらの者が尊厳を保持し，その有する能力に応じ自立した日常生活を営むことができるよう，必要な保健医療サービス及び福祉サービスに係る給付を行うため，国民の共同連帯の理念に基づき介護保険制度を設け，その行

う保険給付等に関して必要な事項を定め，もって国民の保健医療の向上及び福祉の増進を図ること」（第１条）である。

悪徳老人病院問題

埼玉県三郷中央病院の内部告発を発端として明らかとなった老人病院の実態が問題となった。必要のない検査をたくさんおこなったり，架空請求をしたり，老人だけを入院させ，生活保護費や老人医療費無料化制度により多くの老人を入院させ，利益を得ていた病院を「悪徳老人病院」といった。

険の加入者であることが要件となっている。同法は市町村が運営主体であり，医療保険の保険者からの拠出金公費で運営される制度であった。また制度施行当初は定額負担（外来400円／月，入院300円／月（2か月限度））であったが，老人医療費の高騰に伴い患者の一部負担額は，最後は定率負担[4]となった。

1985（昭和60）年以降[5]には，高齢化の進展とともに寝たきり高齢者数の増加が顕著となり，特別養護老人ホームの整備とともに在宅福祉サービス充実がはかられるようになった。1986（昭和61）年度からは，通所介護と訪問入浴，給食サービスを統合して在宅老人デイサービス事業が開始されている。

1987（昭和62）年には，急激な高齢化に対応するために「長寿社会対策大綱」が発表された。そして，同年の老人保健法改正により老人保健施設が創設された。

1988（昭和63）年には，「長寿・福祉社会を実現するための施策の基本的考え方と目標について」（「福祉ビジョン」）によって，積極的な健康づくり，生きがいをもって暮らせる地域づくり，保健・医療・福祉サービスの連携と充実等が示された。

1989（平成元）年，「高齢者保健福祉推進十か年戦略」（ゴールドプラン）が策定された。ゴールドプランによって，高齢者の保健福祉サービス分野の十か年の目標が掲げられ，特別養護老人ホームをはじめとする施設の充実，在

宅福祉サービスの拡充等がはかられることとなった。またこの年には，軽費老人ホームの所得制限を撤廃し，外部の在宅サービスを利用できる介護利用型軽費老人ホーム（ケアハウス）と，過疎地域等の高齢者に対する介護支援機能，居住機能，交流機能を総合的に整備した高齢者生活福祉センターが創設された。

さらに，1990（平成2）年6月にいわゆる福祉八法改正がおこなわれ，老人福祉法等の一部を改正する法律が制定された。福祉8法改正によって，①在宅福祉サービスおよび施設福祉サービスの市町村への一元化，②在宅福祉サービスの推進，③老人保健福祉計画の策定がおこなわれることとなった。

1994（平成6）年には，高齢者介護・自立支援システム研究会が「新たな高齢者介護システムの構築を目指して」を取りまとめ，介護に関連する既存制度の再編成と社会保険方式による新たな介護制度の創設をめざすべきであるとの提言がなされた。その後，ゴールドプランの見直しが必要となり，同年12月の「高齢者保健福祉推進十か年戦略の見直しについて」（新ゴールドプラン）が策定され，高齢者への在宅，施設サービス両方の一層の整備がはかられた。

◆介護保険法制定以降

2000（平成12）年には介護保険法が施行され，高齢者に対する居宅サービスと施設サービスの費用は介護保険法から拠出されることになった。

病院のサロン化
高齢者が余暇を過ごしたり，自宅以外の日中の居場所がないということから，医療機関に集まり，医療機関の待合室が高齢者のサロンとなったことをいう。

社会的入院
医学的に入院するほどの治療は必要ないが，退院後に行き場のない高齢者を入院させる状態をいう。

2008（平成20）年4月には後期高齢者医療制度が施行され，老人保健法は高齢者の医療の確保に関する法律（後期高齢者医療確保法）に全面改正され，75歳以上の後期高齢者に対する新たな医療制度がはじまった。

2014（平成26）年7月25日には第1回医療介護総合確保促進会議が開催された。この会議の[6]役割は，地域における医療及び介護を総合的に確保するための基本的な方針（総合確保方針）を作成または変更することである。これに基づき，**地域における医療及び介護の総合的な確保を推進するための関係法律の整備等に関する法律（医療介護総合確保推進法）**が2014年6月25日に公布され，医療法関係は2014年10月以降，介護保険法関係は2015（平成27）年4月以降など，順次施行されている。

介護保険法施行後，老人福祉法で規定される老人福祉施設・サービスを利用するときには介護保険制度が原則適用されるが，たとえば，虐待を受けているなどの理由がある場合は，老人福祉法に基づく市区町村の措置によって老人ホームへの入所がおこなわれる。

なお，有料老人ホームは，老人福祉法第29条第1項の規定に基づき，老人の福祉をはかるため，その心身の健康保持および生活の安定のために必要な措置として設けられている制度である。2006（平成18）年の老人福祉法の改正により，有料老人ホームの定義が改められ（定員要件の廃止，対象サービスの増加），介護保険制度の「特定施設入居者生活介護」として位置づけられ，届け出数は増加傾向にある。

（藤林慶子）

注
（1）　池田敬正・池本美和子（2015）『日本福祉史講義』高菅出版，18.
（2）　1956（昭和31）年度の経済白書において「もはや戦後ではない」という文章が使われた。
（3）　老人保健法の費用を，医療保険の保険者（被用者保険，国民健康保険）が出す拠出金によって運営した。各医療保険の実際の高齢者の割合ではなく，加入者按分案文率により計算された。
（4）　2006（平成18）年度には1割負担（現役並所得者は3割負担）となった。
（5）　1980年代前半からはじまった福祉の見直しは，その後も低経済成長下において，社会保障はどうあるべきかという議論がおこなわれることになった。
（6）　2024（令和6）年1月17日も，第20回医療介護総合確保促進会議が開催されている。

参考文献
厚生省五十年史編集委員会編（1988）『厚生省五十年史（記述篇）』厚生問題研究会.
厚生統計協会（2008）『国民の福祉の動向（厚生の指標　臨時増刊）』厚生統計協会.
聖ヒルダ会（2024）「聖ヒルダ会の歴史」（http://www.hiruda.or.jp/, 2024.2.27）.
全国地域包括・在宅介護支援センター協議会（2024）「地域包括・在宅介護支援センターについて」（http://www.zaikaikyo.gr.jp/about/index.html, 2024.2.27）.

地域における医療及び介護の総合的な確保を推進するための関係法律の整備等に関する法律（医療介護総合確保推進法）

　同法の骨子は，①新たな基金の創設と医療・介護の連携強化，②地域における効率的かつ効果的な医療提供体制の確保，③地域包括ケアシステムの構築と費用負担の公平化，などである。同法は，医療部分と介護部分においてそれぞれ概要が説明されている。医療部分では，医療機関が病床の医療機能（急性期，回復期，慢性期の別）を都道府県に報告し（病床機能報告制度），都道府県はその報告に基づいて地域の医療提供体制の将来ビジョンを策定したり，医師確保を支援する地域医療支援センターの機能を法的に位置づける。介護部分では，高齢者が健康で安心して地域に住み続けるために，在宅医療，介護連携などの地域支援事業の充実をはかり，介護保険の予防給付（訪問介護・通所介護）をこの事業に移行し，市町村を主体とする地域の包括的な支援・サービス提供体制を構築することとしている。また，特別養護老人ホームの機能を在宅生活が困難な中重度の要介護者に特化などの見直しがおこなわれている。さらに，「地域ケア会議」を制度的に位置づけ，個別事例（困難事例など）の検討などによって，職種間にまたがるケアマネジメントや地域支援のネットワークを構築することとなっている。

3章　高齢者福祉の歴史

⓰ 地域包括ケアシステム

◆地域包括ケアシステムの概要

　地域包括ケアシステムの概念は，介護保険制度に関連して誕生している。介護保険法等の改正を重ねるなかで，少しずつその内容が変化しているが，おおむね次のような内容となっている。

　2025（令和7）年には，団塊の世代（第一次ベビーブーマー：1947～1949年生まれ）のすべてが75歳以上（後期高齢者）となるため，高齢者ケアのニーズの増大，単独世帯の増大，認知症を有する者の増加が見込まれる。重度な要介護状態となっても，高齢者の尊厳が保持され，可能な限り住み慣れた地域で，自分らしいくらしを人生の最後まで続けることができるよう，医療・介護・予防・住まい・生活支援が包括的に確保される体制を地域包括ケアシステムという。2016（平成28）年以降，社会福祉法関連で**地域共生社会**の実現が求められると，その実現に向けて地域包括ケアシステムは中核的な基盤とされ，地域共生社会と強く関連づけられた。

◆地域包括ケアシステムの誕生

　介護保険制度が2000（平成12）年度からスタートし，厚生労働省老健局の求めで2003（平成15）年3月に高齢者介護研究会が設置された。ここでは，2004（平成16）年度を終期とする「ゴールドプラン21」後の新たなプランの策定の方向性，中長期的な介護保険制度の課題や高齢者介護のあり方」について検討された。同年6月には報告書「2015年の高齢者介護～高齢者の尊厳を支えるケアの確立に向けて～」がまとめられた。そのなかで地域包括ケアシステムの確立が謳われ，「介護以外の問題にも対処しながら，介護サービスを提供するには，介護保険のサービスを中核としつつ，保健・福祉・医療の専門職相互の連携，さらにはボランティアなどの住民活動も含めた連携によって，地域の様々な資源を統合した包括的なケア（地域包括ケア）を提供することが必要である」と述べられた。

　2005（平成17）年の介護保険法等の一部を改正する法律（介護保険法改正）では，「2015年の高齢者介護」報告に沿って，地域包括ケア体

地域共生社会

　2016年6月に閣議決定された「ニッポン一億総活躍プラン」に盛り込まれた「地域共生社会の実現」のなかでこの用語が登場する。地域共生社会とは，「子供・高齢者・障害者など全ての人々が地域，暮らし，生きがいを共に創り，高め合うことができる」社会である。この実現のため，「支え手側と受け手側に分かれるのではなく，地域のあらゆる住民が役割を持ち，支え合いながら，自分らしく活躍できる地域コミュニティを育成し，福祉などの地域の公的サービスと協働して助け合いながら暮らすことのできる仕組みを構築する。また，寄附文化を醸成し，NPOとの連携や民間資金の活用を図る」とある。

制の整備が打ち出された。そのなかで「高齢者が住み慣れた地域で，安心してその人らしい生活を継続するため，高齢者のニーズや状態の変化に応じて，切れ目なく必要なサービスが提供される体制を整備する」と地域包括ケアの考え方が示された。

この改正では，「明るく活力のある超高齢社会の構築」「制度の持続可能性」「社会保障の総合化」を介護保険制度改革の基本的な視点とし，①予防重視型システムへの転換，②施設給付の見直し，③新たなサービス体系の確保，④サービスの質の確保・向上，⑤負担の在り方・制度運営の見直し等が主な内容となった。地域包括ケアシステムに関連して，新たなサービス体系として**地域密着型サービス**と**地域包括支援センター**が創設された。

そして，地域包括支援センターが予防型重視システムを担う機関として，新たに創設された地域支援事業と新予防給付を担うこととなった。とくに，地域支援事業は，要支援・要介護状態になる前からの介護予防を推進するとともに，地域における包括的・継続的なマネジメント機能を強化する観点から市町村が実施することとなった。認知症介護等対策では，医療から介護への切れ目のないサービスの提供として，認知症連携担当者を配置する地域包括支援センターは，認知症疾患医療センターと連携し，地域における認知症に対する支援体制を強化することとなった。

◆**地域包括支援センター創設当時の地域包括ケアシステムとの関係**

2005年度介護保険法改正により，高齢者の生活を支える役割を果たす総合機関として地域包括支援センターが創設された。そして，地域包括支援センターを「地域包括ケア」や「予防重視型システム」を支える中核的な機関として位置づけた。このことにより，当時は地域包括支援センターの機能・役割が地域包括ケアシステムだという説明がなされた（**図表37-1**）。

◆**姿を変えていく地域包括ケアシステム**

2011（平成23）年の介護サービスの基盤強化のための介護保険法等の一部を改正する法律（介護保険法改正）により，日常生活圏域（おおむね30分以内でかけつけられる圏域で中学校区を想定）において，医療，介護，予防，住まい，生活支援サービスが切れ目なく，有機的かつ一体的に提供される地域包括ケアシステムの実現と持続可能な制度の構築という2点が見直しの基本とされた。

とくに，地域包括ケアを実現させるため，①医療との連携強化，②介護サービスの充実強化，③予防の推進，④見守り，配食，買い物など，多様な生活支援サービスの確保や権利擁護など，⑤高齢期になっても住み続けることのできる高齢者住まいの整備（国土交通省と連携）の5つの視点での取り組みが包括的，継続的におこなわれることが必須とされた。また，地域包括ケ

地域密着型サービス

認知症や中重度の要介護状態となっても，住み慣れた地域での生活を支えるため，身近な市区町村で提供されることが適当なサービス類型として，介護保険法改正により2006年4月から創設された。市区町村は圏域単位でその必要な整備量を定め，適正なサービス基盤を整備する。通所介護のように通常規模型のあるサービスでは，利用者数が通常規模型より少なく設定されている。サービスは市区町村が指定する事業者が，原則当該市区町村の住民に提供する。地域密着型サービスには，地域密着型介護サービスと地域密着型介護予防サービスがある。

地域包括支援センター

地域住民の心身の健康の保持および生活の安定のために必要な援助をおこなう。地域住民の保健医療の向上および福祉の増進を包括的に支援することを目的に，包括的支援事業等を地域において一括的に実施する役割を担う中心的機関として，介護保険法改正により2006年4月から創設された。責任主体は市町村だが，設置主体は市町村または市町村から委託を受けた法人となっている。市町村の指定を受けて，指定介護予防支援事業者として，介護予防支援事業をおこなう。職員は基本的には保健師，社会福祉士，主任介護支援専門員の3職種が配置される。

アを念頭においた介護保険事業計画の策定，24時間対応の定期巡回・随時対応型サービスや複合型サービスの創設，介護予防・日常生活支援総合事業の創設等がおこなわれた（**図表16-1**）。

2014（平成26）年には，地域における医療及び介護の総合的な確保を推進するための関係法律の整備等に関する法律（医療介護総合確保推進法）により，介護保険法も改正された。改正のねらいは地域包括ケアシステムの構築と費用負担の公平化であった。とくに地域包括ケアシステムの構築に向けた地域支援事業の充実として，在宅医療・介護連携の推進，認知症施策の推進，地域ケア会議の推進，生活支援サービスの充実・強化があった。また，予防給付のうち訪問介護・通所介護が，2017（平成29）年度末までに**地域支援事業**へ移行されることとなった。

2016（平成28）年，ニッポン一億総活躍プランのなかで地域共生社会の実現をめざすこととなった。同年には，地域包括ケアシステムを強化のための介護保険法等の一部を改正する法律により，地域包括ケアシステムを深化・推進させるため，①自立支援・重度化防止に向けた保険者機能の強化等の取り組みの推進，②医療・介護の連携の推進等，③地域共生社会の実現に向けた取り組みの推進等が盛り込まれた。とくに地域共生社会の実現に向けては，高齢者と障害児者等が同一事業所でサービスを受けやすくするため，共生型サービスが誕生した。

2019（令和元）年に社会保障審議会介護保険部会において，地域包括ケアシステムは，地域共生社会の実現に向けた中核的な基盤となり得ると介護保険制度に関して意見が出された。それを受け2020（令和2）年には，地域共生社会の実現のための社会福祉法等の一部を改正する法律により，地域共生社会の実現をはかるため，地域住民の複雑化・複合化した支援ニーズに対応する包括的な福祉サービス提供体制を整備する観点から，市町村の包括的な支援体制の構築の支援，地域の特性に応じた認知症施策や介護サービス提供体制の整備等の推進，医療・介護のデータ基盤の整備の推進，介護人材確保および業務効率化の取り組みの強化，社会福祉連携推進法人制度の創設等の必要な措置を講じることとなった。とくに，社会福祉法に基づく新たな事業として，①相談支援，②参加支援，③地域づくりに向けた支援を一体的に実施する事業（重層的支援体制整備事業）が創設された（**図表16-2**）。

このように地域包括ケアシステムは地域住民の抱える課題が複雑化・複合化するなか，時代ニーズに合わせて変化し続けている。そのため，地域包括ケアシステムが登場した当時の根拠法であった介護保険法の範疇を超えて，社会福祉法関連のほか，地域共生社会の実現に資するあらゆる社会資源が結びつくことが求められてきている。

（岡田直人）

地域支援事業

地域包括ケアシステムの実現に向けて，高齢者が社会参加・介護予防に向けた取り組み，配食・見守り等の生活支援体制の整備，在宅生活を支える医療と介護の連携および認知症の者への支援のしくみ等を一体的に推進しながら，高齢者を地域で支えていく体制を構築するため，市町村において実施される。地域支援事業には，介護予防・日常生活支援総合事業（介護予防，生活支援サービス事業，一般介護予防事業），包括的支援事業（地域包括支援センターの運営，地域ケア会議の開催，在宅医療・介護連携推進事業，認知症総合支援事業，生活支援体制整備事業），任意事業（介護給付費適正化事業，家族介護支援事業）がある。

16 地域包括ケアシステム

図表16-1 地域包括ケアシステム

出所：厚生労働省「介護保険制度改正の概要及び地域包括ケアの理念」20 (https://www.mhlw.go.jp/stf/shingi/2r9852000001oxhm-att/2r9852000001oxlr.pdf, 2023.2.16).

図表16-2 重層的支援体制整備事業

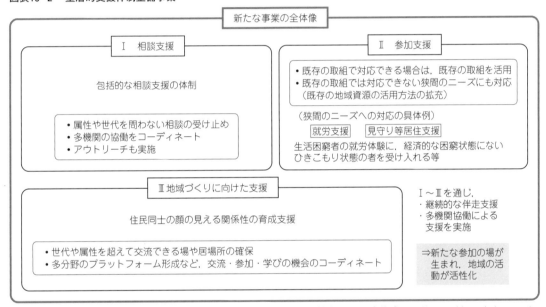

出所：厚生労働省「改正社会福祉法における重層的支援体制整備事業の創設について」10 (https://www.mhlw.go.jp/content/000752732.pdf, 2023.2.19).

MEMO

4章 高齢者に対する法制度

17 介護保険法

◆介護保険法制定の背景と目的

1990年代より社会保険方式の新しい高齢者介護システムの創設に向けた意見等の調整が厚生省（当時）の主導で進められ，1997（平成9）年12月に介護保険法が成立，2000（平成12）年4月に施行された。その背景には，社会全体で高齢者介護を支えるための制度再編とサービスの量的整備，財源の安定確保等に取り組むという喫緊の課題があった。

介護保険法の目的は，加齢に伴う心身の変化に起因する疾病等により要介護状態となり，入浴や排せつ，食事等の介護，機能訓練，看護および療養上の管理その他の医療を要する者等が尊厳を保持し，その有する能力に応じ自立した日常生活を営むにあたり，必要な保健医療・福祉サービスに係る給付をおこなうため，国民の共同連帯の理念に基づき介護保険制度を設け，保険給付等に関する必要な事項を定めて国民の保健医療の向上および福祉の増進をはかることである。

◆介護保険制度の保険者と被保険者

保険者（保険を運営する者）は，住民にとってもっとも身近な行政単位としての市町村（東京都の特別区を含む）である。市町村は，一般会計とは区別された特別会計を設けて介護保険に関する収入と支出を管理している。

被保険者（保険に加入している者）は，①市町村の区域内に住所を有する65歳以上の者（第1号被保険者），②市町村の区域内に住所を有し，かつ医療保険に加入している40歳から64歳までの者（第2号被保険者）に区分される。介護保険は国民の共同連帯の理念に基づき，必要な費用を公平に負担するしくみであるため，住所および年齢の要件を満たしたすべての者が強制加入となる。

◆保険給付のための手続き

被保険者が保険給付を受けるためには，要介護状態または要支援状態にあると認定されること，また，第2号被保険者の場合は，これらの状態の原因となる身体上または精神上の障害が**特定疾病**によるものであると認定される必要が

特定疾病

①末期がん，②関節リウマチ，③筋萎縮性側索硬化症，④後縦靱帯骨化症，⑤骨折を伴う骨粗鬆症，⑥初老期における認知症，⑦進行性核上性麻痺・大脳皮質基底核変性症及びパーキンソン病，⑧脊髄小脳変性症，⑨脊柱管狭窄症，⑩早老症，⑪多系統萎縮症，⑫糖尿病性神経障害・糖尿病性腎症及び糖尿病性網膜症，⑬脳血管疾患，⑭閉塞性動脈硬化症，⑮慢性閉塞性肺疾患，⑯両側の膝関節又は股関節に著しい変形を伴う変形性関節症の16種類である。（介護保険法施行令第2条）

17 介護保険法

図表17-1 要介護認定の流れ

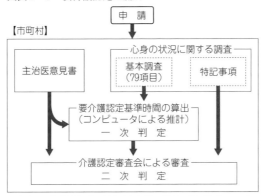

出所：厚生労働省「要介護認定に係る制度の概要」(https://www.mhlw.go.jp/topics/kaigo/nintei/gaiyo1.html, 2023.8.1).

ある。要介護状態は要介護1から5までの5段階，要支援状態は要支援1から2までの2段階であり，**要介護認定等基準時間**の長さで区分される。図表17-1は，要介護認定（要支援認定を含む，以下同じ）の流れを示したものである。以下，要介護認定から居宅サービス計画の作成，保険給付までの手続きについて取り上げていく。

◆要介護認定

（1）申　請

被保険者は，市町村の担当窓口に要介護認定を受けるための申請をおこなわなければならない。申請の手続きは被保険者本人や家族，成年後見人等のほか，居宅介護支援事業者，介護保険施設，地域包括支援センター等による代行も可能である。

（2）認定調査

市町村職員，または市町村から委託を受けて都道府県が指定した法人（指定市町村事務受託法人）の職員が，被保険者の心身の状況，そのおかれている環境等に関する事項を把握するために被保険者の自宅等を訪問し，聴き取り方式で実施される。本調査で使用される全国統一の認定調査票は，被保険者の属性（性別や年齢等），現在受けているサービスの状況に関する概況調査，「身体機能・起居動作」「生活機能」「認知機能」「精神・行動障害」「社会生活への適応」（5群62項目），「過去14日間に受けた医療」（12項目）の合計74項目からなる基本調査，そして調査員が補足的な情報を文章で記入する特記事項で構成されている。

要介護認定等基準時間

「直接生活介助」「間接生活介助」「BPSD関連行為」「機能訓練関連行為」「医療関連行為」の5つの分野ごとに介護の手間が相対的にどの程度かかっているのかを表す指標である（実際のケア時間ではない）。

（3）コンピュータソフトによる一次判定

認定調査の結果と**主治医意見書**に基づき，コンピュータソフトによる一次判定がおこなわれる。一次判定は，要介護認定等基準時間の長さによって要支援1から要介護5までのいずれかの状態区分が示される。ただし，要介護認定等基準時間が25分未満の場合は非該当の状態区分が示される。

（4）介護認定審査会による二次判定

介護認定審査会は，一次判定の結果と認定調査票の特記事項，および主治医意見書を用いて，被保険者の該当する要介護（要支援）状態区分の最終的な審査および判定となる二次判定をおこなう。なお，二次判定の結果は，被保険者等が要介護認定を申請した日から原則として30日以内に市町村より被保険者へ通知される。

◆要介護認定の有効期間

要介護認定の有効期間は，被保険者等が市町村の担当窓口へ申請をおこなった日から起算される。被保険者等は，有効期間の満了日の60日前より更新申請をおこなうことができる。ただし，有効期間内に被保険者の介護の必要度が変化したときは区分変更申請をおこなうことができる。新規申請と区分変更申請の場合，有効期間は原則として6か月であるが，市町村が介護認定審査会の意見に基づいてとくに必要と認めるときは，3～12か月の範囲内で設定可能である。更新申請の場合，有効期間は原則として12

か月であるが，同様に3～36か月（前回と同じ認定区分である場合は48か月）の範囲内で設定可能である。

被保険者が要介護認定の結果に不服がある場合，都道府県が設置する介護保険審査会へ審査請求をおこなうことができる。ただし，原則として認定結果を知った日の翌日から起算して3か月以内に文書または口頭でおこなう必要がある。

◆居宅サービス計画の作成

要介護状態と認定された者（以下，要介護者）が保険給付の対象となるサービスを選択し，利用する場合は，居宅介護支援事業者の介護支援専門員に居宅サービス計画の作成を依頼することができる。なお，介護保険施設へ入所する場合は，介護保険施設の介護支援専門員が施設サービス計画を作成する。要支援状態と認定された者（以下，要支援者）が保険給付の対象となるサービスを選択し，利用する場合は，市町村より介護予防支援事業者の指定を受けた地域包括支援センターに介護予防サービス計画の作成を依頼することができる。

◆保険給付

要介護者は，居宅介護支援および居宅サービス，地域密着型サービス，施設サービス等（本書，項目㉑・㉒参照）の利用に係る保険給付である介護給付を受けることができる。要支援者

主治医意見書

被保険者の身体上または精神上の障害の原因である疾病または負傷の状況，介護保険サービスの必要性などについて，主治医が医学的な観点から意見を記載した資料。

介護認定審査会

要介護（要支援）認定の審査判定に係る業務をおこなう機関であり，市町村の付属機関として設置される。医療・保健・福祉分野の専門家や学識経験者のなかから，市町村長が5名を標準として任命した委員によって構成される。

は，介護予防支援および介護予防サービス，地域密着型介護予防サービス（本書，項目⑳・㉑参照）等の利用に係る保険給付である予防給付を受けることができる。また，市町村が条例を定めておこなう市町村特別給付もある。

◆介護保険制度を支える組織・団体とその役割

　介護保険制度は，国と都道府県，市町村，国民健康保険団体連合会などの組織・団体によって支えられている。

　国の役割は，介護保険制度の運営体制の整備，要介護認定や介護報酬の算定等のための各種基準の設定，円滑に保険給付をおこなうための基本指針の作成などである。

　都道府県の役割は，居宅サービス事業者や介護予防サービス事業者の指定・指導監督等，介護保険施設の指定・許可および指導監督等，財政安定化基金の設置と運営，都道府県介護保険事業支援計画の策定に関わる事務，介護保険審査会の設置と運営，介護支援専門員の試験，資格登録・更新と研修等に関わる事務，介護サービス情報の公表等に関わる事務などである。

　市町村の役割は，被保険者証の交付および更新，保険料の徴収，介護認定審査会の設置およ

び要介護認定に関わる事務，保険給付に関わる事務，市町村特別給付の実施，市町村介護保険事業計画の策定に関わる事務，地域支援事業および保健福祉事業の実施，地域包括支援センターの設置と評価，居宅介護支援事業者および介護予防支援事業者の指定・指導監督等，地域密着型サービス事業者および地域密着型介護予防サービス事業者の指定・指導監督などである。

　国民健康保険団体連合会の役割は，介護報酬の審査と支払いに係る業務，サービス事業者・施設等に対する利用者からの苦情への対応やサービスの質的向上に関する調査，指導および助言などである。

◆介護保険制度の持続的発展に向けて

　今後も介護や支援を必要とする高齢者や社会保障関係費の増加が想定されているなか，介護保険制度の定期的な見直しや改革の推進が必要不可欠となる。それは，介護保険制度が独自におこなうものではなく，**医療保険制度や国民年金制度**，社会福祉制度など関連諸領域の制度を含めた総合的な視点に立っておこなわれなければならない。また，行政主導ではなく官民一体で取り組むことが重要である。　　（神部智司）

注
（1）　高齢者介護・自立支援システム研究会（1994）「新たな高齢者介護システムの構築を目指して」.
（2）　厚生省高齢者介護対策本部事務局（1996）『高齢者介護保険制度の創設について──国民の議論を深めるために』ぎょうせい.

医療保険制度
　疾病や負傷等の事故が生じた保険加入者（被保険者）に対し，その療養等に係る保険給付をおこなうことを目的とした社会保険制度の一つである。職域保険（被用者保険および自営業者保険）と地域保険（市町村国民健康保険），および75歳以上の者を対象とした後期高齢者医療制度に分類されている。

国民年金制度
　国民が老齢や障害，死亡等を原因として所得の著しい減少や中断，喪失等が生じた場合に，国家責任および世代間扶養のしくみのもとに一定水準の所得保障をおこなうことを目的とした社会保険である。国を保険者（運営主体）とする公的年金制度であり，被保険者は第1号被保険者（自営業者等），第2号被保険者（会社員・公務員等），第3号被保険者（第2号被保険者に扶養されている配偶者）の3つに区分されている。

18 介護保険財政（保険料，財源，介護報酬）

◆**財源構成**

　介護保険制度の運営に要する財源は，公費（50％）と保険料（50％）で構成されている（利用者の自己負担分を除く）。

　公費（50％）の負担割合について，**施設等給付費**は国が20％，都道府県が17.5％，市町村が12.5％であり，**居宅給付費**は国が25％，都道府県が12.5％，市町村が12.5％となっている。なお，国の負担割合のうち5％分については，市町村間の財政格差等を調整するための調整交付金である。

　保険料（50％）の負担割合は，第1号被保険者（65歳以上の者）と第2号被保険者（40歳から64歳までの医療保険加入者）の人口比率に基づいて設定されている。

　第1号被保険者の保険料は，市町村が条例で定めた所得段階別の定額保険料が設定されている。原則として年金保険者が老齢年金等から特別徴収（天引き）して市町村に納入するが，特別徴収が困難である場合は市町村が個別に徴収（普通徴収）する。

　第2号被保険者の保険料は，医療保険者が医療保険料と一体的に徴収し，**社会保険診療報酬支払基金**に納付する。そして，社会保険診療報酬支払基金は一定割合で各市町村に交付する。保険料の設定額については，各医療保険の加入者の報酬総額に比例した算定方法に基づく総報酬制のしくみがとられている（国民健康保険を除く）。

　市町村が介護保険を安定的に運用していくことを支援するために，各都道府県に財政安定化基金が設置されている。財政安定化基金の財源は，国と都道府県，市町村が3分の1ずつ負担している。市町村介護保険事業計画策定時の見込みを上回るサービス供給量の増加等による保険財政の悪化を防ぐことを目的としており，必要に応じて貸与または交付されている。

◆**財源規模**

　公費と保険料で賄われた財源は，介護保険の保険給付費（地域支援事業費を含む）として支出される。人口高齢化に伴う要支援・要介護認定者およびサービス利用者の増加等を背景として，保険給付費の総額も年々増加している。介

施設等給付費

　保険給付に係る費用のうち，都道府県知事が指定・許可の権限を有する介護保険施設（介護老人福祉施設・介護老人保健施設・介護医療院）および特定施設に係る費用である。特定施設の対象となる施設は有料老人ホーム，軽費老人ホーム（ケアハウス）および養護老人ホームである。なお，サービス付き高齢者向け住宅については，有料老人ホームに該当するものが特定施設となる。

居宅給付費

　保険給付に係る費用のうち，施設等給付費以外の費用である。

護保険が開始された2000（平成12）年度の保険給付費は約3兆2,000億円であったが，2023（令和5）年度の保険給付費（見込み額）は約12兆8,000億円であり，前年度（2022（令和4）年度）よりも約4,800億円増加している。[1]

そのため，被保険者が納付する保険料額も増加している。2000年度から2002（平成14）年度までの第1期介護保険事業計画期間における第1号被保険者の1人あたり保険料基準額（全国平均）は2,911円であったが，2024（令和6）年度から2026（令和8）年度までの第9期介護保険事業計画期間では6,225円まで増加している。[2]

◆保険給付費の種類

保険給付は，要介護1～5の認定を受けた被保険者に対する介護給付，要支援1または2の認定を受けた被保険者に対する予防給付，そして被保険者の要介護状態等の軽減または悪化の防止に資する保険給付として市町村が条例で定める市町村特別給付の3種類で構成されている。

介護給付には，被保険者が居宅サービスを受けたときに支給される居宅介護サービス費，居宅介護支援を受けたときに支給される居宅介護サービス計画費，施設サービスを受けたときに支給される施設介護サービス費，地域密着型サービスを受けたときに支給される地域密着型介護サービス費などがある。

居宅介護サービス費は，居宅サービスの種類別に算定された基準額の9割（利用者の所得状況等によって8割または7割）であり，原則として居宅サービス事業者に支払われる。そのため，利用者は残りの1割（2割または3割）を居宅サービス事業者に自己負担分として支払うことになる。このような方式を法定代理受領方式という。居宅介護サービス計画費は，居宅介護支援事業者に全額が支払われるため，利用者の自己負担分は発生しない。施設介護サービス費は，施設サービスの種類別に算定された基準額の9割（利用者の所得状況等によって8割または7割）であり，介護保険施設に支払われる法定代理受領方式がとられている。

予防給付には，被保険者が介護予防サービスを受けたときに支給される介護予防サービス費，介護予防支援を受けたときに支給される介護予防サービス計画費，地域密着型介護予防サービスを受けたときに支給される地域密着型介護予防サービス費などがある。

介護予防サービス費や地域密着型介護予防サービス費については，前述の居宅介護サービス費や施設介護サービス費と同様，基準額の9割（利用者の所得状況等によって8割または7割）が原則としてサービス事業者側に支払われる。また，介護予防サービス計画費についても，前述の居宅介護サービス計画費と同様，介護予防支援事業者（地域包括支援センター）に全額が支払われる。

社会保険診療報酬支払基金

病院や薬局等の保険医療機関から請求された診療報酬明細書（レセプト）について，その適正さを審査したうえで医療保険者に請求をおこなうとともに，それを受けて医療保険者から払い込まれた診療報酬を保険医療機関に支払うことを目的として設立された民間法人である。

国民健康保険団体連合会

国民健康保険に関する事業をおこなうことを目的として設立された公法人であり，各都道府県につき1団体が設置されている。介護保険では，保険者である市町村から委託を受けて，居宅介護サービス費等の請求に対する審査および支払いに係る業務等をおこなっている。

◆介護報酬

介護報酬とは，介護保険法上の給付対象となるサービスを利用者に提供したサービス事業者や介護保険施設等に対し，市町村がその対価として支払う報酬である。サービス事業者や介護保険施設等は，月単位で利用者に提供したサービスを集計して市町村に介護報酬を請求することになるが，実際には市町村より委託を受けた各都道府県の**国民健康保険団体連合会**（71頁）が，介護報酬の請求に係る審査および支払い業務をおこなっている。

サービス事業者や介護保険施設等に支払われる介護報酬は，厚生労働大臣が社会保障審議会介護給付費分科会の意見に基づき，サービスの種類ごとの**介護給付費単位数表**で算定した単位数にサービス別，地域別に設定した１単位の単価を乗じた額となる。なお，介護報酬の基本単価は１単位あたり10円であるが，実際にはサービス事業者や介護保険施設等が所在する地域ごとの人件費の差（地域差）を調整するための各市町村に適用される級地である地域区分（１〜７級地およびその他の合計８段階），そしてサービス別に人件費割合（45％・55％・70％の３段階）が設定されているため，１単位の単価は10〜11.40円となる。サービス事業者や介護保険施設等に支払われる介護報酬の９割（利用者の所得状況等に応じて８割または７割）が保険給付され，残りの１割（２割または３割）は利用者の自己負担となる。

◆介護報酬の改定率の動向

厚生労働省は，各サービス事業者・介護保険施設等の経営状況等を把握するために**介護事業経営実態調査**を実施しており，この調査の結果が改定に際しての基礎資料となる。また，改定率については，サービスの種類ごとの収支差率とともに，国の施策における視点をふまえて算定されている。これまでの改定に伴う主な視点を概観してみると，介護従事者の人材確保や処遇改善が重視されている。また，サービスの質の向上，地域包括ケアシステムの推進，自立支援・重度化防止に向けた取り組み，制度の安定性・持続可能性の確保，消費税の引き上げへの対応などがあげられている。2024（令和６）年度改定では，「地域包括ケアシステムの深化・推進」「自立支援・重度化防止に向けた対応」「良質な介護サービスの効率的な提供に向けた働きやすい職場づくり」「制度の安定性・持続可能性の確保」が基本的な視点として掲げられた。[3]

介護報酬は，原則として３年ごとに見直しをおこなうこととされている。ただし，2000年４月に介護保険法が施行されて以降，実際には2003（平成15）年度から2024年度までの間に計13回の介護報酬改定がおこなわれてきた。そのうち，2003年度と2006（平成18）年度，2015（平成27）年度の計３回は全体でマイナス改定であったが，それ以外の計10回はプラス改定となっている。2024年度改定においても，基本報

介護給付費単位数表

介護保険サービスの提供等に必要な費用額を算定するために，サービスの提供時間や利用者の要介護度，サービス事業所・施設の区分や規模，職員の配置体制などに応じて，サービスの種類ごとに設定された単位数を示した表である。

介護事業経営実態調査

サービス事業者・介護保険施設等の経営状況を多角的に把握し，介護保険制度および介護報酬の改定のための基礎資料を得ることを目的として，厚生労働省が実施している調査である。主な調査項目は，サービスの提供状況，居室・設備等の状況，職員の配置状況や給与，収入および支出の状況等であり，原則として毎年５月に調査がおこなわれている。

酬全体で1.59％のプラス改定となった。その内訳は介護職員の処遇改善分が0.98％、その他（介護職員以外の処遇改善を実現できる水準）が0.61％となっている。

また、基本報酬の改定とともに、基本報酬に上乗せして支給される**加算**の見直しもおこなわれている。たとえば、処遇改善加算については加算率の引き上げや種類の統合、申請手続きの簡素化等がおこなわれており、サービス事業者に対して加算のさらなる取得を促すしくみへと改定されている。

◆**介護保険財政における今後の展望**

要支援・要介護認定者やサービス利用者の今後ますますの増加が見込まれているなか、サービス事業者や介護保険施設等の安定的な運営、従事者の確保と育成、サービスの量的整備や質的向上への取り組みは必要不可欠となる。その

ための財源確保の観点から、介護報酬は今後もプラス改定が基本となることが想定される。しかし、プラス改定は利用者の自己負担額の増加、さらには第1号被保険者の介護保険料基準額の引き上げにも反映される。つまり、被保険者（利用者）の経済的負担の増加につながることになり、利用者自身によるサービスの利用制限などを招くことが懸念される。そのため、プラス改定と並行して、低所得者を中心とした被保険者の負担軽減策を講じることも必要不可欠である。具体的には、第1号被保険者の負担に配慮した保険料段階と保険料率を設定すること、また、利用者本人の所得金額に応じた負担割合の見直しなどを検討していくことも重要である。さらには、これらの検討事項が保険者（市町村）単位ではなく、国レベルでの統一的な対応としていくことも求められるであろう。

（神部智司）

注
（1） 厚生労働省社会保障審議会介護給付費分科会（2023）「介護分野の最近の動向について（資料1）」（https://www.mhlw.go.jp/content/12300000/001099975.pdf, 2024.2.26）.
（2） 厚生労働省老健局介護保険計画課（2024）「第9期介護保険事業計画期間における介護保険の第1号保険料及びサービス見込み量等について」（https://www.mhlw.go.jp/stf/newpage_40211.html, 2024.7.4）.
（3） 厚生労働省社会保障審議会介護給付費分科会（2024）「令和6年度介護報酬改定の主な事項について（資料1）」（https://www.mhlw.go.jp/content/12300000/001195261.pdf, 2024.2.26）.

加　算

介護報酬の算定に際し、所定の要件を満たしている場合に基本報酬に追加することをいう。介護職員等処遇改善加算、特定事業所加算、夜間・早朝加算、サービス提供体制強化加算などが設定されており、サービス事業者・介護保険施設等がより質の高いサービスを提供するための体制強化等への取り組みを促進することを目的としている。

4章　高齢者に対する法制度

19 特定疾病

◆介護保険法の対象者と特定疾病

　介護保険法（以下，法という）で支援の対象となる人は，65歳以上（第1号被保険者）の**要介護状態**または**要支援状態**にある人と，40歳以上65歳未満の医療保険加入者（第2号被保険者）で特定疾病により要介護状態または要支援状態にある人となっている。後者に関しては，法第7条第3項第2号において「要介護状態にある40歳以上65歳未満の者であって，その要介護状態の原因である身体上又は精神上の障害が加齢に伴って生ずる心身の変化に起因する疾病であって政令で定めるもの（以下「特定疾病」という。）によって生じたものであるもの」，法第7条第4項第2号において「要支援状態にある40歳以上65歳未満の者であって，その要支援状態の原因である身体上又は精神上の障害が特定疾病によって生じたものであるもの」と定められている。

◆特定疾病の選定基準

　40歳以上65歳未満の人が介護保険制度の対象となる特定疾病については，介護保険法施行当時，①介護等を要する期間が省令において定める期間（当時6か月間）以上継続することが見込まれること，②要介護状態等の原因が加齢に伴って生ずる心身の変化に起因する疾病として政令に定める疾病（特定疾病）に該当することが基準となっており，筋萎縮性側索硬化症や後縦靭帯骨化症，骨折を伴う骨粗鬆症などの15疾病（**図表19-1**）が定められていた[1]。

　その後厚生労働省は，特定疾病の選定基準の見直しをおこない，「心身の病的加齢現象との医学的関係があると考えられる疾病であって，①65歳以上の高齢者に多く発生しているが，40歳以上65歳未満の年齢層においても発生が認められる等，罹患率や有病率（類似の指標を含む。）等について加齢との関係が認められる疾病であって，その医学的概念を明確に定義できるもの，②3～6か月以上継続して要介護状態又は要支援状態となる割合が高いと考えられる疾病，いずれの要件をも満たすものについて総合的に勘案し，加齢に伴って生ずる心身の変化に起因し要介護状態の原因である心身の障害を生じさせると認められる疾病」と定めた[2]。

要介護状態

　要介護状態は，介護保険法第7条第1項において「身体上又は精神上の障害があるために，入浴，排せつ，食事等の日常生活における基本的な動作の全部又は一部について，厚生労働省令で定める期間にわたり継続して，常時介護を要すると見込まれる状態であって，その介護の必要の程度に応じて厚生労働省令で定める区分（要介護状態区分）のいずれかに該当するもの（要支援状態に該当するものを除く。）をいう。」と定義されている。要介護状態区分は要介護1から要介護5の5段階あり，数字が大きいほどその程度が重い。

図表19-1 介護保険法施行当時の特定疾病（15疾病）

1．筋萎縮性側索硬化症	9．糖尿病性神経障害，糖尿病性腎症および糖尿病性網膜症
2．後縦靱帯骨化症	10．脳血管疾患
3．骨折を伴う骨粗鬆症	11．パーキンソン病
4．シャイ・ドレーガー症候群	12．閉塞性動脈硬化症
5．初老期における認知症	13．慢性関節リウマチ
6．脊髄小脳変性症	14．慢性閉塞性肺疾患
7．脊柱管狭窄症	15．両側の膝関節又は股関節に著しい変形を伴う変形性関節症
8．早老症	

出所：筆者作成．

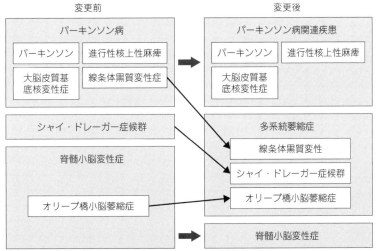

図表19-2 特定疾病における難病の分類方法の変更

出所：厚生労働省（2006）「難病（特定疾患）の疾病区分の変更等に伴う特定疾病の変更について」（全国厚生労働関係部局長会議資料）（https://www.mhlw.go.jp/topics/2006/bukyoku/rouken/03.html#1，2024.6.29）より抜粋・修正．

　新たな基準により追加となったのは，がんの末期である。これは，がんの罹患率や死亡率が加齢と関係が認められることなどが理由である。なお，がんの末期が特定疾病として認められるのは，①組織診断または細胞診により悪性新生物であると判明している場合，②これらの診断がされていない場合は臨床的に腫瘍性病変があり，かつ，一定の時間的間隔を置いた同一の検

要支援状態

　要支援状態は，介護保険法第7条第2項において「身体上若しくは精神上の障害があるために入浴，排せつ，食事等の日常生活における基本的な動作の全部若しくは一部について厚生労働省令で定める期間にわたり継続して常時介護を要する状態の軽減若しくは悪化の防止に特に資する支援を要すると見込まれ，又は身体上若しくは精神上の障害があるために厚生労働省令で定める期間にわたり継続して日常生活を営むのに支障があると見込まれる状態であって，支援の必要の程度に応じて厚生労働省令で定める区分（要支援状態区分）のいずれかに該当するものをいう。」と定義されている。要支援状態区分には要支援1と要支援2があり，数字が大きいほどその程度が重い。

査等で進行性の性質を示しており，治癒を目的
とした治療に反応せず，進行性かつ治癒困難な
状態の場合となっている。そして変更となった
のは**難病**の分類方法と名称の変更である。前者
については，2003（平成15）年10月の特定疾患
治療研究事業の対象疾患の区分の見直しをふま
えて，類似疾患を包含した。

　具体的には，線条体黒質変性症とシャイ・ド
レーガー症候群，オリーブ橋小脳萎縮症を多系
統萎縮症として集約した（**図表19-2**）。後者に
ついては，従来「慢性関節リウマチ」とされて
きた疾患名を2002（平成14）年5月の日本リウ
マチ学会の決議に従い，「関節リウマチ」と呼
称変更した。これらの追加・変更の結果，特定
疾病は2006（平成18）年4月申請分より16疾病
となり，現在に至っている（**図表19-3**）。

◆特定疾病の認定

　特定疾病の認定は，主治医意見書の記載内容
に基づいて市町村等に設置される介護認定審査
会が確認をおこなう。診断基準は厚生労働省に
より示されており，主治医は当該診断基準を参
照し，その意見書に介護を要する直接の原因と
なっている特定疾病名に加え，診断上の根拠と
なる主な所見を記入することとなっている。診
断基準については，2021（令和3）年8月に
「初老期における認知症」について見直しがお
こなわれ，その内容は**図表19-4**のとおりであ
る。改正前は初老期における認知症から除外す
る傷病を具体的に示していたが，改正後はそれ
らの傷病は例示となり，「加齢によって生ずる
心身の変化に起因しない疾病によるものを除
く」となっている。　　　　　　　（竹本与志人）

注
（1）　厚生労働省（2006）「難病（特定疾患）の疾病区分の変更等に伴う特定疾病の変更について」全国厚生労働関係
　　　部局長会議資料（2006年1月25日）（https://www.mhlw.go.jp/topics/2006/bukyoku/rouken/03.html#1, 2024.6.29）.
（2）　厚生労働省「特定疾病の選定基準の考え方」（https://www.mhlw.go.jp/topics/kaigo/nintei/gaiyo3.html, 2024.2.19）.
（3）　厚生労働省（2009）「要介護認定における「認定調査票記入の手引き」，「主治医意見書記入の手引き」及び「特
　　　定疾病にかかる診断基準」について」（2009年9月30日）（https://www.mhlw.go.jp/web/t_doc?dataId=00tb6469&
　　　dataType=1&pageNo=1, 2024.2.19）.
（4）　厚生労働省（2021）「要介護認定における「認定調査票記入の手引き」，「主治医意見書記入の手引き」及び「特
　　　定疾病にかかる診断基準」について」（https://www.mhlw.go.jp/content/000819403.pdf, 2024.2.19）.

難　病

　難病は，難病の患者に対する医療等に関する法律第1
条において，「発病の機構が明らかでなく，かつ，治療
方法が確立していない希少な疾病であって，当該疾病に
かかることにより長期にわたり療養を必要とすることと
なるものをいう。」と定義されている。公費負担医療の
対象となっている難病を指定難病といい，2025年3月現
在341疾患となっている。介護保険制度の対象となる特
定疾病のうち，関節リウマチ（内，悪性関節リウマチ），
筋萎縮性側索硬化症，進行性核上性麻痺，大脳皮質基底
核変性症及びパーキンソン病，脊髄小脳変性症，脊柱管
狭窄症（内，広範脊柱管狭窄症），早老症（内，ウェル

ナー症候群，コケイン症候群），多系統萎縮症は指定難
病である。

図表19- 3　2006年4月以降の特定疾病（16疾病）

1．がん【がん末期】 　（医師が一般に認められている医学的 　知見に基づき回復の見込みがない状態 　に至ったと判断したものに限る。）	8．脊髄小脳変性症 9．脊柱管狭窄症 10．早老症 11．多系統萎縮症
2．関節リウマチ	12．糖尿病性神経障害，糖尿病性腎症 　　及び糖尿病性網膜症
3．筋萎縮性側索硬化症	13．脳血管疾患
4．後縦靱帯骨化症	14．閉塞性動脈硬化症
5．骨折を伴う骨粗鬆症	15．慢性閉塞性肺疾患
6．初老期における認知症	16．両側の膝関節又は股関節に著しい
7．パーキンソン病関連疾患 　（進行性核上性麻痺，大脳皮質基底核 　変性症及びパーキンソン病）	変形を伴う変形性関節症

出所：筆者作成．

図表19- 4　初老期における認知症の診断基準の見直し

改正前	改正後
「アメリカ合衆国精神医学会作成　精神疾患の分類と診断の手引き第4版（DSM-Ⅳ-TR）」による基本的な診断基準を満たすものであって，以下の疾病によるものを除く。 1．外傷性疾患 　頭部外傷，硬膜下血腫など 2．中毒性疾患 　有機溶剤，金属，アルコールなど 3．内分泌疾患 　甲状腺機能低下症，Cushing病，Addison病など 4．栄養障害 　ビタミンB12欠乏症，ペラグラ脳症など	「精神疾患の分類と診断の手引き　第5版（DSM-V-TR）」（アメリカ合衆国精神医学会作成）といった医学の専門家等において広くコンセンサスの得られた診断基準を用いて医師が診断するものであって，以下のような加齢によって生ずる心身の変化に起因しない疾病によるものを除く。 1．外傷性疾患 　頭部外傷，硬膜下血腫など 2．中毒性疾患 　有機溶剤，金属，アルコールなど 3．内分泌疾患 　甲状腺機能低下症，Cushing病，Addison病など 4．栄養障害 　ビタミンB12欠乏症，ペラグラ脳症など

出所：厚生労働省（2021）「要介護認定における「認定調査票記入の手引き」，「主治医意見書記入の手引き」及び「特定疾病にかかる診断基準」について」（https://www.mhlw.go.jp/content/000819403.pdf, 2024.6.29）より一部抜粋．

MEMO

4章　高齢者に対する法制度

⑳ 介護予防

◆介護予防の重要性と歴史

　介護予防とは「高齢者が要介護状態になることをできるだけ防ぐ」「たとえ要介護状態になったとしても状態がそれ以上悪化しないようにする」ことである。単に高齢者の心身機能の改善をめざすのではなく，できる限り自立した生活を継続できるように支援し，家庭や社会への参加を促すことで，一人ひとりが生きがいをもち，生活の質（QOL）を向上できることをめざしており，介護保険制度の基本理念である自立支援にも通じる。

　介護予防の歴史をみると，2005（平成17）年の介護保険法改正において，予防重視型システムへの転換がはかられた。要介護1〜5のみであった区分に，要支援1・2が追加され，「予防給付」として地域包括支援センターが要支援者のケアマネジメントをおこなうことになり，介護保険制度が，介護が必要な人のみを対象としていた制度から介護予備軍も含めた制度に拡大された年であった。

　その後の大きな節目は，2015（平成27）年の新たな総合事業（介護予防・日常生活支援総合事業）の創設である。新たな総合事業は，「市町村の主体性を重視し，多様なマンパワーや社会資源の活用等を図りながら，要支援者・今後，介護が必要となりそうな人に対して，介護予防や，配食・見守り等の生活支援サービス等を，市町村の判断・創意工夫により，総合的に提供することができる事業」とされている。これにより全国一律で進められていた介護予防が，地域包括ケアの視点から各々の地域の実情やニーズに合わせて市町村主体で事業を展開できるようになった。

◆介護予防の法的枠組み

　介護予防の法的枠組みは，要支援1・2の対象者に対する「予防給付」と「総合事業（介護予防・生活支援サービス事業／一般介護予防事業）」に大別される（**図表20-1**）。

　「予防給付」では，要介護認定を受けた高齢者に比べると利用回数や時間は限定されるが，介護予防訪問看護や介護予防通所リハビリ等のサービスが利用できる。一方，「総合事業」は，介護保険制度で認定されなかった，または介護

基本チェックリスト

　市町村や地域包括支援センターの窓口で，生活機能低下のおそれがある高齢者を早期に把握し，介護予防・日常生活支援総合事業へつなげるためのツール。運動機能の低下，低栄養状態，口腔機能の低下，閉じこもりの判定，認知機能の低下，うつ判定の6領域25項目からなる。介護保険の要介護認定は，専門職による調査や主治医の意見書が必要だが，基本チェックリストは，これだけで判定材料となる簡便なものである（本書，項目㊿も参照）。

サルコペニア

　主に加齢によっておこる全身の筋肉量減少と，それに伴う筋力低下，身体機能の低下をいう。フレイルが心理面や社会性など多様な側面をもつ概念であるのに対し，サルコペニアは筋肉に特化している点に違いがある。

20 介護予防

図表20-1　介護予防の位置づけ

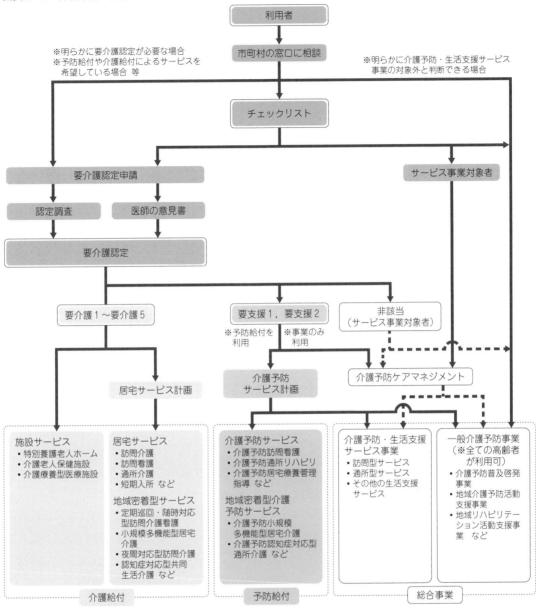

出所：厚生労働省「介護予防・日常生活支援総合事業のサービス利用の流れ」（https://www.kaigokensaku.mhlw.go.jp/commentary/flow_synthesis.html）.

ロコモティブシンドローム

「運動器の障害のために移動機能の低下をきたした状態」のことで，2007（平成19）年に日本整形外科学会によって新しく提唱された概念である。運動器とは，骨・筋肉・関節・靭帯・腱・神経など身体を動かすために関わる組織や器管で，サルコペニアが筋肉に特化した概念であることに対し，ロコモティブシンドロームは運動器系全般の機能低下を表す，やや広い概念である。

パワーリハビリテーション

スポーツジムにあるようなマシンを使って負荷をかけるリハビリテーションをイメージしがちだが，筋力強化のトレーニングではない。老化に対するリハビリテーションで，軽負荷でのマシーントレーニングで全身の使っていなかった筋肉を呼び覚まし，身体の動きをよくする，疲れにくい体にするためのリハビリテーションである。

保険制度の申請はおこなわなかったが，市町村が実施する**基本チェックリスト**（78頁）（本書，項目㊿参照）で介護予防の介入が望ましいと判断された人を対象とするもので，介護予防生活支援サービス事業（訪問型サービス，通所型サービス，配食等）や一般介護予防事業を利用できる。一般介護予防事業には，閉じこもり等の何らかの支援を要する者を把握し，介護予防活動へつなげる「介護予防把握事業」や，だれでも参加しやすい商業施設等で介護予防活動の普及・啓発をおこなう「介護予防普及啓発事業」，住民主体の介護予防活動の育成・支援をおこなう「地域介護予防活動支援事業」など，介護予防の裾野を広げるための事業がある。

◆**フレイルの概念とフレイル予防**

介護予防を考えるうえで欠かせないのが「フレイル」の概念である。フレイルとは，端的にいえば「健康と要介護の中間の時期」であり，**サルコペニア**（78頁）や**ロコモティブシンドローム**（79頁）といった身体的な衰えのみを指すのではない。うつや認知機能の低下といった心理的・認知的側面や，独居や経済的困窮といった社会的な脆弱性も含む多面的な概念で，適切な介入があれば健康な状況に戻れる可逆性があることからも予防の視点で重要である。そのため，介護予防とフレイル予防はほぼ同義語といってもよい。

フレイルは，英語の「Frailty（フレイルティ）」が語源である。日本語では「虚弱」や「老衰」を意味するため，加齢によって心身機能が衰え，改善しない印象を与えることが懸念されてきた。しかし，フレイルは適切な介入により元の健康な状態に戻れる改善を期待できる状況であることから，用語による先入観を抱かせないよう，日本語に訳さず「フレイル」と表することが日本老年医学会によって提唱され，「フレイル」という用語が定着しつつある。

フレイルの一歩手前を「プレフレイル」といい，とくに，プレフレイルからフレイルを対象とした予防については「運動」「栄養（食と口腔機能）」「社会参加」の３つの要素が重要とされている。

従来は，高齢になると筋力低下は仕方がないと考えられてきたが，近年の研究では，ある程度高齢でも，日々の運動習慣によって筋力は維持・増進できることが明らかとなってきた。そのため，通所介護では積極的に運動プログラムや**パワーリハビリテーション**（79頁）も導入されるようになっている。また，運動習慣をつけてもらうため，各市町村でご当地体操を作成するといった取り組みがおこなわれている。

栄養への支援としては，食生活が偏りがちになる独居高齢者や高齢夫婦や家族兄弟のみの世帯への配食サービスなどが好例である。とくにタンパク質などは，疾患による摂取制限がない限り高齢者には積極的に摂って欲しい栄養素である。また，口腔機能の維持に向けての**オーラ**

オーラルフレイル

「老化に伴う様々な口腔の状態（歯数・口腔衛生・摂食嚥下機能など）の変化に，口腔健康への関心の低下や心身の予備能力低下が重なり，口腔の脆弱性が増加し，食べる機能障害へ陥り，さらにはフレイルに影響を与え，心身の機能低下にまで繋がる一連の現象及び過程」とされている。食べこぼしやむせはオーラルフレイルの予兆である。〔公益社団法人日本歯科医師会（2019）「歯科診療所におけるオーラルフレイル対応マニュアル2019年版」13.〕

4つの助

「自助」は自ら健康の保持増進や介護予防に関心をもっての取り組み。「互助」は家族，近所，友人等，個人的な人間関係のなかでの支え合い。「共助」は社会で互いに助け合うことで，医療・年金・介護保険など被保険者の相互負担で成り立つ社会保障制度。「公助」は個人や地域社会で介入しづらい課題（貧困・虐待等）に国や自治体が税金を投入する支援を指す。

ルフレイル対策も重要視されるようになった。

3つめの「社会参加」であるが，身体活動（すなわち運動習慣）だけの群よりも文化活動と地域活動を定期的におこなっている群の方がフレイルの発症が約3分の1であったなどの研究もある。これは，単に運動習慣をもつだけでなく，地域に出て，人とつながり，生きがい・やりがい・目標をもちながらくらすことが，フレイル予防につながることを意味する。

これら3つの要素のどれか一つをおこなえばよいというのではなく，3要素をバランスよくおこなっていくことこそ，もっとも有効な介護予防といえる。

◆ **これからの介護予防**

これからの介護予防の鍵は **4つの助**のなかの「**自助**」と「**共助**」といわれている（**図表20-2**）。少子高齢化や財政状況から「共助」「公助」の大幅拡充は難しく，「自助」「互助」への期待が大きい。また，これからの介護予防の手法としては**ポピュレーション・アプローチ**が注目されている。地域住民を取り込むことで，住民が参加しやすく，地域に根ざした介護予防活動を推進できること，元気なころから切れ目のない介護予防が継続できること，見守りや生活支援のマンパワーとして元気な高齢者に加わってもらうことで，彼らの役割や生きがい支援にもなるといった効果も期待できる。施策上でも，市町村にかなりの権限移譲がなされ，市町村の主体性が重視されていることから，今後，各市町村がいかに地域の状況に即した形で介護予防を進めていけるかがポイントである。

（金原京子）

参考文献

エビデンスを踏まえた介護予防マニュアル改訂委員会（2022）「介護予防マニュアル　第4版――生活機能が低下した高齢者を支援するための領域別プログラム」野村総合研究所．

荒井秀典（2019）「介護予防ガイド」国立研究開発法人　国立長寿医療研究センター．

荒井秀典・山田実（2019）「介護予防ガイド――実践・エビデンス編」国立研究開発法人　国立長寿医療研究センター．

栁澤信夫・鈴木隆雄・飯島勝矢監修（2021）「フレイル予防・対策――基礎研究から臨床，そして地域へ」公益財団法人長寿科学振興財団．

「通いの場で活かすオーラルフレイル対応マニュアル2020年版」編集委員会（2020）「通いの場で活かすオーラルフレイル対応マニュアル――高齢者の保健事業と介護予防の一体的実施に向けて」公益社団法人日本歯科医師会．

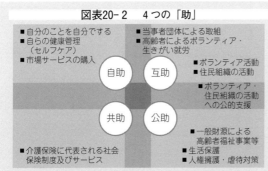

出所：厚生労働省（2015）「地域包括ケア研究会報告書」（https://www.mhlw.go.jp/seisakunitsuite/bunya/hukushi_kaigo/kaigo_koureisha/chiiki-houkatsu/dl/link1-3.pdf）．

ポピュレーション・アプローチ

地域住民などの集団（ポピュレーション）に対して健康増進や疾病予防に関するはたらきかけ（アプローチ）で集団全体のリスクを減らそうとする手法。これに対応するのが「ハイリスク・アプローチ」で，これは，リスクのある人やすでに疾病を抱えている「個人」に対するアプローチをいう。

4章　高齢者に対する法制度

21 地域密着型サービス

◆**地域密着型サービスとは**

　介護保険の給付には，居宅サービスや施設サービスのほかに，地域密着型サービスがある。地域密着型サービスとは，高齢者が要介護状態になっても住み慣れた地域での生活が継続できるように2005（平成17）年の介護保険法改正によって創設された。市町村が管轄し，地域住民に提供するサービス類型である。介護給付としては，地域密着型サービス，予防給付としては介護予防地域密着型サービスがある。

◆**地域密着型サービスの対象者**

　居宅サービスが，都道府県をベースとした広域型のサービス（実際的には，サービス提供可能な地域範囲は存在する）であるのに対して，地域密着型サービスは，原則として，介護サービスを提供している事業所の所在地がある市町村の被保険者のみが利用できるサービスである。市町村という地域に密着し，根ざしたサービスという意味である。ただし，事業所のある市長村長の同意があればほかの市区町村の人でも利用が可能となる。

◆**地域密着型サービスの基準と介護報酬**

　居宅サービスや施設サービスと同様に，全国一律の基準と介護報酬が設定されている。地域密着型サービスは，市町村ごとに指定基準や介護報酬の設定が可能となっている。これは，地域の実情に応じた弾力的な展開ができるようにという趣旨である。

◆**地域密着型サービスのしくみ**

　事業所の指定・指導監督の権限は，保険者である市町村となる。市町村（または生活圏域）ごとに必要整備量を計画に定め，これを超える場合には市町村は指定をおこなわないことができる（認知症対応型共同生活介護，地域密着型特定施設入居者生活介護および地域密着型介護老人福祉施設入所者生活介護）。また，公平・公正の観点から**地域密着型サービス運営委員会**を設置し，地域住民等が関与するしくみとなっている。

　サービスを提供する事業者は，事業を運営するにあたっては，地域との結びつきを重視し，市町村，ほかの地域密着型サービス事業者また

見をはかり，必要な措置を講じることになっている。

地域密着型サービス運営委員会

　介護保険法において，地域密着型サービスの適正な運営を担保していくために，「地域密着型サービスの運営に関する委員会」を市町村ごとに設置する。つまり，介護保険の被保険者や関係者の意見を実際のサービスの運営に反映させることや学識経験者の知見の活用し，よりよいサービスにしていくねらいがある。

　地域密着型サービスの指定権限である市町村は，①指定をおこなうとき，あるいは指定をおこなわないようにしようとするとき，②指定基準，介護報酬を設定するとき，③サービスの質の確保や運営評価などをするときは，あらかじめこの地域密着型サービス運営委員会などに意

は居宅サービス事業者，さらに保健，医療サービス・福祉サービスの提供者との連携に努めることとされている。そのため，サービス事業所は地域との連携のための運営推進会議等を設置し，活動報告をおこなうとともに，要望や助言を聞く機会を設けなければならない。

◆地域密着型サービスの財源

地域密着型サービス，地域密着型介護予防サービスの財源は，2024（令和6）年現在，国25％，都道府県12.5％，市町村12.5％と第1号被保険者23％，第2号被保険者27％の保険料で賄われている。これは居宅サービスの財源構成と同じである。

◆地域密着型サービスの実際(1)

地域密着型サービスには介護給付として利用できるサービスと予防給付として利用できるサービスがある。

介護給付としての地域密着型サービスには，①定期巡回・随時対応型訪問介護看護，②夜間対応型訪問介護，③地域密着型通所介護，④認知症対応型通所介護，⑤小規模多機能型居宅介護，⑥看護小規模多機能型居宅介護（2015（平成27）年に複合型サービスから名称変更），⑦認知症対応型共同生活介護（認知症グループホーム），⑧地域密着型特定施設入居者生活介護，⑨地域密着型介護老人福祉施設入所者生活介護がある。

予防給付としての地域密着型サービスには，①介護予防認知症対応型通所介護，②介護予防小規模多機能型居宅介護，③介護予防認知症対応型共同生活介護（認知症グループホーム）がある。

①　定期巡回・随時対応型訪問介護看護

定期的な巡回または随時通報によって居宅を訪問し，入浴，排せつ，食事等の介護，日常生活上の緊急時の対応，その他安心してその居宅において生活を送ることができるようにするための援助をおこない，その療養生活を支援し，心身の機能の維持回復をめざすサービスである。

定期的な巡回や随時通報への対応など，利用者の心身の状況に応じて，24時間365日介護と看護のサービスを必要なタイミングで提供する（図表21-1）。

②　夜間対応型訪問介護

夜間において，定期的な巡回または随時通報によって居宅を訪問し，排せつの介護，日常生活上の緊急時の対応その他の夜間において安心してその居宅において生活を送ることができるようにするための援助をおこなう。

夜間時間帯のみに訪問介護員（ホームヘルパー）が利用者の自宅を訪問する。「定期巡回」と「随時対応」の2種類のサービスがある（図表21-2）。

③　地域密着型通所介護

生活機能の維持または向上をめざし，必要な日常生活上の世話および機能訓練をおこなうこ

地域との連携のための運営推進会議等

運営推進会議（定期巡回・随時対応型訪問介護看護は，介護・医療連携推進会議）は，地域密着型サービス事業者に設置・開催が義務づけられている協議会（会議）である。指定地域密着型サービスの事業の人員，設備および運営に関する基準に基づき，利用者・利用者の家族・地域住民の代表者・地域密着型サービスについて知見を有する者等で構成される。

この会議では，事業者が活動（サービスの提供）状況等を報告し，提供しているサービスの内容等を紹介し，また，意見，必要な要望や助言等を聞く。このことにより事業所による利用者の「抱え込み」を防止し，地域に開かれた事業所となり，サービスの質の確保をはかることを目的とする。開催頻度は，サービスごとに定められている。

4章　高齢者に対する法制度

図表21-1　定期巡回・随時対応サービスのイメージ

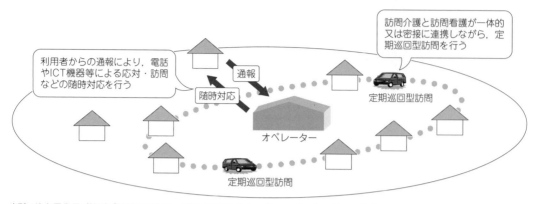

出所：地方厚生局（2017）「地域密着型サービスの概要」（https://kouseikyoku.mhlw.go.jp/kantoshinetsu/houkatsu/documents/01dai5kaigyousei.pdf, 2024.2.1）を一部変更.

図表21-2　夜間対応型訪問介護のイメージ

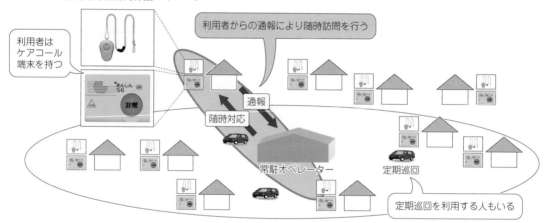

出所：地方厚生局（2017）「地域密着型サービスの概要」（https://kouseikyoku.mhlw.go.jp/kantoshinetsu/houkatsu/documents/01dai5kaigyousei.pdf, 2024.2.1）を一部変更.

図表21-3　小規模多機能型居宅介護

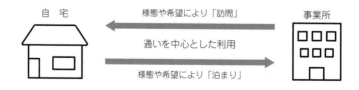

出所：地方厚生局（2017）「地域密着型サービスの概要」（https://kouseikyoku.mhlw.go.jp/kantoshinetsu/houkatsu/documents/01dai5kaigyousei.pdf, 2024.2.1）を一部変更.

とによって，利用者の社会的孤立感の解消および心身の機能の維持ならびに利用者の家族の身体的および精神的負担の軽減をはかる，利用定員18人以下の通所介護（デイサービス）である。

④　認知症対応型通所介護

認知症である利用者（認知症の原因となる疾患が急性の状態にある場合を除く）を対象とした利用定員12人以下の通所介護（認知症デイサービス）である。

⑤　小規模多機能型居宅介護

利用者の選択に応じて，施設への「通い」を中心として，短期間の「宿泊」や利用者の自宅への「訪問」を組み合わせ，家庭的な環境と地域住民との交流の下で日常生活上の支援や機能訓練をおこなうサービスである。

自動車等でおおむね20分以内で移動可能な距離内にサテライト事業所を2か所まで設置できる（**図表21-3**）。

⑥　看護小規模多機能型居宅介護（2015年に複合型サービスから名称変更）

利用者の選択に応じて，施設への「通い」を中心として，短期間の「宿泊」や利用者の自宅への「訪問（介護）」に加えて，看護師などによる「訪問（看護）」を組み合わせることで，家庭的な環境と地域住民との交流の下で，介護と看護の一体的なサービスを提供するサービスである。

⑦　認知症対応型共同生活介護（認知症グループホーム）

共同生活住居（グループホーム）において，家庭的な環境と地域住民との交流の下で入浴，排せつ，食事等の介護その他の日常生活上の世話および機能訓練をおこなうサービスである。

1つの認知症グループホームに5～9人の少人数の利用者が，介護スタッフとともに共同生活を送るサービスである。

⑧　地域密着型特定施設入居者生活介護

サービス計画に基づき，入浴，排せつ，食事等の介護その他の日常生活上の世話，機能訓練および療養上の世話をおこなう。介護保険の指定を受けた入居定員29人以下の有料老人ホーム，養護老人ホーム，軽費老人ホーム（ケアハウス等），サービス付き高齢者向け住宅である。

基本的には，10人以下の小規模ケアを展開し，個室等プライバシーに最大限配慮した居室となっている。サテライト型もある。

⑨　地域密着型介護老人福祉施設入所者生活介護

入所定員が29人以下の特別養護老人ホームであって，サービス計画に基づき，入浴，排せつ，食事等の介護その他の日常生活上の世話，機能訓練および療養上の世話をおこなう。地域や家庭との結び付きを重視した明るく家庭的な雰囲気でのケアをおこなう。

また，市町村，居宅介護支援事業者，居宅サービス事業者，地域密着型サービス事業者，介護保険施設その他の保健医療サービスまたは福祉サービスを提供する者との密接な連携に努めなければならない。部屋は，多床室，従来型個室，ユニット型個室，ユニット型個室的多床室の4つのタイプにわかれている。ユニット型個室等の場合，10人程度のユニットケアを展開する。　　　　　　　　　　　　　　　（秦　康宏）

注
（1）　厚生労働省老健局（2021）「介護保険制度の概要」．

4章　高齢者に対する法制度

22 居宅サービス・施設サービス

　介護保険制度では，多種多様なサービスが創設されている。その理由として，介護等を必要とする要介護者は，日常生活を送るにあたってさまざまな生活の課題や困りごとがあり，それらを解決するためには，多様な支援が必要となるからである。

　現在，介護保険制度では，居宅サービス，地域密着型サービス，施設サービス，介護予防サービスなど，要介護者一人ひとりの状態に対応できるよう，さまざまなサービスが創設されている。これらのサービスのうち，本項目では，居宅サービスおよび施設サービスの内容について説明していくこととする。

◆居宅サービス

　まず，居宅サービスとは，要介護者が居宅で日常生活を送ることが可能となるよう，さまざまな側面からなされる支援である。介護保険法では，居宅サービスの種類として，訪問介護，訪問入浴介護，訪問看護，訪問リハビリテーション，居宅療養管理指導，通所介護，通所リハビリテーション，短期入所生活介護，短期入所

療養介護，特定施設入居者生活介護，福祉用具貸与，特定福祉用具販売が定められている。

　これら居宅サービスは，①要介護者が住んでいる居宅で受けるサービスや②要介護者が居宅から通って支援を受けるサービス，また，③要介護者が短期間，施設に入所して支援を受けるサービス，④要介護者が居宅で福祉用具を借りる，または購入するサービスなどさまざまな内容のサービスがある。以下に，①から④のサービスの内容ごとに，居宅サービスの種類について説明する。

①　要介護者が住んでいる居宅で受けるサービス

　さまざまな専門職が要介護者の居宅を訪問し，支援をおこなうことになる。居宅で利用する具体的なサービスとして，訪問介護，訪問入浴介護，訪問看護，訪問リハビリテーション，居宅療養管理指導，特定施設入居者生活介護がある。

　訪問介護は，要介護者が居宅で生活を送るにあたって必要となるさまざまな**身体介護**や**生活援助**がなされるサービスである。訪問介護では，**訪問介護員（ホームヘルパー）**が要介護者の居宅

身体介護	生活援助
要介護者の日常生活を支えるうえで必要となるサービスのうち，要介護者本人に対して，直接おこなわれる身体の介助サービスをいう。要介護者は，要介護度が高くなるにつれて，日常生活を営むにあたって必要となる食事や入浴，排せつなどの行為を一人でおこなうことが困難になってくる。身体介護では，要介護者本人が一人でおこなうことが困難となったこれらの日常生活の行為に対し，要介護者一人ひとりの状況に応じて，食事介助や入浴介助，また排せつ介助などの支援がおこなわれることとなる。	要介護者が日常生活を営み，維持していくにあたっては，要介護者への直接的な身体介護以外にも，さまざまな生活上の援助が必要となる。生活援助とは，身体介護以外で必要となる要介護者の生活上の援助であり，家事等などさまざまな側面に対し，援助がおこなわれる。生活援助の具体例としては，要介護者の居室の掃除，衣類の洗濯，食事の調理などがある。これら日常生活を営むにあたって必要となるさまざまな家事等に関し，要介護者本人が一人でおこなうことが困難となった際に，要介護者一人ひとりの状況に応じて，生活援助の支援がなされることとなる。

を訪問し，入浴，排せつ，食事などの身体介護や，調理や洗濯，掃除などの生活援助がなされる。訪問介護は，ホームヘルプサービスとも呼ばれている。

訪問入浴介護は，要介護者の住む居宅に浴槽が運ばれ，入浴の介護をおこなうサービスである。浴槽は，訪問入浴車によって要介護者の居宅まで運ばれる。居宅にある浴室での入浴が困難な要介護者に対し，運び込まれた専用の浴槽を使い，看護師や介護職員によって入浴の介護がおこなわれる。

訪問看護は，要介護者の居宅に看護師等が訪問し，要介護者の療養上の世話や必要な診療の補助がおこなわれるサービスである。訪問看護によりおこなわれる看護や療養の支援は，医師の指示書に基づいてなされる。

訪問リハビリテーションは，要介護者の居宅において，要介護者の心身機能を維持，回復させること等を目的にリハビリテーションがおこなわれるサービスである。訪問リハビリテーションでは，要介護者の主治医の指示のもと，理学療法士や作業療法士等が要介護者の居宅に訪問し，要介護者の心身の状態に応じて，理学療法や作業療法，その他必要なリハビリテーションがおこなわれる。

居宅療養管理指導は，さまざまな専門職が居宅に訪問し，要介護者が居宅で療養するにあたって必要となる生活上の留意点等について管理や指導をおこなっていくサービスである。居宅

療養管理指導では，医師，歯科医師，薬剤師，歯科衛生士，管理栄養士等が要介護者の居宅に訪問し，それぞれの専門的な立場から，居宅で療養していくにあたって必要となる医療的な管理や指導，また助言がおこなわれる。

特定施設入居者生活介護は，特定施設（有料老人ホーム，軽費老人ホーム，**養護老人ホーム**，有料老人ホームに該当するサービス付き高齢者向け住宅）に入居している要介護者に対し，生活を送るにあたって必要となるさまざまな身体介護などの支援がなされるサービスである。特定施設入居者生活介護では，特定施設に入居している要介護者の状態に応じて，入浴，排せつ，食事等の介護や日常生活上の世話，機能訓練，療養上の世話などがおこなわれる。

② **要介護者が居宅から通って支援を受けるサービス**

通所介護と通所リハビリテーションがある。

通所介護は，要介護者が，日中，居宅からデイサービスセンターなどの施設に通い，入浴，排せつ，食事等の介護や，その他の日常生活上の世話などの支援を受けるサービスである。通所介護では，居宅から施設までの移動が困難な要介護者に対し，福祉車両等での送迎がおこなわれる。通所介護はデイサービスとも呼ばれている。

通所リハビリテーションは，要介護者が，日中，居宅から介護老人保健施設，介護医療院，病院，診療所などに通い，そこでリハビリテー

訪問介護員（ホームヘルパー）

要介護者の居宅において，日常生活を営むうえで必要となる食事介助や入浴介助，また排せつ介助などの身体介護，および掃除，洗濯，食事などの生活援助等をおこなう専門職のことをいう。介護保険法では，訪問介護を「居宅において介護福祉士その他政令で定める者により行われる入浴，排せつ，食事等の介護その他の日常生活上の世話」と明記しており，訪問介護員（ホームヘルパー）として従事するには，介護福祉士の資格を保有することや定められた研修を修了することが求められる。

養護老人ホーム

養護老人ホームの支援対象者は，65歳以上であり，環境上の理由および経済的理由（政令で定めるものに限る）によって，居宅での生活が困難となった高齢者を対象に支援がなされる。養護老人ホームでは，これら支援が必要な高齢者を施設に入所させることで，養護していくことを目的としている。また，養護老人ホームでは，入所した高齢者が，自立した日常生活を営み，社会的活動に参加できるよう，利用者一人ひとりの状況に応じて，必要な指導や訓練，その他の援助をおこなっている。

ション等の支援を受けるサービスである。通所リハビリテーションでは，要介護者の状態に応じて，心身の機能の維持や回復のため，また，日常生活の自立を助けるために，理学療法，作業療法，その他必要なリハビリテーションの支援がおこなわれる。通所リハビリテーションは，デイケアとも呼ばれている。

③　要介護者が短期間，施設に入所して支援を受けるサービス

短期入所生活介護と短期入所療養介護がある。短期入所生活介護と短期入所療養介護は，ショートステイとも呼ばれている。

短期入所生活介護は，要介護者が，短期間，介護老人福祉施設（**特別養護老人ホーム**）などに入所し，そこで生活に必要な介護等を受けるサービスである。短期入所生活介護では，入浴，排せつ，食事等の介護その他の日常生活上の世話および機能訓練などの支援がなされる。短期入所生活介護を利用している間，普段から要介護者の介護を担っている家族は，介護から離れ，休息をとることが可能となる。このことから，短期入所生活介護は，家族介護者の介護負担を軽減するといった役割も担っている。

短期入所療養介護は，要介護者が，短期間，介護老人保健施設や介護医療院などの施設に入所し，そこで，療養や介護等などの必要な支援を受けるサービスである。短期入所療養介護では，看護，医学的管理の下における介護および機能訓練やその他必要な医療ならびに日常生活

上の世話などの支援がおこなわれる。短期入所生活介護と同じく，普段，要介護者と同居する家族にとって，短期入所療養介護を利用することは，介護負担の軽減にもつながる。

④　要介護者が居宅で福祉用具を借りる，または購入するサービス

福祉用具貸与と特定福祉用具販売がある。

福祉用具貸与は，居宅で暮らす要介護者に対し，福祉用具を貸し与えるサービスである。福祉用具は，心身の機能が低下し，日常生活を送ることに支障がある要介護を支えるための用具である。福祉用具を貸与することで，要介護者の居宅での日常生活の自立を支援することを目的としている。貸与の対象となる福祉用具の例として，車いす，歩行器，特殊寝台，認知症老人徘徊感知機器などがある。

また，特定福祉用具販売は，貸与には向いていない入浴や排せつなどに関する福祉用具（特定福祉用具）を要介護者に販売するサービスである。特定福祉用具の例として，腰掛便座，入浴補助用具，簡易浴槽などがある。

◆施設サービス

次に，施設サービスの種類について説明する。施設サービスとは，居宅での生活が困難となった要介護者が施設に入所し，支援を受けるサービスである。介護保険法では，施設サービスの種類として，介護福祉施設サービス，介護保健施設サービス，介護医療院サービスが定められ

特別養護老人ホーム

老人福祉法で規定されている入所施設のことであり，介護保険法における介護老人福祉施設のことである。介護保険法では，介護老人福祉施設とは，老人福祉法第25条の5に規定する特別養護老人ホームであることが明記されている。また同法では，特別養護老人ホームの役割として，入所する要介護者に対して，施設サービス計画に基づいて，入浴，排せつ，食事等の介護その他の日常生活上の世話，機能訓練，健康管理および療養上の世話をおこなうことを目的とする施設であることが規定されている。

ている。なお，介護福祉施設サービスは介護老人福祉施設で，介護保健施設サービスは介護老人保健施設で，介護医療院サービスは介護医療院で，それぞれ実施される。これらの施設に入所しておこなわれる支援は，要介護者一人ひとりの状態に応じて作成される**施設サービス計画**に基づいて実施される。

介護老人福祉施設は，特別養護老人ホームとも呼ばれている施設である（特別養護老人ホームは，老人福祉法で規定されている施設）。介護老人福祉施設に入所する要介護者に対して行われる介護福祉施設サービスは，居宅で生活していくことが困難な要介護者が施設に入所し，生活において必要な介護等，さまざまな支援を受けるサービスである。具体的には，介護老人福祉施設に入所し，施設サービス計画に基づいて，入浴，排せつ，食事等の介護，その他の日常生活上の世話，機能訓練，健康管理，療養上の世話など，さまざまな支援がなされる。以上，介護老人福祉施設は，居宅での生活が困難となった要介護者が，最期まで暮すことができ，生活全般に必要となる多様な介護等が，施設で受けることができる点に特徴がある。

介護老人保健施設は，要介護者が居宅で生活できるよう，その復帰を目的とした支援がおこなわれる施設である。介護老人保健施設に入所する要介護者に対しておこなわれる介護保健施設サービスは，看護，医学的管理の下における介護および機能訓練，その他必要な医療ならびに日常生活上の世話といった支援がなされるサービスである。これらの支援は，要介護者の状態に応じた施設サービス計画に基づいておこなわれ，要介護者が居宅での生活に復帰できるようにすることを目的に支援がなされる。以上，介護老人保健施設は，介護保険制度の施設サービスのうち，在宅復帰を目的とした支援がなされている施設である点に特徴がある。

介護医療院は，主として長期にわたり療養が必要である要介護者を対象に，支援がなされている施設である。介護医療院に入所する要介護者に対しておこなわれる介護医療院サービスは，療養上の管理，看護，医学的管理の下における介護および機能訓練，その他必要な医療ならびに日常生活上の世話といった支援がなされるサービスである。これらの支援は，要介護者の状態に応じた施設サービス計画が作成され，その計画に基づいて療育および介護等の支援がなされる。以上，介護医療院は，長期にわたり療養が必要である要介護者を対象としており，医療と介護の両側面からの支援がなされている点に特徴がある。　　　　　　（橋本　力）

施設サービス計画

介護老人福祉施設，介護老人保健施設，介護医療院などの入所施設において，要介護者を支援する際に作成される支援計画である。

施設サービス計画では，施設に入所する要介護者一人ひとりの状態や意向に応じて，支援の検討がなされ，どのようなサービスを提供するかの計画が立てられる。要介護者一人ひとりの状況に応じて作成された施設サービス計画に基づき，多様な支援が各施設において実施されることとなる。

4章　高齢者に対する法制度

23　地域支援事業

◆地域支援事業とは

　介護保険の事業は，保険給付事業と地域支援事業にわけられる。地域支援事業とは，介護保険法第115条45の規定に基づき，基本65歳以上の高齢者が，要支援・要介護状態になることを防止するためのサービスの提供や要介護状態になった場合でも，できるだけ住み慣れた地域で自立した日常生活を営むことができるように支援する事業である。一言で言うと，まだ介護が必要ではない高齢者や介護が必要となることが予想される高齢者等を主対象とした，市町村が実施する事業である。

　介護が必要な状態である人に対する介護給付に対して，運動や頭の体操なども含め，予防的な関わりを担っているのが，地域支援事業といえる。地域支援事業は，大きくわけて3つの柱で成り立っている。それは，Ⅰ介護予防・日常生活支援総合事業，Ⅱ包括的支援事業，Ⅲ任意事業である（**図表23-1**）。これらの事業の実施主体である市町村は，ⅠとⅡを必ず実施しなければならない（必須事業）。以下，ⅠとⅡについて説明していく。

◆Ⅰ介護予防・日常生活支援総合事業

　略して総合事業と呼ばれる場合もある。この事業の特徴は，体操や物忘れ予防教室，デイサービスやホームヘルプサービスといった利用者に直接かかわる事業が多いことである。この事業はさらに，①介護予防・生活支援サービス事業と，②一般介護予防事業にわかれる。

　①の対象者は，要支援1または2の認定を受けた人（第2号被保険者を含む），基本チェックリスト（ただし，第2号被保険者には実施しない）の該当者等になる。②の対象者は，65歳以上の高齢者すべてとなる。したがって，要介護認定を受けている，いないにかかわらず65歳以上ならばだれでもが利用することができる。

　訪問型サービスは，2015（平成27）年以前は，予防給付であった訪問介護が，この総合事業に引っ越ししたものである。サービスの内容は，介護予防訪問介護に相当するサービスや基準を緩和したサービス，ボランティアなどが主体となっておこなうサービスなどいくつかの類型がある。通所型サービスは，訪問型サービスと同様にもともとは介護予防通所介護だったもので

MEMO

23　地域支援事業

図表23-1　地域支援事業の概要

Ⅰ介護予防・日常生活支援総合事業（総合事業）＝第1号事業	Ⅱ包括的支援事業
1.介護予防・生活支援サービス事業 　①訪問型サービス 　②通所型サービス 　③その他の生活支援サービス 　④介護予防支援（介護予防ケアマネジメント） 2.一般介護予防事業 　①介護予防把握 　②介護予防普及啓発 　③地域介護予防活動支援 　④一般介護予防事業評価 　⑤地域リハビリテーション活動支援	1.包括的支援事業（地域包括支援センター） 　①第1号介護予防支援（基本チェックリストにより第1号 　　事業の対象者となった人と要支援1または2の認定を受 　　けた人のうち，介護予防・日常生活支援総合事業のみを 　　利用する人） 　②総合相談支援 　③権利擁護 　④包括的継続的ケアマネジメント支援 2.包括的支援事業（社会保障充実） 　①在宅医療・介護連携推進 　②生活支援体制整備 　③認知症総合支援 　④地域ケア会議推進 Ⅲ任意事業 　①介護給付等費用適正化 　②家族介護支援 　③その他

出所：厚生労働省（2016）「図表4-3-19新しい地域支援事業の全体像」『平成28年版厚生労働白書』日経印刷，174を参考に筆者作成.

ある。予防給付に相当するサービスや基準を緩和したサービス，ボランティアが主体となっておこなうサービスなどがある。その他の生活支援サービスには，栄養改善を目的とした**配食サービス**や地域ボランティアによる安否確認や緊急時対応などがある。

　介護予防支援（介護予防ケアマネジメント）は，地域包括支援センターの指定介護予防支援事業所がおこなう業務になる。訪問型サービスや通所型サービスなどのケアプランの作成，ケアマネジメントを実施する。後述するⅡ包括的支援事業のなかにも第1号介護予防支援があるが，これは，基本チェックリストにより総合事

業の対象者となった人と要支援1または2の認定を受けた人のうち，介護予防・日常生活支援総合事業のみを利用する人となる。この介護予防・生活支援サービス事業の介護予防支援（介護予防ケアマネジメント）は，要介護認定で要支援1または2と認定がされた人を対象としたケアマネジメントであり，第1号事業だけではなく，介護予防訪問看護などのサービスがケアプランに位置づけられることがある。

　②一般介護予防事業の目的は，高齢者が慣れ親しんだ住み慣れた地域でくらし続けることができるように，健康増進や社会参加，交流機会の確保等をめざすものとなっている。事業対象

配食サービス

　いわゆるお弁当の宅配サービス。食事の支度，栄養バランスの確保などが難しい高齢者が対象となる。虚弱な高齢者の場合，低栄養の予防や栄養改善のためにはバランスのよい食事をとることが大切となる。配食サービスは健康的な食生活を支え，介護予防や疾病の重症化予防にも役立つ。

　配食サービスを上手に活用するためには，それぞれの状況に対応した食事を届けてもらうよう調整，確認する必要がある。たとえば必要な場合，昼と夜の2食対応が可能か，嚥下状態に対応して，刻み食などの食事形態があるか，食物アレルギーや腎臓病，糖尿病等の疾病への

対応があるか，土日も対応してもらえるのかなどのポイントがある。

は，すべての第1号被保険者とはなっているが，実態としては要支援認定を受ける手前の**虚弱高齢者**を対象としている。

◆Ⅱ 包括的支援事業

　高齢者を支援対象の中心にしながら，包括的かつ総合的に援助する事業である。地域の社会資源や住民主体の活動をつなぎ，ネットワーク化するような意図を有している。地域住民，高齢者，家族等らの直接の相談に対応するだけでなく，地域ケア会議の開催など間接的な支援業務がある。2005（平成17）年に地域包括支援センターが創設されて以来，介護予防支援，総合相談支援，権利擁護，包括的・継続的ケアマネジメント支援という4つの基本的な事業（業務と表現されることもある）がある。

（1）第1号介護予防支援（介護予防ケアマネジメント）

　基本チェックリストにより第1号事業の対象者となった人と要支援1または2の認定を受けた人のうち，介護予防・日常生活支援総合事業の介護予防・生活支援サービス事業のみを利用する人を対象におこなわれるケアマネジメントである。要支援者の介護予防ケアマネジメントは，総合事業でおこなわれるが，2024（令和6）年度以降，居宅介護支援事業所にその範囲が拡大している。

（2）総合相談支援

　地域における介護や福祉などの相談窓口とし

ての業務である。さまざまな機関や社会資源と連携をはかりながら，**ワンストップ**で相談をおこなう。そのためには地域におけるサポートのネットワークづくりをおこない，地域高齢者の状況を把握できるシステムの構築が望まれている。2024年度からは，地域包括支援センターがおこなう総合相談支援業務について，その一部を居宅介護支援事業所等に委託することが可能となる改正がおこなわれている。

（3）権利擁護

　文字どおり，地域における高齢者虐待の早期発見・早期介入と虐待の予防，防止に関する業務である。虐待に関する事案が発生したときは，関係機関と連携しながら状況の確認，介入対応のための会議，支援計画の作成などをおこなう。そのためには早期発見・見守りのためのネットワーク，関係専門機関ネットワークが大切となる。また，成年後見制度の活用やその促進をはかっている。

（4）包括的・継続的ケアマネジメント支援

　地域の高齢者を支えている居宅介護支援事業所の介護支援専門員（ケアマネジャー）に対して指導や助言をおこない，多職種連携，多機関連携のためのネットワークを構築するための地域ケア会議の開催などをおこなう業務である。

　2018（平成30）年からは，社会保障充実分として新たな機能強化事業（①在宅医療・介護連携推進，②生活支援体制整備，③認知症総合支援，④地域ケア会議推進）が追加されている。

虚弱高齢者

　要介護高齢者ではないが，要介護状態の一歩手前，何らかの支援が必要となる高齢者を指す。いわゆる加齢や疾患に伴って，心身の状態が虚弱であり，要支援には該当しない非該当の人から要支援ぐらいの高齢者像である。ちなみに，虚弱高齢者という概念は，介護保険が開始される以前から存在した。

　今日的には，フレイルと表現されることが多い。フレイルとは，健康な状態と要介護状態の中間の段階を指し，老化に伴って，心身や社会性でダメージを受けたときに回復する力が低下し，健康に過ごせていた状態から，生活を送るために支援を受けなければならない要介護状態

に変化していく。しかし，適切な介入・支援により，生活機能の維持，向上が可能な状態像でもある（本書，項目⑳・㊿も参照）。

なお，①，②，③は，地域包括支援センター以外にも委託することができる。

①在宅医療・介護連携推進は，医療と介護の両方が必要となる高齢者の増加という現状から，地域包括ケアとして住み慣れた地域でくらし続けることができるように，医療と介護の連携を強化しながら高齢者を支えるネットワーク化をはかる事業である。具体的には，地域の医師会，市町村介護サービス事業者連絡会等が密接に連携し，切れ目のない医療と介護の連続性を保つための体制づくりを構築することである。

②生活支援体制整備は，地域包括ケアシステム構築のためのボランティアや生活支援の担い手を発掘，養成し，地域のなかでコーディネートやネットワークづくりをおこなう事業である。地域の介護予防，生活支援を推進していくために生活支援コーディネーター（地域支え合い推進員）が配置される。各市町村が主体となって協議体を設置し，社会福祉協議会や地域の関係機関と連携し，情報共有等をおこないながら実施していく事業となる。

③認知症総合支援は，認知症を早期に発見し，進行を防止することを目的とする事業である。したがって，この事業の対象者は，早期の認知症の人や認知症の疑いがある人となる。適切な医療機関につなぎ，本人や家族の不安軽減などをはかる。具体的には，1) 認知症初期集中支援推進，2) 認知症地域支援・ケア向上，3) 認知症サポーター活動促進・地域づくりから成り立っている。1) は，保健，医療，福祉の専門職から構成される認知症初期集中支援チームを設置し，認知症が疑われる家庭を訪問し，アセスメント，認知症サポート医を交えた会議を経て，家族支援などの初期の支援や今後を見据えた助言を包括的，集中的におこなう。2) は，認知症の人が地域で，安心して暮らすことができるように，医療や介護，地域のサービスでネットワークを形成したり，家族が相談できるような体制づくりをおこなう。3) は，地域でくらし続けるうえでのソフト・ハード面の障壁を減らしていくため，地域住民，企業，団体，医療福祉関係者等の連携と協力のもと，認知症当事者がどうくらしていきたいかという声を大切にした地域づくりを進めていくことである。

④地域ケア会議推進は，地域ケア会議の開催を進めていくことである。この会議は2014（平成26）年に努力義務として市町村に実施するように位置づけられている。地域ケア会議には，1) 地域ケア個別会議と2) 地域ケア推進会議がある。1) は，地域包括支援センターが主体となって支援困難な高齢者の事例検討を地域の専門職や関係機関を召集して開催し，情報共有や課題解決のための方策を検討し，そのうえで，地域固有の課題を明確化することが目的となる。2) は，地域ケア個別会議を通じて明らかとなった地域課題を市町村レベルで検討し，介護，福祉，医療の政策に反映させることを目的とする。　　　　　　　　　　　　（秦　康宏）

ワンストップ

複数の場所や担当者に分散していた関連手続きやサービスなどを，1か所で提供できる体制を指す。利用者，クライエントの利便性を重視したサービスシステムである。

地域包括支援センターでは，ワンストップ相談窓口という言葉が使われることが多い。たとえば，どこに相談すべきかわからない地域住民の相談やニーズに対して，一つの窓口で，適切にサービスにつないでいく役割や機能のことである。

地域包括支援センターへの相談は，介護サービスに関する相談が多いが，他にも要介護認定に関すること，介護保険に関すること，日常生活自立支援事業や成年後見制度など権利擁護に関するものなどさまざまである。こうした場合に，それぞれの専門機関を紹介（リファー）されるのではなく，その相談窓口で対応することで，安心感がより向上する。

4章　高齢者に対する法制度

㉔ 福祉用具

福祉用具は，用具を利用する人が，社会のなかで自分らしく質の高い文化的生活を営み，ウェルビーイングを向上するために重要な役割を果たす。

◆福祉用具について定めた法律

（1）福祉用具の研究開発及び普及の促進に関する法律

福祉用具の研究開発及び普及の促進に関する法律（福祉用具法）において，福祉用具とは，「心身の機能が低下し日常生活を営むのに支障のある老人又は心身障害者の日常生活上の便宜を図るための用具及びこれらの者の機能訓練のための用具並びに補装具をいう」（第2条）と定められている。

（2）介護保険法

介護保険法においては，「心身の機能が低下し日常生活を営むのに支障がある要介護者等の日常生活上の便宜を図るための用具及び要介護者等の機能訓練のための用具であって，要介護者等の日常生活の自立を助けるためのものをいう」（第8条第12項）と記述されている。

◆福祉用具の歴史

福祉用具の歴史は，日本では，明治時代の恤救規則や救護法などによる障害疾病発生における生活保障，職業訓練等に対する個別救済的な対策として，義肢・装具・補装具がごくわずかに製作支給され，他方で日清・日露戦争時に軍から恩賜として義肢が支給された経緯があるとされる。[1][2] 1950（昭和25）年に施行された身体障害者福祉法は，福祉用具の公的制度の基盤になったと報告されている。その後，だれもが地域で自立してより積極的に社会参加できるよう，福祉用具の研究開発及び普及の促進に関する法律が1993（平成5）年に制定された。

広義の福祉用具には，①補装具，②日常生活用具，③介護用品，④バリアフリー設備，⑤ユニバーサルデザイン・設備，⑥機能訓練のための用具，⑦介護ロボットなどが含まれる。くらしやすい街づくりとも連動しており，社会福祉学をはじめ，保健学，社会学，福祉工学，リハビリテーション学，デザイン工学，都市計画学等に基づき応用される，学際的な領域に位置づく。

福祉用具の研究開発及び普及の促進に関する法律

主な内容は，基本方針の策定，情報収集・提供と評価，国・地方公共団体・事業者・施設等の責務規定等である。具体的な事業として，①本人の視点に立った，ニーズに合う製品（物理的機能，デザイン，使いやすさなど）の研究開発，②本人が使いやすい仕様の商品の開発と日常生活以外の社会への参加活動，レクリエーション活動等をおこなうための積極的な製品の開発，③バリアフリーの住環境の整備④福祉のまちづくり，ユニバーサルデザイン，④情報システムの整備，⑤相談窓口拠点整備，等が示された。

介護保険における福祉用具の貸与と購入

介護保険法における福祉用具の給付制度の概要として，貸与の原則がある。本人の身体状況や要介護度の変化，福祉用具の機能の向上に応じて，適時・適切な福祉用具を提供できるよう，貸与が原則とされている。しかし，貸与になじまない性質のもの（他人が使用したものを再利用することに心理的抵抗感が伴うもの：入浴・排せつ関連用具，使用によってもとの形態・品質が変化し，再利用できないもの：つり上げ式リフトのつり具）は，福祉用具の購入費が保険給付の対象とされている。

◆福祉用具の法律による位置づけ

　福祉用具の利用は，主に介護保険法によるものと，障害者の日常生活及び社会生活を総合的に支援するための法律（障害者総合支援法）によるものとに大別される。

（1）介護保険法

　介護保険法では，福祉用具貸与，福祉用具購入，介護予防福祉用具貸与，介護予防福祉用具購入費として保険給付される。

（2）障害者総合支援法

　障害者総合支援法では，補装具費として支給，日常生活用具として給付または貸与される。

　介護保険で要支援・要介護認定を受けた被保険者は，介護サービス計画（ケアプラン）において必要計画された福祉用具が貸与（一部は購入）される（**介護保険における福祉用具の貸与と購入**）。

　介護保険の対象となる福祉用具（**介護保険における福祉用具の範囲**）は，標準的な既製品のなかから選択される（車いすなど一部の福祉用具には個人に合わせて調整できるものもある）。介護保険の対象となる福祉用具のうち，車いす，歩行器，歩行補助杖は身体障害者福祉法の補装具給付の対象でもある。身体障害者手帳を持っていて，標準的な既製品（車いす，歩行器，歩行補助杖）が本人の状態像にフィットしない場合，身体障害者更生相談所の判定により必要があると判断された場合には，状態像にあわせて調整できるもの，あるいは個別に制作されたも

のを給付される場合がある。車いす，歩行器，歩行補助杖以外の補装具も同様の手続きにより給付される場合がある。

　状態像に合わない福祉用具の使用により，痛みの表出や機能低下といった事象も観察されるため，専門職と協働し適切な福祉用具や補装具を選択し，適切に使用することが求められる。

◆介護保険法における福祉用具の種目
──福祉用具貸与

。車いす

　自走用標準型車いす，普通型電動車いすまたは介助用標準型車いす。

。車いす付属品

　クッション，電動補助装置等であって，車いすと一体的に使用されるもの。

。特殊寝台

　サイドレールが取りつけてあるものまたは取りつけることが可能なものであって，背部または脚部の傾斜角度が調整できる機能，床板の高さが無段階に調整できる機能のいずれかを有するもの。

。特殊寝台付属品

　マットレス，サイドレール等であって，特殊寝台と一体的に使用されるもの。特殊寝台からの移乗に用いる用具として介助用ベルトが含まれる。

。床ずれ防止用具

　送風装置または空気圧調整装置を備えた空気

介護保険における福祉用具の範囲

　介護保険法における福祉用具は，以下の範囲と定められている。
1　要介護者等の自立の促進又は介助者の負担の軽減を図るもの
2　要介護者等でない者も使用する一般の生活用品でなく，介護のために新たな価値付けを有するもの
3　治療用等医療の観点から使用するものではなく，日常生活の場面で使用するもの
4　在宅で使用するもの
5　起居や移動等の基本動作の支援を目的とするものであり，身体の一部の欠損又は低下した特定の機能を補

完することを主たる目的とするものではないもの
6　ある程度の経済的負担があり，給付対象となることにより利用促進が図られるもの
7　取り付けに住宅改修工事を伴わず，賃貸住宅の居住者でも一般的に利用に支障のないもの

マット，水等によって減圧による体圧分散効果をもつ全身用のマットのいずれかに該当するもの。

。体位変換器

空気パッド等を身体の下に挿入することにより，居宅要介護者等の体位を容易に変換できる機能を有するもの（体位の保持のみを目的とするものを除く）。

。手すり

取りつけに際し工事を伴わないもの。

。スロープ

段差解消のためのものであって，取りつけに際し工事を伴わないもの。

。歩行器

歩行が困難な者の歩行機能を補う機能を有し，移動時に体重を支える構造を有するものであって，①車輪を有するものにあっては，体の前および左右を囲む把手等を有するもの，②四脚を有するものにあっては，上肢で保持して移動させることが可能なもののいずれかに該当するもの。

。歩行補助つえ

松葉づえ，カナディアン・クラッチ，ロフストランド・クラッチ，プラットホームクラッチおよび多点杖。

。徘徊感知機器

認知症の人（介護保険法第5条の2第1項）が屋外へ出ようとした時等，センサーにより感知し，家族，隣人等へ通報するもの。

。移動用リフト（つり具の部分を除く）

床走行式，固定式または据置式であり，かつ，身体をつり上げまたは体重を支える構造を有するものであって，その構造により，自力での移動が困難な者の移動を補助する機能を有するもの（取りつけに住宅の改修を伴うものを除く）。

。自動排泄処理装置

尿または便が自動的に吸引されるものであり，かつ，尿や便の経路となる部分を分割することが可能な構造を有するものであって，居宅要介護者等またはその介護をおこなう者が容易に使用できるもの。

◆介護保険法における福祉用具の種目
　──福祉用具購入

。腰掛便座

和式便器の上に置いて腰掛式に変換するもの，洋式便器の上に置いて高さを補うもの，電動式またはスプリング式で便座から立ち上がる際に補助できる機能を有しているもの。

。自動排泄処理装置の交換可能部品

。排泄予測支援機器

利用者が常時装着したうえで，膀胱内の状態を感知し，尿量を推定するものであって，一定の量に達したと推定された際に，排尿の機会を居宅要介護者等またはその介護をおこなう者に自動で通知するもの。2022（令和4）年より，特定福祉用具販売の給付対象種目として追加された。

。入浴補助用具

座位の保持，浴槽への出入り等の入浴に際し

介護ロボットの例①

移乗動作をサポートするロボットである「ハグ Hug T1（株式会社FUJI）」は，ベッドから車いす，車いすからトイレといった座位間の移乗動作やトイレや脱衣場での立位保持に活用される。本人の脚力を活かしながら最小限の介助で移乗することをサポートする。本人の活動促進とともに，家族介護者・介護従事者の腰痛発生の低減が期待されている。

介護ロボットの例②

メンタルコミットロボットであるアザラシ型をしたロボット「パロ」は，人と共存し，ペット動物のように，触れ合いにより楽しみや安らぎを提供する新しいロボットの役割を目的として開発され，医療福祉施設等でアニマル・セラピーを代替するロボット・セラピー等がおこなわれてきた。「介護機器貸与モデル事業」により，在宅で生活する要支援・要介護者に介護保険と同じ1割の利用料で貸与される先駆例もある。

また，生物のように体温がある身体，それぞれちがう個性が宿る瞳や声，人を覚えてなついてくれる等の愛されるためのテクノロジーを搭載した自走型ロボット「LAVOT」（Copyright © GROOVE X, Inc.）等も普及しつつある。

図表24-1 介護ロボット開発・実用化の流れ

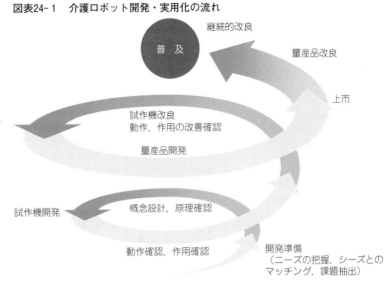

出所：厚生労働省「福祉用具・介護ロボット開発の手引き」(https://www.techno-aids.or.jp/research/robotebiki_mhlw_140922.pdf, 2024.8.1).

ての補助を目的とする用具（である，入浴用いす，浴槽用手すり，浴槽内いす，浴台，浴槽の縁にかけて利用する台であって浴槽への出入りのためのもの，浴室内すのこ，浴槽内すのこ，入浴用介助ベルト）。

○簡易浴槽

空気式または折りたたみ式等で容易に移動できるものであって，取水または排水のために工事を伴わないもの。

○移動用リフトのつり具の部分

◆介護ロボット

ロボットは，厚生労働省により，以下3つの要素技術を有する，知能化した機械システムと定義されている。

① 情報を感知（センサー系）
② 判断する（知能・制御系）
③ 動作する（駆動系）

このうちロボット技術が応用され，自立支援や介護者の負担の軽減に役立つ介護機器が介護ロボットと呼ばれている。国立研究開発法人日本医療研究開発機構により，介護ロボットポータルサイトが公開されており(https://robotcare.jp/jp/home/index)，日本在宅ケア学会誌で特集が組まれたり[3]，高齢者施設では，見守り・コミュニケーションロボットの導入事例などが報告されたりするなど[4]，注目を集めている（**介護ロボットの例①②**）。

「福祉用具・介護ロボット開発の手引き」が厚生労働省から公表されており，介護ロボットの開発に取り組もうとする企業等が開発のプロセスを理解し，開発の各段階での留意点や必要な情報の収集，開発状況の評価などについて基本的な知識を得ることができる（**図表24-1**）。研究開発過程に当事者が参加することは必須である。ソーシャルワーカーは，対象者理解に基づき代弁者・媒介者としての役割や環境への働きかけが期待される。

（佐藤ゆかり）

注
(1) 吉村理（2011）「義肢装具の給付制度の変遷と今後」『日本義肢装具学会誌』27(1), 7-9.
(2) 澤村誠志監修（2000）『介護福祉士のための福祉用具活用論』中央法規出版.
(3) 「特集 ロボティクス，AI, ICTと在宅ケア実践への適用」(2023)『日本在宅ケア学会誌』27(1), 3-33.
(4) 壬生尚美（2022）「介護老人福祉施設における介護ロボット導入の現状と課題」『老年社会科学』44(1), 19-29.

4章 高齢者に対する法制度

介護保険制度と医療保険制度との関係

◆医療保険と介護保険の給付調整

　健康保険法等の医療保険では，同一の疾病または負傷について介護保険法の規定による給付を受けることができる場合，医療保険の給付はおこなわないことが規定されている。たとえば健康保険法の場合，第55条第3項において被保険者に係る療養の給付または入院時食事療養費，入院時生活療養費，保険外併用療養費，療養費，訪問看護療養費，家族療養費若しくは家族訪問看護療養費の支給はおこなわないとしており，国民健康保険法においても第56条第1項に同様の規定がされている。つまり，保険診療の対価として支払われる**診療報酬**と介護事業者による介護サービスの対価として支払われる**介護報酬**には優先順位があり，介護保険が優先されることとなっている。

　要支援・要介護者（以下，要介護被保険者等）である患者に対して算定できる診療報酬については，患者の居場所により詳細な規定が設けられている。患者の居場所については，介護医療院以外は**図表25-1**，介護医療院は**図表25-2**のとおり分類されている。

◆医療保険における在宅医療と介護保険における居宅サービスとの関係

　医療保険における在宅医療と介護保険における居宅サービスとの関係については，厚生労働省「医療保険と介護保険の給付調整に関する留意事項及び医療保険と介護保険の相互に関連する事項等について」[1]で定められている。以下はその要約である。

（1）同一日の算定

　同一日に在宅医療に掲げる療養を算定する場合は，居宅サービスは対象外となる。

（2）月の途中で要介護被保険者等となる場合

　月の途中から要介護被保険者等となる場合，医療保険における訪問歯科衛生指導と介護保険における歯科衛生士がおこなう居宅療養管理指導の場合の月4回など，1か月あたりの算定回数に制限がある場合は，同一保険医療機関において医療保険と介護保険の両給付を合算した回数で制限回数を考慮する。

（3）訪問診療

　指定特定施設，指定地域密着型特定施設または指定介護予防特定施設のいずれかに入居する

診療報酬	介護報酬
保険医療機関や保険薬局がおこなう保険医療サービス（保険診療）の対価として，保険者から受け取る報酬のことをいう。診療行為は医科や歯科，調剤いずれも1点10円の単価で点数化され，診療行為の程度により積算される出来高払い方式と診療群分類ごとに定額となっている包括払い方式がある。なお，診療報酬は原則2年に1度改定されている。	要介護者や要支援者に対しておこなった介護サービスの対価として介護事業者に支払われる報酬のことをいう。その報酬は，介護給付費単位数表に基づいており，介護サービスの内容や要介護度，時間数などにより単位数が定められている。なお，1単位は10円が基本であるが，地域別（8区分）および人件費割合別（3区分）に1単位あたりの単価を定め，地域ごとの人件費の地域差の調整がおこなわれている。

25　介護保険制度と医療保険制度との関係

図表25-1　患者の居場所（介護医療院以外）

1．入院中の患者以外の患者（次の施設に入居又は入所する者を含み，3の患者を除く。）		
自宅，社会福祉施設，身体障害者施設等（短期入所生活介護，介護予防短期入所生活介護，短期入所療養介護又は介護予防短期入所療養介護を受けているものを除く。） うち，小規模多機能型居宅介護又は複合型サービスを受けている患者（宿泊サービスに限る。）	認知症対応型グループホーム（認知症対応型共同生活介護又は介護予防認知症対応型共同生活介護）	特定施設（指定特定施設，指定地域密着型特定施設及び指定介護予防特定施設に限る。） うち，外部サービス利用型指定特定施設入居者生活介護又は外部サービス利用型指定介護予防特定施設入居者生活介護を受ける者が入居する施設

2．入院中の患者			
介護療養型医療施設の病床以外の病床（短期入所療養介護又は介護予防短期入所療養介護を受けている患者を除く。）	ア．介護療養型医療施設（認知症病棟の病床を除く。） イ．短期入所療養介護又は介護予防短期入所療養介護（介護老人保健施設の療養室又は認知症病棟の病床を除く。）を受けている患者		ア．介護療養型医療施設（認知症病棟の病床に限る。） イ．短期入所療養介護又は介護予防短期入所療養介護（認知症病棟の病床に限る。）を受けている患者	
	介護療養施設サービス費のうち，他科受診時費用（362単位）を算定しない日の場合	介護療養施設サービス費のうち，他科受診時費用（362単位）を算定した日の場合	介護療養施設サービス費のうち，他科受診時費用（362単位）を算定しない日の場合	介護療養施設サービス費のうち，他科受診時費用（362単位）を算定した日の場合

※介護療養型医療施設は2024年3月末で廃止。

3．入所中の患者		
ア．介護老人保健施設 イ．短期入所療養介護又は介護予防短期入所療養介護（介護老人保健施設の療養室に限る。）を受けている患者		ア．地域密着型介護老人福祉施設又は介護老人福祉施設 イ．短期入所生活介護又は介護予防短期入所生活介護を受けている患者
併設保険医療機関	併設保険医療機関以外の保険医療機関	

出所：厚生労働省（2022）「「医療保険と介護保険の給付調整に関する留意事項及び医療保険と介護保険の相互に関連する事項等について」の一部改正について」別紙1より抜粋・修正（https://www.mhlw.go.jp/content/12404000/000935687.pdf）.

図表25-2　患者の居場所（介護医療院）

ア．介護医療院に入所中の患者 イ．短期入所療養介護又は介護予防短期入所療養介護（介護医療院の療養床に限る。）を受けている患者			
介護医療院サービス費のうち，他科受診時費用（362単位）を算定しない日の場合		介護医療院サービス費のうち，他科受診時費用（362単位）を算定した日の場合	
併設保険医療機関	併設保険医療機関以外の保険医療機関	併設保険医療機関	併設保険医療機関以外の保険医療機関

出所：厚生労働省（2022）「「医療保険と介護保険の給付調整に関する留意事項及び医療保険と介護保険の相互に関連する事項等について」の一部改正について」別紙2より抜粋・修正（https://www.mhlw.go.jp/content/12404000/000935687.pdf）.

4章　高齢者に対する法制度

患者は，在宅がん医療総合診療料を算定することができない。また，要介護被保険者等は在宅患者連携指導料を算定することができない。さらに，在宅患者訪問診療料は特別養護老人ホーム入居者で「特別養護老人ホーム等における療養の給付（医療）の取扱いについて[(2)]」に定める場合を除き，算定することができない。

（4）在宅患者訪問看護・指導料等

介護保険に定めるターミナルケア加算を算定した場合は，在宅患者訪問看護・指導料の在宅ターミナルケア加算および同一建物居住者訪問看護・指導料の同一建物居住者ターミナルケア加算，介護保険における看護・介護職員連携強化加算を算定している月において在宅患者訪問看護・指導料および同一建物居住者訪問看護・指導料の看護・介護職員連携強化加算を算定することができない。

介護保険における居宅療養管理指導費または介護予防居宅療養管理指導費を算定した日においては，調剤に係る在宅患者緊急時等共同指導料を算定することができない。また，小規模多機能型居宅介護事業所，複合型サービス事業所において通所サービス中に実施される点滴注射には在宅患者訪問点滴注射管理指導料が算定できない。

精神疾患を有する患者に対する精神科訪問看護・指導料は，精神科訪問看護指示書が交付さ

れた場合，認知症が主傷病である患者を除き，算定することができる。なお，認知症が主傷病である患者において，重度の場合は精神科在宅患者支援管理料を算定することができる。

（5）訪問看護療養費

訪問看護療養費は，要介護被保険者等である患者については，原則として算定できない。しかし，特別訪問看護指示書に係る指定訪問看護をおこなう場合や訪問看護療養費に係る訪問看護ステーションの基準等（平成18年厚生労働省告示第103号。以下，基準告示）第2の1の（1）に規定する疾病等の利用者（**図表25-3**[(3)]）に対する指定訪問看護をおこなう場合，精神科訪問看護基本療養費が算定される指定訪問看護をおこなう場合（認知症でない患者に指定訪問看護をおこなう場合に限る）および入院中（外泊日を含む）に退院に向けた指定訪問看護をおこなう場合には算定することができる。ただし，①介護保険の訪問看護等において緊急時訪問看護加算または緊急時介護予防訪問看護加算を算定している月は24時間対応体制加算を，②介護保険の特別管理加算を算定している月は医療保険の特別管理加算を，③介護保険の看護・介護職員連携強化加算を算定している月は医療保険の看護・介護職員連携強化加算を算定することができない。また，介護保険の訪問看護等でターミナルケア加算を算定した場合は，訪問看

図表25-3　特掲診療料の施設基準等別表第七に掲げる疾病等の者

1	末期の悪性腫瘍	10	多系統萎縮症（線条体黒質変性症，オリーブ橋小脳萎縮症及びシャイ・ドレーガー症候群）
2	多発性硬化症	11	プリオン病
3	重症筋無力症	12	亜急性硬化性全脳炎
4	スモン	13	ライソゾーム病
5	筋萎縮性側索硬化症	14	副腎白質ジストロフィー
6	脊髄小脳変性症	15	脊髄性筋萎縮症
7	ハンチントン病	16	球脊髄性筋萎縮症
8	進行性筋ジストロフィー症	17	慢性炎症性脱髄性多発神経炎
9	パーキンソン病関連疾患（進行性核上性麻痺，大脳皮質基底核変性症及びパーキンソン病（ホーエン・ヤールの重症度分類がステージ三以上であって生活機能障害度がⅡ度又はⅢ度のものに限る。））	18	後天性免疫不全症候群
		19	頚髄損傷
		20	人工呼吸器を使用している状態

出所：厚生労働省（2008）「特掲診療料の施設基準等（平成20年3月5日）」（https://www.mhlw.go.jp/web/t_doc?dataId=84aa9733&dataType=0）.

護ターミナルケア療養費（遠隔死亡診断補助加算を含む）は算定することができない。さらに，在宅患者連携指導加算は要介護被保険者等には算定できない。

（6）リハビリテーション

要介護被保険者等である患者には，在宅患者訪問リハビリテーション指導管理料は原則として算定できないが，急性増悪等により一時的に頻回の訪問リハビリテーションの指導管理を行う必要がある場合には6か月に1回，14日間に限り算定可能である。

要介護被保険者等である患者に対しておこなうリハビリテーションは，同一の疾患等について，医療保険における心大血管疾患リハビリテーション料等の疾患別リハビリテーション料を算定するリハビリテーションをおこなった後，介護保険における訪問リハビリテーションや通所リハビリテーション等のリハビリテーションの利用開始日を含む月の翌月以降は，当該リハビリテーションに係る疾患等について，医療保険における疾患別リハビリテーション料は算定をすることができない。ただし，手術や急性増悪等により医療保険における疾患別リハビリテーション料を算定する患者となった場合は算定することができる。

医療保険における疾患別リハビリテーションを実施する施設とは別の施設で介護保険におけるリハビリテーションを提供することになった場合には，介護保険におけるリハビリテーションの利用開始日を含む月の翌々月まで，併用が可能である。

（7）重度認知症患者デイ・ケア料等

医療保険における重度認知症患者デイ・ケア料等（精神科ショート・ケア，精神科デイ・ケア，精神科ナイト・ケアまたは精神科デイ・ナイト・ケアを含む）を算定している患者は，その利用期間内においては，介護保険における認知症対応型通所介護費および通所リハビリテーション費を算定することができない。ただし，要介護被保険者等である患者であって，特定施設の入居者およびグループホームの入居者以外の人に対する重度認知症患者デイ・ケア等については，介護保険における指定認知症対応型通所介護または通所リハビリテーションをおこなった日以外の日であれば，医療保険における重度認知症患者デイ・ケア料等を算定することができる。なお，認知症である高齢者であって日常生活自立度判定基準がランクMに該当する高齢者は，グループホームの入居者の場合でも医療保険の重度認知症患者デイ・ケア料は算定することができる。

（8）人工腎臓等

介護老人保健施設の入所者への人工腎臓の取扱いは，介護老人保健施設の入所者以外の者の場合と同様である。　　　　　（竹本与志人）

注

（1）　厚生労働省（2022）「「医療保険と介護保険の給付調整に関する留意事項及び医療保険と介護保険の相互に関連する事項等について」の一部改正について」（https://www.mhlw.go.jp/content/12404000/000935687.pdf, 2024.2.21）.

（2）　「特別養護老人ホーム等における療養の給付（医療）の取扱いについて」（保医発第0331002号，2006（平成18）年3月31日）.

（3）　厚生労働省（2008）「特掲診療料の施設基準等」（2008年3月5日）（https://www.mhlw.go.jp/web/t_doc?dataId=84aa9733&dataType=0, 2024.2.21）.

26 介護保険制度と障害者施策との関係

4章　高齢者に対する法制度

◆介護保険制度と障害者問題
——介護保険法成立の背景からみる

　介護保険法上の被保険者であり，かつ保険給付の要件を満たした者が，いわゆる**「障害者」**であってもなくても，介護保険サービス利用の対象者となり得る。ただ，介護保険法の成立経緯をみてみると，社会保障政策的には税方式かあるいは社会保険方式でいくのか，そしてサービス利用の対象者には年齢的には幅広く20歳以上とするのか，障害者を利用範囲に入れるのかどうか，つまり公的介護保障の範疇を高齢期に限定したものにするのかどうか，等々の議論があった。

　それらを経て現在のものとなっているが，国の政策担当者は介護保険法成立（1997（平成9）年）後施行（2000（平成12）年）前の1999（平成11）年ごろ，介護保険制度の創設にあたって「障害者」という言葉をどのようにイメージして制度設計に関わっていたのだろうか。その一端を端的に示すものとしてたとえば，当時，厚生省大臣官房組織再編準備室次長・介護保険制度実施推進本部事務局長次長であった香取は

「介護保険制度の創設の背景」として，4点あげているが，その第1に「高齢障害者の大量発生」をあげている。

　香取は「高齢障害者」という概念を用いて次のように述べている。

　「言うまでもなく，介護保険創設の背景には，（中略）疾病構造の変化による慢性疾患患者の増大とそれに伴う要介護高齢者＝高齢障害者の大量発生という大きな社会的現実がある。（中略）高齢障害者の大量発生—高齢者介護問題は，我が国においても，現象的にはまず高齢者の長期入院の増大（入院期間の長期化⇒いわゆる社会的入院の増大）とそれによる老人医療費の増高・病院の機能不全（機能変質）問題として現出し，（中略）在宅寝たきり老人問題が大きな社会的問題となった（下線部筆者）。」

　ここでは高齢障害者とは要介護高齢者のことを指している。つまり介護保険制度創設の背景には，高齢障害者＝要介護高齢者の大量発生という社会的現実があり，それは社会的入院の増大と病院の機能不全，在宅寝たきり高齢者問題

障害者

　日本の障害者福祉の制度上では，いわゆる障害者手帳にみるように，①身体，②知的，③精神，の3障害に分類される。厚生労働省の2023（令和5）年の調査資料によると，日本の障害者の概数（障害者手帳の取得状況による）は，身体障害者（身体障害児含）436万人，知的障害者（知的障害児含）109万4,000人，精神障害者614万8,000人となっている。日本の障害者の総数が推計約1,160万人で人口の約9.2％となり，障害者数は2011（平成23）年の厚生労働省の調査から約1.5倍となる。

介護保険制度の創設の背景

　一口でいえば少子高齢化社会への対応であるが，1961（昭和36）年の国民皆保険・皆年金体制の確立に匹敵する日本の社会保障制度における大きな制度改革でもあった。地域に潜在化しているさまざまなニーズに応えていくためにも，市町村だけではなく医療・保健・福祉サービスに携わる現場や専門職にとっても，サービス提供のあり方や事業運営について大きな変革が求められてきていた。本文で示した①「高齢障害者の大量発生」の他には，②社会構造・家族構造の変化，③豊かな社会の到来，④地方分権・住民参加，があげられる。

として出現し，高齢者介護問題という社会的問題として，国の政策担当者にも突きつけられていたのである。当時はこのように，障害者と（公的）介護保障の問題は，主として「高齢障害者問題＝要介護高齢者問題」として印象づけられ，また整理されてきていた。しかし実際の制度化の際には，種々の複雑な経緯がたどり合って，介護保険法上の特定疾病で要介護（要支援）状態にあるものは，第2号被保険者（40〜64歳）として対象に含められてきた。また，その賛否はともかく，2003（平成15）年の支援費制度，2006（平成18）年の障害者自立支援法の制度化の際にも介護保険法との合流か否かで激論があり，現在の2013（平成25）年障害者の日常生活及び社会生活を総合的に支援するための法律（障害者総合支援法）に至っている。つまり介護保険サービス利用の対象者の一部は，高齢者にとどまらないものとされてきたのである。

◆障害者施設入所利用者の高齢化と
####　その問題解決に向けて

　障害者施設入所者の高齢化の問題をみてみよう。国立重度知的障害者総合施設のぞみの園の事例・調査研究からみてみる。要約すると次のようである。(2)

　のぞみの園では，2017（平成29）年1月，①入所利用者229名の平均年齢は64歳を超え，②60歳以上の人が75％である。また全国の障害者支援施設における利用者の高齢化については，

2012（平成24）年度から3年計画で取り組んだ高齢知的障害者支援に関する調査研究により，①65歳以上の人が入所していると回答した**障害者支援施設**数は全体の73％であり，②その大多数では，（よいのか悪いのか，またその賛否はともかくとして）若年利用者と高齢利用者が混在の状況で支援されている。また，③65歳以上で障害者支援施設を退所した知的障害者の居住の場所は，介護保険施設が約2分の1，④次いで一般病院が4分の1となっている。

　障害者支援施設では加齢に伴い機能低下も進み，地域移行の可能性が小さくなっていく利用者をどう支援するのか，障害者支援施設でどのように支援していくのか，また，障害福祉施策と介護保険制度とでどのように役割分担していくのかが大きな課題となっているといえよう。

◆現場での実践・運用の整理のされ方／
####　国・行政による政策・運用の整理のされ方

　介護保険法施行以来，福祉サービス利用者で介護保険法が適用される場合は，いわゆる政策主体の側（国・行政）から出されてきた「**介護保険優先**」（104頁）という考え方がある。しかしながら，たとえば各々の個人の生活とそれらの現場にあわせた利用の仕方があるのではないか，生活主体たる当事者の意思決定こそが大切であるのではないかという権利擁護の考え方，そしてこれまで大切にしてきた生活構造・生活様式をどのように守り高めていくのかという生

障害者支援施設

　障害者に居住の場を提供し，生活全般を支える入所施設は，障害者総合支援制度のもとで運営されている。日中のケアは「生活介護」として提供され，夜間等は「施設入所支援」として支援がおこなわれる。これは，重い障害をもつ人でも昼間の活動が確保されるべきだという考えに基づく。利用者は施設内外のサービスを自由に選択でき，個々のニーズに応じた支援を受けることが可能である。また，施設は家族や地域社会との連携を重視し，障害者の自立と社会参加を促進することが求められる。2022年10月現在，全国に2,575か所存在する。

活の質（QOL）に関する議論が，当事者の生活とそれを支援する実践の場ではたびたび指摘されてきた。

2024（令和6）年現在，厚生労働省は，「介護保険と障害福祉の適用関係」（2003年）で介護保険法と障害者総合支援法について，「介護保険優先」の考え方を前提としながらも，その考え方から出現してきた種々の問題へ対応することが求められる現場への対処として，次の①～⑥のように整理している（筆者要約）。

① 社会保障制度の原則である「保険優先」の考え方の下，サービス内容や機能から，障害福祉サービスに相当する介護保険サービスがある場合は，原則介護保険サービスに係る保険給付を優先して受けることになる。⁽³⁾

② しかし，一律に介護保険サービスを優先的に利用するものではなく，申請者の個別の状況に応じ，申請者が必要としている支援内容を介護保険サービスにより受けることが可能かを判断する。⁽⁴⁾

③ 市町村が適当と認める支給量が介護保険サービスのみによって確保することができないと認められる場合等には，障害者総合支援法に基づくサービスを受けることが可能である。⁽⁵⁾

④ 障害福祉サービス固有のサービスと認められるものを利用する場合については，障害者総合支援法に基づくサービスを受けることが可能である。⁽⁶⁾

⑤ 高齢障害者の介護保険サービスの円滑な利用を促進するため，65歳に至るまで相当の長期間にわたり障害福祉サービスを利用していた一定の高齢障害者に対し，介護保険サービスの利用者負担が軽減されるよう障害福祉制度により利用者負担を軽減（償還）するしくみを設ける。⁽⁷⁾

⑥ また，障害福祉サービス事業所が介護保険事業所になりやすくする等の見直しをおこなう。⁽⁸⁾

◆ソーシャルワーク専門職に期待されるもの

本項目でみてきた2つの制度（施策）の関係性でもわかるように，制度（施策）やサービス（支援）の合間を縫って，当事者の生活に必要とされる支援が途切れることのないようにさまざまな活動をするソーシャルワーク専門職の役割機能はますます期待されるところである。当事者の意思決定や自己実現のため権利擁護や相談支援といった専門性を生かしながら，当事者の最善の利益に寄与できるよう所属機関や組織を横断的に活動し連携するのが，ソーシャルワーク専門職活動の醍醐味でもある。ソーシャルワーク専門職は，当事者，家族，支援者，地域住民とともに，支援ニーズの発掘とそれをつなぐサービス・社会資源の開発に働きかけることができるよう，人と社会をつなぐ環境づくりの担い手として，社会福祉とその実践の歴史をつくってきたのである。

この「介護保険制度―障害者施策問題」，「高

介護保険優先

社会保障制度の原則である保険優先の考え方による。しかし，高齢障害者が介護保険法の高齢者施設では受け入れが困難とされる場合もある。以下，筆者が関わってきた現場事例のごく一例をあげておく。

精神病院の長期入院患者（要介護状態）の地域移行の場合：成年後見制度の支援を受けて地域移行プログラムにのる⇒介護保険法の高齢者施設では認知症以外の精神障害者の障害特性には十分な対応ができないため受け入れが困難である⇒住まいの場は精神障害対応の障害者グループホーム，日中活動は精神障害対応の障害者作業所で受け入れ調整する。

知的障害者の地域生活支援の場合：相談支援専門員の支援を受けて施設入所から地域移行してアパート借り受け型のグループホームで生活する⇒数か月後，加齢に伴う下肢筋力の低下に介助が必要となってくる⇒世話人および加配に乏しいヘルパー対応では生活困難となる⇒より介護機能が高い高齢者施設を行政からは求められるが，知的障害者の障害特性には十分に対応ができない⇒身体障害へ対応した知的障害者のためのグループホームへ受け入れ調整するが，どこも待機者多数のため，入居可能になるまでの間，障害者支援施設でショートステイ利用で待機する⇒結局，受け皿がないためショートステイ先の障害者支援施設にそのまま入所することになる。

齢障害者問題」も制度の谷間に落ち声なき声が十分に拾えていない，そしてパワーレスな状態に陥ってしまっている人々が多くいる可能性がある。これらの状況改善に働きかけること（エンパワメント，**ソーシャルアクション**）とそれを専門とする活動家は当然必要とされていよう。すなわち人と社会に働きかけるソーシャルワーク専門職の活躍はますます求められている時代にあるといえよう。　　　　　　　　（植木　是）

注
（1）　香取照幸（1999）「我が国の介護保険制度の特質と成立過程」『公衆衛生』48（1）2－6．
（2）　遠藤浩（2017）「障害者支援施設における高齢知的障害者支援の現状と課題」『共に生きる社会の実現をめざして
　　　ニュースレター　特集　障害者支援施設における高齢知的障害者支援の現状と課題』52, 2-3．
（3）　「障害者総合支援法に基づく自立支援給付と介護保険制度との適用関係等について（平成19年通知）」厚生労働省．
（4）（3）と同じ．
（5）　厚生労働省「平成26年3月障害保健福祉関係主管課長会議」．
（6）　厚生労働省「障害者総合支援法に基づく自立支援給付と介護保険制度との適用関係等について（平成19年通知）」．
（7）　厚生労働省「障害者総合支援法施行3年後の見直しについて（社会保障審議会障害者部会　報告書概要／平成27
　　　年12月14日）」．
（8）（7）と同じ．

ソーシャルアクション

　利用者や地域住民の課題克服とニーズ充足，そしてよりよい地域社会を創造するために，社会参加の促進や制度・サービスの創出・改善・廃止をめざす活動である。ソーシャルワーカーが利用者や地域の声に耳を傾け，社会への働きかけを通じて社会制度やしくみの変革，すなわち社会変革をはかることがその核心であり，個人の生活支援にとどまらず，社会構造の改善にも取り組むものである。

4章　高齢者に対する法制度

27 認知症

◆認知症の定義と有病率

日本神経学会の『認知症疾患診療ガイドライン2017』[1] によると，アメリカ精神医学会の診断基準であるDSM-5では，「神経認知症領域は，複雑性注意，遂行機能，学習及び記憶，言語，知覚-運動，社会的認知の6領域の中から1つ以上の認知領域で有意な低下が示され，認知の欠損によって日常生活が阻害される場合に認知症と診断される」という定義が示されている。この定義から，認知機能の低下により生活に支障が生じる症状を認知症ととらえることができ，どのような認知機能が低下しているのか，どういった生活上の支障があるのかをていねいに理解することが必要といえる。

認知症高齢者の推計数としては，2025（令和7）年に471.6万人，2040（令和22）年には584.2万人になることが示されている[2]。高齢者における認知症の年齢階級別有病率は**図表27-1**のとおりである[3]。80～84歳までは男女ともに，有病率に大きな差がなく約15％であるが，85歳以上では男性よりも女性のほうが，有病率が高いことがわかる。今後，一人ぐらしの高齢者数のさらなる増加が見込まれており，ひとりぐらしの認知症高齢者数も増加が見込まれている[4]。

なお，65歳未満で発症する認知症を**若年性認知症**という。2020年の調査結果では，全国で3.75万人，18～64歳人口における人口10万人あたりの数は50.9人と推計されている[5]。また，年齢に比して認知機能が正常とはいえないが，認知症の診断基準を満たさない「臨床症候群」を軽度認知障害（Mild Cognitive Impairment：MCI）という。**MCI**の有病率としては，2025年に564.3万人，2040年には612.8万人になると示されている[6]。

◆認知症の症状

認知症の主な症状としては，脳の神経細胞の変性などによって直接起こる「中核症状」と，認知機能の低下を基盤に本人の環境や人間関係などの要因が関係して起こる「認知症の行動・心理症状（Behavioral and Psychological Symptoms of Dementia：BPSD）」がある。「中核症状」は覚えたことが思い出せないなどの記憶障害，物

若年性認知症

65歳未満で認知症を発症した場合，若年性認知症という。若年性認知症という独立した病気があるわけでなく，発症年齢で区分したとらえ方である。そのため，65歳以上の認知症と同様に認知症を引き起こしている原因疾患は多様である。若年性認知症は，本人や配偶者が現役世代のため，経済的な面などにおいて，本人だけでなく配偶者や子どもの生活にも影響が生じやすい。

MCI

年齢に比して認知機能が正常とはいえないが，認知症の診断基準も満たさない「臨床症候群」をMCIという。本人や家族が認知機能低下について自覚があるものの，日常生活は問題なく送ることができている状態ともいえる。MCIでは，1年で約5～15％の人が認知症に移行する一方で，1年で約16～41％の人は健常な状態になることが示されている。〔国立長寿医療研究センター（2024）「あたまとからだを元気にするMCIハンドブック」.〕

図表27-1 年齢階級別の認知症推計有病率

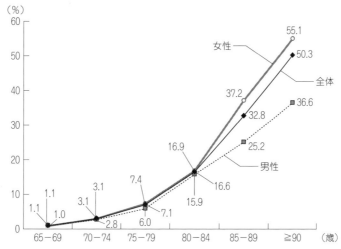

出所：九州大学（2024）「認知症及び軽度認知障害の有病率調査並びに将来推計に関する研究」（https://www.eph.med.kyushu-u.ac.jp/jpsc/uploads/resmaterials/0000000111.pdf?1715072186）.

事を順序立てておこなうことが難しくなるなどの実行機能障害，日付や季節，時間や場所がわかりづらくなるなどの見当識障害，感覚器には障害はないが目や耳などの五感をとおして，目の前のものや物事を正しく理解できなくなるなどの失認といった認知機能障害があげられる。すべての障害が一度に起こるわけではなく，日々のくらしのなかでわからないことやできないことが段階的に生じていく。しかし，すべてがわからなくなるわけではないため，本人の「わかること」に着目して環境を整えることが必要とされる。

BPSDは，歩き回る，落ち着かなくなるなどといった行動症状と，不安，妄想，アパシー（無気力・無関心）といった心理症状があげられる。これらの症状はすべての認知症の人に出現するのではなく，出現の仕方や特徴もさまざまである。図表27-2のとおり，不安感やストレスなどの心理的要因，身体の不調など身体的要因，不適切なケアや音や光による不快な環境といった環境的要因などが作用して出現することが示されている[7]。

認知症の重症度が同じ程度の認知症の人であっても，ストレスが高い場合や周囲の環境が整っていない場合，BPSDの出現の頻度が高くなるといえる。BPSDのさまざまな症状の発現に

MEMO

図表27-2　行動・心理症状の出現要因

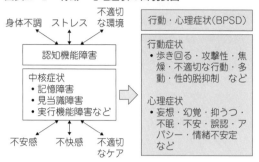

出所：加藤伸司「認知症の人の視点から考えるBPSD」『老年精神医学雑誌』27（2），157を一部変更．

より，介護者をはじめとする周囲がこれまでの本人では考えられない行動や発言に対して，問題として指摘してしまうことが少なくない．本人ができないことを責めたり，行動や発言を正そうという働きかけをしてしまうことも現実的にある．本人としては，なぜそのようなことを言われなくてはならないのかがわからず，「嫌なことをされた，嫌なことを言われた」というマイナスの感情や感覚が残る傾向がある．その状況に対して，大きな不安を感じ，自分の身を守るために介護者や周りの人々へ攻撃的な言動や抵抗をすることで，BPSDを中心とした症状が膨らんでしまうことがある．

このようにBPSDがひどくなる悪循環に陥ってしまわないように，BPSDを本人自身がどうしたらよいかわからずに困っている「サイン」としてとらえる視点が重要といえる．

本人にとっての困りごとを取り除くことでBPSDが改善しやすいことから，認知症の人への適切な理解や，介護者の適切な関わりや支援がこれらの行動を緩和すると考えられる．

◆認知症の原因疾患

認知症は70以上の基礎疾患を原因として引き起こされることが指摘されている(8)．主な認知症として，**アルツハイマー型認知症**，**血管性認知症**，レビー小体型認知症，前頭側頭型認知症が4大認知症としてあげられている．認知症疾患医療センターを対象におこなわれた調査では，アルツハイマー型認知症の割合が65.0%ともっとも高く，次いで血管性認知症が7.8%と示されている(9)．

アルツハイマー型認知症の初期に多い症状としては，数分から数日前の記憶が思い出せなくなる記憶障害などがある．それにより，同じことを何度もたずねる，約束事を忘れてしまうなどが生じやすくなる．進行に伴い，判断力や抽象的な思考力の低下がみられるようになり，日常生活動作に支障が目立つようになる．血管性認知症の初期に多い症状としては，記憶障害よりも遂行機能障害が目立ち，動作の緩慢さや自発性の低下などがある．脳血管障害を起こす度に段階的に悪化していくことが特徴といえる．

レビー小体型認知症の初期に多い症状としては，症状の日内変動があることや小動物や虫などの幻覚や錯視などがある．また，もの忘れに対する自覚が比較的あることも特徴であり，転

アルツハイマー型認知症	血管性認知症
アミロイドβ，リン酸化タウというタンパク質が長い年月をかけて脳にたまることで引き起こされる．特徴的な症状としては，記憶をつかさどる脳の部位である海馬の障害により，もの忘れや新しく言葉や物事を覚えられないなどがあげられる．早期から視空間認知機能の低下により，服をうまく着れない，階段の段差の距離感がうまくつかめず降りられないなども症状の1つである．進行に伴い，判断力や抽象的な思考力の低下がみられ，日常生活動作に支障が目立つようになる．認知症の種類のなかでもっとも多い割合を占めている．	脳梗塞や脳出血をきっかけに発症し，脳血管障害を起こした場所により症状は異なる．特徴的な症状としては，考えるスピードが遅くなったり，やる気が起きづらくなるアパシーや悲観的になるうつ症状などがある．また，症状の現れ方に特徴があり，落ち着いていると思うと急激に悪化することを繰り返すといった変動が生じやすい．

倒傾向があるため本人や家族への注意喚起が必要である。

前頭側頭型認知症の初期に多い症状としては，時刻表的な生活や反復行為などの常同行動や無関心・共感の欠如などがある。発症年齢が50～60代と比較的若いことが多く，本人が病気であるという自覚がないことが多い。[10]

◆認知症に関する薬剤

認知症の薬物療法としては，医療保険制度の保険適応がある抗認知症薬に分類される薬剤は，ドネペジル，リバスチグミン，ガランタミン，メマンチン，レカネマブ，ドナネマブの6種類である。そのうちの3種類（ドネペジル，リバスチグミン，ガランタミン）はコリンエステラーゼ阻害薬に分類される薬剤で，アセチルコリンという神経伝達物質の減少を防ぐ作用がある。副作用としては，嘔気，食欲低下，下痢などの消化器症状が中心である。メマンチンはNMDA受容体拮抗薬に分類される薬剤で，グルタミン酸の受容体を部分的に阻害し神経細胞の過剰な興奮による神経細胞死を防ぐ作用があ

る。副作用としては，主に眠気とめまいがみられる。[11]

上記の4つの薬剤と異なる働きをするレカネマブが2023（令和5）年9月に，次いで，ドナネマブが2024（令和6）年9月に承認された。レカネマブはアルツハイマー病の原因の1つといわれているアミロイドベータプロトフィブリルに結合し，脳内からこれらを除去することで，アルツハイマー病による認知症が軽度である時期，および，アルツハイマー病による軽度認知障害の人の進行を抑制することが示されている。副作用としては，使いはじめの初期に頭痛，寒気，発熱，吐き気などがあり，使いはじめて数か月以内に，脳の腫れや脳の少量の出血が生じたりするなどが報告されている。[12]

なお，すべての薬剤はアルツハイマー型認知症の人に保険適応されているが，ドネペジルのみレビー小体型認知症の人にも保険適応がある。なお，「行動・心理症状」に関しては，非薬物療法が基本であることが示されている。

(中島民恵子)

注

（1）　「認知症疾患診療ガイドライン」作成委員会編（2017）『認知症疾患診療ガイドライン2017』医学書院.

（2）　九州大学（2024）「認知症及び軽度認知障害の有病率調査並びに将来推計に関する研究報告書」（https://www.eph.med.kyushu-u.ac.jp/jpsc/uploads/resmaterials/0000000111.pdf?1715072186）.

（3）　（2）と同じ.

（4）　粟田主一（2020）「一人暮らし，認知症，社会的孤立」『老年精神医学雑誌』31, 451-459.

（5）　粟田主一（2020）「「わが国における若年性認知症の有病率・生活実態把握」に関する調査研究報告書」.

（6）　（2）と同じ.

（7）　認知症介護研究・研修センター監修（2016）『認知症介護実践者研修標準テキスト』ワールドプランニング.

（8）　平原佐斗司編著（2013）『医療と看護の質を向上させる認知症ステージアプローチ入門――早期診断，BPSDの対応から緩和ケアまで』中央法規出版.

（9）　日本認知症学会（2024）「認知症の医療提供体制に関する調査研究事業報告書」（https://dementia-japan.org/wp-content/uploads/2024/04/medicalprovision_report.pdf）.

（10）　疾患別の症状については，認知症対応力向上研修の研修教材に関する調査研究事業編（2022）「かかりつけ医 認知症対応力向上研修 研修テキスト」を参考に記した.

（11）　レカネマブ・ドナネマブ以外の薬剤については，山口晴保（2019）「第6節認知症の治療薬」介護福祉士養成講座編集委員会編『認知症の理解』中央法規出版；成本迅（2023）「認知症患者の診療と地域生活の支援」『京都薬科大学紀要』4（1），51-55を参考に記した.

（12）　厚生労働省「レカネマブ（レケンビ®点滴静注）について」（https://www.mhlw.go.jp/stf/seisakunitsuite/bunya/0000089508_00005.html, 2024.2.20）.

4章　高齢者に対する法制度

㉘ 認知症施策

◆認知症施策のはじまり

　日本における認知症施策は，1986（昭和61）年に，厚生省に痴呆性老人対策本部が設置されたことが，施策の総合的推進の体制整備のはじまりである。公的な認知症専用サービスのはじまりは1988（昭和63）年，自宅での療養困難な人への専門的なケアを提供する「老人性痴呆疾患治療病棟」と在宅療養を支える「老人性痴呆疾患デイケア」であった。その翌年1989（平成元）年には，認知症の専門医療相談や診断，夜間・休日の対応をおこなう「老人性痴呆疾患センター」が創設されており，高齢者人口増加に伴い認知症の専門的なケアの必要性の認識が徐々に高まりはじめた時代であった。しかし，この時代はまだ医療サービスのひとつとしての位置づけであり生活を支える政策とはいえなかった。

　福祉施策としては，1989年「高齢者保健福祉推進十か年戦略（ゴールドプラン）」，1994（平成6）年「高齢者保健福祉推進十か年戦略の見直しについて（新ゴールドプラン）」が策定され福祉サービスの量的拡充がはかられると同時に，認知症対策の実施推進項目が掲げられた。老人保健施設痴呆専門棟（1991（平成3）年），痴呆性老人毎日通所型デイサービス（1992（平成4）年）の整備と推進，1997（平成9）年には，痴呆対応型共同生活援助事業（グループホーム）など認知症対応の新たなサービスが次々に創設されていくことになる。

　介護保険法施行を前に，1999（平成11）年「今後5か年間の高齢者保健福祉施策の方向（ゴールドプラン21）」が策定され，そのなかで「痴呆性高齢者支援対策の推進」がうたわれ，認知症支援体制の充実とケアの質的向上をめざす具体的な方向性が示されたのである。

◆介護保険制度導入により認知症ケア質向上へ

　2000（平成12）年4月介護保険制度の施行により，措置制度から利用者の選択と事業者との契約による契約制度となり，各事業所・施設サービスの質管理について指針が定められた。ケアの質の向上のための研究と教育について国をあげた取り組みがはじまったのもこの時期からである。全国3か所（仙台，東京，大府）に

認知症になっても安心して暮らせる町づくり100人会議

　認知症になっても安心して暮らせる町づくりをめざし，一般市民向けの認知症サポーター養成研修とその講師役となるキャラバン・メイト養成研修をおこなっている。サポーター養成研修は，90分の研修を受講すればだれでもなることができ，理解者，協力者を広げることが期待されている。開催・受講については，各市町村自治体等が窓口となっている。

高齢者痴呆介護研究・研修センター（現認知症介護研究・研修センター）を設置し，各都道府県・政令指定都市における指導的人材を育成する「痴呆介護指導者研修（現認知症介護指導者研修）」がスタートした。

同時に各都道府県・政令指定都市で「痴呆介護実務者研修（基礎課程・専門課程）（現認知症介護実践者研修，認知症介護リーダー研修）」が一斉にはじまった。また，2001（平成13）年「福祉サービス第三者評価事業」の実施，2002（平成14）年に痴呆性高齢者グループホームへの外部評価の義務化，2006（平成18）年には，「介護サービス情報公表制度」の実施で一層サービスの質向上への取り組みが推進されていった。

◆認知症の人の地域生活を支える取り組みへ

介護保険制度の実施状況をふまえ課題を整理した報告書，2003（平成15）年「2015年の高齢者介護」（高齢者介護研究会報告書）において，認知症ケアモデルの確立と認知症や要介護になっても地域で生活が継続できるサービス体系の転換のモデルが示された。それが「地域包括ケアシステム」の概念であり，これまでの認知症になったら施設入所という流れを変えることをめざした。そのためにまず，一般市民の理解を促進しイメージを変えていくことが重要であるとして，2004（平成16）年には，これまで行政用語で「痴呆」としてきた呼称を「認知症」に

変更し，さらに2005（平成17）年から「認知症を知り地域をつくる10カ年構想」がはじまった。また，認知症の市民啓発と理解促進のための「認知症サポーター100万人キャラバン」をはじめとして，認知症の人の「本人ネットワーク支援」などがはじまった（**認知症になっても安心して暮らせる町づくり100人会議**）。地域での診療体制の整備も拡充に向け2005年「**認知症サポート医養成研修事業**」，翌年「かかりつけ医認知症対応力向上研修事業」がスタートした。このように，認知症への取り組みは市民への啓発，ケアの質向上，医療の専門性向上など多角的かつ網羅的に拡充され認知症の施策や取り組みは，隔離から地域へという流れが一気に進みはじめた。

◆地域生活の継続を支える政策へ
　（地域支援事業と認知症総合支援事業）

2015（平成27）年の介護保険改正では認知症の人が地域生活の継続が可能となるよう地域支援事業の拡充がはかられた。それが「認知症総合支援事業」である。そのなかの「認知症初期集中支援推進事業」では，「認知症初期集中支援チーム」の設置推進，地域における医療・介護等の連携を推進する「認知症地域支援・ケア向上事業」において「認知症地域支援推進員」の配置が進められた。

「認知症初期集中支援チーム」は，認知症の人への早期対応の遅れが，症状を悪化させてし

認知症サポート医

役割は，かかりつけ医を対象とした認知症対応力向上の研修の企画立案や相談支援，連携などをおこなう。また，医師会と地域包括支援センターの橋渡し役を担うことも期待されている。サポート医となるためには，厚生労働省の指定するカリキュラムの研修を受ける必要がある。

まっている課題解決のために，専門医と医療・介護の専門職をチームとして，訪問によりできる限り早い段階で，包括的，短期的（おおむね6か月）に支援に入り自立生活へのサポートをおこなうチームである。なお，「初期」とは必ずしも疾患の初期段階という意味ではなく，初動を意味している。対象者は，40歳以上，認知症の診断を受けていない人，医療・介護サービスを受けていないか中断している人のいずれかに該当する人である。また，これらのサービスを受けているが，認知症の行動・心理症状等が顕著で対応に苦慮しているケースも対象となる。設置は，市町村単位で地域包括支援センターや認知症疾患医療センターである。

　「認知症地域支援推進員」は，認知症の人が地域で安心して生活が継続できるよう，関係機関の連携やネットワークを形成するための支援体制を構築・調整し，その取り組みを推進する事業の企画調整役を担う。実施主体は，市町村であり，市町村認知症担当課（部署），地域包括支援センター，認知症疾患医療センターなどに配置される。**認知症ケアパス**作成・普及，専門医や医療機関や介護サービスとの連携などの役割がある。また，関係機関と連携した事業の企画・調整の役割も有しており，病院・施設等における対応力向上をはかるために支援，介護保険サービス施設・事業所等での在宅生活継続のための相談・支援，**認知症カフェ**の開催や家族支援，認知症多職種協働のための研修会の実

施，認知症の人への社会参加活動の体制整備，**認知症の人と家族への一体的支援事業**の企画・調整などがある。

◆認知症の本人の視点を重視する
　認知症施策の総合的推進

　早期診断は，本人の意思決定の促進や認知症の進行抑制にかかわる重要な課題であった。そこで2008（平成20）年から，認知症の早期診断と適時適切な支援体制を構築する拠点医療機関として「認知症疾患医療センター」（195頁）の整備がはじまった。

　2012（平成24）年，厚生労働省は具体的な数値目標を定めた「認知症施策推進5か年戦略（オレンジプラン）」を策定し公表した。認知症ケアパス，初期集中支援チーム，若年性認知症の支援策の強化や認知症カフェの全市町村設置等など新規事業と各数値目標が掲げられた。オレンジプランは2013（平成25）～2017（平成29）年までの計画であったが，当時の内閣総理大臣から指示を受け，2015年，省庁横断的な認知症施策の推進をはかる「認知症施策推進総合戦略（新オレンジプラン）」が発表された。新オレンジプランの特徴は，認知症当事者と家族の視点を重視した，社会生活全体を支えるしくみづくりをめざした包括的な目標が掲げられていることである。

　これら施策や，諸外国の取り組みに呼応する形で，2014（平成26）年には，認知症の本人に

認知症ケアパス

　認知症の気づきからの道筋（Path Way）を図解などをして，サービスや社会資源の活用方法をわかりやすくしたものである。全市町村で，全体版と地域版，個人版など活用方法によってわけて作られている自治体もある。

認知症カフェ

　1997年オランダではじまったアルツハイマーカフェがルーツである。認知症の人や家族，地域住民そして専門職が同じ場に集い，リラックスした環境で認知症に関する情報交換をしたり，出会いの場となっている。だれでも参加できることから地域全体の認知症理解に広がる活動である。

認知症の人と家族への一体的支援事業

　認知症の人と家族2組以上で参加し，話し合いと，活動を通して家族関係の気づきの場，調整，再構築の場である。とくに診断直後の支援として有効である。

よる当事者団体「日本認知症本人ワーキンググループ（JDWG）」が発足し，認知症の人の声を国に届け政策に反映させるための役割を担っている。2019（令和元）年には「認知症施策推進大綱」が取りまとめられた。この時議論になったのは「予防」の用語の取り扱いであり，「予防とは認知症にならないことを指すことではない」と明記された。「予防」の強調は認知症への偏見を助長するという本人や関係者の声からであった。

「認知症施策推進大綱」は5つの柱に基づき2025（令和7）年までの数値値目標を策定した。同年2019年9月には，認知症基本法法案が国会に提出され，認知症の本人，家族，関係団体への意見聴取と議論が重ねられ，2023（令和5）年6月共生社会の実現を推進するための認知症基本法が成立し，翌1月に施行された。同法では，認知症の人の尊厳を保持しつつ希望をもってくらすことができる「共生社会」実現のための総合的かつ計画的な推進をめざし，国・地方自治体の認知症施策を策定・実施する責務，内閣官房に認知症施策推進本部を設置すること等が明記されている。認知症基本法の成立は，日本の認知症施策の本人視点の重視という理念に基づいた認知症施策が継続的に推進されるための大切な指針となる法律である。2024年12月には，法に基づく国の認知症施策の基本計画「認知症施策推進基本計画」がとりまとめられており，「**新しい認知症観**」の理解促進の重要性が示された。

◆今後の方向性

　認知症の人の在宅生活の継続には，24時間の見守りや専門的な知識やケアを要することから家族介護者支援も不可欠である。しかし，介護保険制度は一義的には要介護者のためのサービスであり，家族への支援は十分とはいえない。地域包括ケアシステムの実現と高齢者世帯のさらなる増加に鑑みれば，認知症の家族介護者支援策の検討も併せて進められなければならない。また，認知症基本法が制定されたことで，今後は各市町村自治体レベルで，認知症本人の声を初期だけではなく，重度の方まで幅広く汲み取り，いかに施策や街づくり，そしてケアに反映するのかが一層問われている。　　　（矢吹知之）

参考文献
厚生労働省（2012）「認知症施策推進5か年戦略（オレンジプラン）（平成25年度から平成29年度までの計画）」.
厚生労働省（2017）「認知症施策推進総合戦略（新オレンジプラン）～認知症高齢者等にやさしい地域づくりに向けて～（2017年7月改訂版）」.
厚生労働統計協会（2023）『国民の福祉と介護の動向2023／2024版』.
認知症施策推進関係閣僚会議（2019）「認知症施策推進大綱」.

認知症施策推進大綱5つの柱
①普及啓発・本人発信支援
②予防
③医療・ケア・介護サービス・介護者への支援
④認知症バリアフリーの推進・若年性認知症の人への支援・社会参加支援
⑤研究開発・産業促進・国際展開

新しい認知症観
認知症になったら何もできなくなるのではなく，認知症になってからも一人ひとりが，個人としてできること・やりたいことがあり，住み慣れた地域で仲間等とつながりながら，希望をもって自分らしくくらし続けることができるという考え方。

4章　高齢者に対する法制度

㉙ 高齢者の生きがい支援

◆生きがいと生涯学習の概念

日本では，高齢者の生きがいや高齢者を含めたすべての人々の生涯学習を支援するさまざまな取り組みがおこなわれている。

生きがいとは，「生きるはりあい」「しあわせを感じるもの」「生きる価値や経験を実現できるもの」と考えられ，欧米を中心に発展した QOL（Quality of Life）の概念では整理しきれない日本独特のものとの指摘がある[2]。生きがいという言葉の使い方には，「生きがいの源泉または対象」を意味する場合（子の存在，孫と遊ぶ，旅行するなど）と，生きがいを感じている精神状態である「生きがい感」を意味する場合の2つがある[3]。

生涯学習とは，「人々が生涯に行うあらゆる学習，すなわち，学校教育，家庭教育，社会教育，文化活動，スポーツ活動，レクリエーション活動，ボランティア活動，企業内教育，趣味など様々な場や機会において行う学習」である[4]。学習の意図がなくとも，乳幼児が言葉や生活習慣を学ぶことも生涯学習であり，地域貢献活動を通じて意図せずに学ぶことあるため地域貢献活動そのものも生涯学習に含まれるというように，意図的ではない生涯学習もあるとされる[5]。

◆高齢者の生きがいに関する状況

高齢者の生きがいについて，内閣府が60歳以上の者を対象として2021（令和3）年に実施した「高齢者の日常生活・地域社会への参加に関する調査」の結果によると，「現在どの程度，生きがい（喜びや楽しみ）を感じているか」との質問に対する回答は，「十分感じている」が23.1％，「多少感じている」が50.1％，「あまり感じていない」が17.7％，「まったく感じていない」が2.6％，「不明・無回答」が6.5％で，「感じている」に該当する回答が73.2％となっている。

生きがい（喜びや楽しみ）を感じる時（複数回答可）については，「孫など家族との団らんの時」が55.3％，「おいしい物を食べている時」が54.8％，「趣味やスポーツに熱中している時」が53.5％，「友人や知人と食事，雑談している時」が52.6％と続いており，これら4つの割合の高さが目立っていた。

QOL（Quality of Life）

「生活の質」のことであり，「生命の質」「生存の質」などと訳されることもある。QOLは，一般的には，主観的なQOL（構成要素の例として，生活満足度，不安度など）と客観的なQOL（同，身体的健康，経済状況，人間関係，居住環境，社会的なつながりなど）により生活の質をとらえようとする広範で多次元的な概念である。そのため共通の定義がなく，分野や使用目的により内容が異なる面がある。経済的・物質的な豊かさや延命治療を含めた生命の長さといった「量」を重視することへの疑問から，本当の豊かさや充実感，幸せとは何かという「質」への着目という転換により，QOLというものが検討され，発展してきた。[柴田博（1998）「QOL」東京都老人総合研究所編『サクセスフル・エイジング──老化を理解するために』ワールドプランニング，47-52；三重野卓（2004）『「生活の質」と共生（増補改訂版）』白桃書房.]

高齢者の生きがいの有無を規定する要因を多変量による統計分析をした結果では，「生きがいをもちやすい者」の特性は，健康状態がよい者，家計に心配ごとがない者，家族内に役割がある者，社会活動に参加している者，「生きがいをもちにくい者」は，未婚者，離別者，孤独感が高い者であった。

◆高齢者の生涯学習に関する状況

高齢者の生涯学習に関して，先述の「高齢者の日常生活・地域社会への参加に関する調査」の結果によると，参加している学習活動（複数回答可）について，「カルチャーセンターなどの民間団体が行う学習活動」が6.8%，「テレビ，ラジオ，インターネット，郵便など通信手段を用いて自宅にいながらできる学習」が6.4%，「地方公共団体など公的機関が高齢者専用に設けている高齢者学級や老人大学」が4.0%，「地方公共団体など公共機関や大学などが開催する公開講座や学習活動」が3.6%と続いており，いずれも10%未満であった。そして，「参加しておらず，参加したいとも思わない」が45.7%，「参加していないが，参加したいと思う」が25.6%であった。

一方で，内閣府が18歳以上の者を対象として2022（令和4）年に実施した「生涯学習に関する世論調査」の結果によると[7]，「この1年間の月に1日以上の学習状況」（複数回答可）の60〜69歳（カッコ内は70歳以上）の者の回答をみ

ると，「健康やスポーツに関すること」が37.2%（34.8%），「仕事に必要な知識・技能や資格に関すること」が36.4%（14.5%），「音楽や美術，レクリエーション活動などの趣味に関すること」が22.9%（19.6%），「料理や裁縫などの家庭生活に関すること」が20.6%（18.0%）と続いており，いずれも10%を超えていた。「学習していない」は23.7%（32.5%）であった。

◆高齢者の生きがい・生涯学習支援に関係する主要な法

老人福祉法（1963（昭和38）年成立）では「老人は，多年にわたり社会の進展に寄与してきた者として，かつ，豊富な知識と経験を有する者として敬愛されるとともに，生きがいを持てる健全で安らかな生活を保障されるものとする」（第2条）とあり，高齢者が生きがいをもてる生活の保障について記載されている。

高齢社会対策基本法（1995（平成7）年成立）では「国は，国民が生きがいを持って豊かな生活を営むことができるようにするため，生涯学習の機会を確保するよう必要な施策を講ずるものとする」（第11条）とあり，高齢者を含んだ全国民の生きがいと生涯学習に関する支援について記載されている。

高齢社会対策大綱では，分野別の基本的施策に関する中期にわたる指針を定めている。そのうち，「学習・社会参加」分野では，高齢者が

高齢社会対策大綱

高齢社会対策大綱（2018年2月16日閣議決定）は，高齢社会対策基本法の第6条にある，「政府は，政府が推進すべき高齢社会対策の指針として，基本的かつ総合的な高齢社会対策の大綱を定めなければならない」という規定に基づいて，おおむね5年ごとに見直しがおこなわれる。

就業の場や地域社会で活躍できるよう高齢期の学びを支援すること，高齢者を含めたすべての人々が生涯にわたって学習活動をおこなうことができるように多様な学習機会の提供をし，その成果が地域活動の場で活用されるようにはかること，高齢者が生きがいをもって活躍したり学習成果をいかしたりできるよう，高齢者の社会参加活動を促進することなどが示されている。

◆高齢者の生きがい支援に関する対策

高齢者の生きがい対策の主要な例として，老人クラブ，全国健康福祉祭（ねんりんピック），高齢者生きがい活動促進事業がある。老人クラブは，地域を基盤とする高齢者の自主的な組織で，おおむね60歳以上の者を対象とし，戦後誕生して各地に普及していった。健康づくりや趣味などの「生活を豊かにする楽しい活動」，見守りなどの支えあいや世代交流，ボランティアなどの「地域を豊かにする社会活動」をおこなっている。老人クラブは，老人福祉法（第13条）において，老人福祉を増進するための事業をおこなうものとして位置づけられている。

全国健康福祉祭（ねんりんピック）は，60歳以上の高齢者を中心とするスポーツ，文化，健康と福祉の総合的な祭典であり，毎年開催されている。

高齢者生きがい活動促進事業は，企業退職高齢者等が，地域社会のなかで役割をもって生き生きと生活できるよう，有償ボランティア活動による一定の収入を得ながら自らの生きがいや健康づくりにもつながる活動をおこない，同時に介護予防や生活支援のサービスの基盤整備を促進するものである。[8]

◆高齢者向けの生涯学習支援の例

千葉県には，1975（昭和50）年に開校した生涯大学校がある。千葉県生涯大学校は，①高齢者等に学習の機会を提供し，高齢者自らが社会的活動に参加することによる健康の保持増進や生きがいの高揚に資すること，②高齢者が福祉施設，学校等におけるボランティア活動，自治会の活動その他の地域における活動の担い手となることを促進することを目的とし，県内5地域に設置されている。入学資格は，県内に在住する55歳以上の者となっている。

学部や設置コースなどが見直され，**図表29-1**のように，健康・生活学部のなかに5つのコースがおかれている。主な学習内容について，「地域ささえあいコース」は地域福祉分野，「千葉ふるさとづくりコース」は観光・歴史・自然環境保全等の分野，「ふるさとささえあいコース」は「地域ささえあいコース」と「千葉ふるさとづくりコース」の両方の内容，「園芸まちづくりコース」は園芸に関する知識・技術と，これを活かしたまちづくり等，「陶芸ボランティアコース」は陶芸に関する知識・技術と，これを活かしたボランティア活動等となっている。「地域活動専攻科」は，各コースの卒業生

地域包括ケアシステム

人口が多い団塊の世代と呼ばれる年齢層が75歳以上となる2025（令和7）年を目途に，重度な要介護状態となっても住み慣れた地域で自分らしいくらしを人生の最後まで続けることができるよう，住まい・医療・介護・予防・生活支援が一体的に提供される地域包括ケアシステムの構築の実現がめざされている。市町村や都道府県が，地域の自主性や主体性に基づき，地域の特性に応じて作りあげていくことが必要とされている。[厚生労働省「地域包括ケアシステム」(https://www.mhlw.go.jp/stf/seisakunitsuite/bunya/hukushi_kaigo/kaigo_koureisha/chiiki-houkatsu/, 2024.2.13.)]

29 高齢者の生きがい支援

図表29-1 千葉県生涯大学校の各コース等と入学定員

学部・学科・コース名		入学定員	修業年限
健康・生活学部	地域ささえあいコース	340人	2年（週1日）
	千葉ふるさとづくりコース	170人	
	ふるさとささえあいコース	220人	
	園芸まちづくりコース	350人	
	陶芸ボランティアコース	180人	
地域活動専攻科		100人	1年（週1日）
計		1,360人	

出所：千葉県健康福祉部高齢者福祉課（2023）「第3次千葉県生涯大学校マスタープラン」（https://www.pref.chiba.lg.jp/koufuku/jinzai/shougaidaigaku/documents/masterplan3th.pdf, 2024.2.6）20. の別表より筆者が一部抜粋.

が入学し，演習や地域における団体での体験を通して，地域リーダーとして起業や団体設立，地域イベントの企画等をおこなうためのノウハウを学ぶ内容となっている。[9]

◆高齢者の生きがい・生涯学習の支援と継続的発展に向けて

　厚生労働省は，**地域包括ケアシステム**の構築を推進している。元気な高齢者等が，生活支援が必要な高齢者を支える社会的な活動に参加する取り組みが重要であり，支える活動をおこなう高齢者自身の生きがいや介護予防にもつながるとしている。支えが必要な要支援等の高齢者が増加し，高齢者ケア人材として期待される労働者人口が減少している日本で地域高齢者ケアに対応していくためには，高齢者の生涯学習，社会参加活動，生きがいの支援施策を用いながら，元気な高齢者等による生活支援活動への参加や活躍が求められよう。これとともに，支える側の高齢者だけでなく，支えられる側の高齢者の生きがいや生涯学習の支援に関する取り組みもおこなっていく必要があろう。（岡本秀明）

注
（1）　長嶋紀一（2002）「高齢者の生きがいとQOLに関する心理学的研究」『生きがい研究』8，長寿社会開発センター，16-37.
（2）　柴田博（1998）「QOL」東京都老人総合研究所編『サクセスフル・エイジング――老化を理解するために』ワールドプランニング，47-52.
（3）　神谷美恵子（1980）『生きがいについて』みすず書房，15.
（4）　文部科学省（2019）「第3章　生涯学習社会の実現」『平成30年度文部科学白書』（https://www.mext.go.jp/b_menu/hakusho/html/hpab201901/detail/1421865.htm, 2024.2.6）.
（5）　超高齢社会における生涯学習の在り方に関する検討会（2012）「長寿社会における生涯学習の在り方について――人生100年いくつになっても学ぶ幸せ「幸齢社会」」（https://www.mext.go.jp/component/a_menu/education/detail/__icsFiles/afieldfile/2012/03/28/1319112_1.pdf, 2024.2.13）.
（6）　内閣府（2023）「令和3年度 高齢者の日常生活・地域社会への参加に関する調査結果（全体版）」（https://www8.cao.go.jp/kourei/ishiki/r03/zentai/pdf_index.html, 2024.2.6）.
（7）　内閣府（2022）「表1」『生涯学習に関する世論調査（令和4年7月調査）』（https://survey.gov-online.go.jp/r04/r04-gakushu/zh/h01.csv, 2024.2.6）.
（8）　内閣府（2023）「3　学習・社会参加」『令和5年版高齢社会白書（全体版）』（https://www8.cao.go.jp/kourei/whitepaper/w-2023/zenbun/pdf/3s2s_03.pdf, 2024.2.13）.
（9）　千葉県健康福祉部高齢者福祉課「令和6年度学生募集――千葉県生涯大学校（二次募集）」（https://www.pref.chiba.lg.jp/koufuku/jinzai/shougaidaigaku/gansho_nyuusyu.html, 2024.2.6）.

4章　高齢者に対する法制度

㉚ 老人福祉法

◆老人福祉法制定の背景と目的

　老人福祉法は，「老人の福祉に関する原理を明らかにするとともに，老人に対し，その心身の健康の保持及び生活の安定のために必要な措置を講じ，もつて老人の福祉を図ることを目的」（第1条）に1963（昭和38）年に制定された。1961（昭和36）年に国民皆保険が整ったばかりで，多くの高齢者は年金等の所得保障はなく，子や孫と同居するのが当たり前の時代であり，「身よりのない・お金のない」高齢者に対する救貧制度が生活保護の「養老施設」としておこなわれていたにすぎなかった。

　そのような時代に，経済的・環境的要件を問わず，すべての高齢者を対象として「老人の福祉を図る」ことをうたった法律は，当時世界にも例を見ない画期的なものであった。そして，これまで生活保護法のもとにあった「養老施設」を老人福祉法に移し「養護老人ホーム」とした。また「**軽費老人ホーム**」を新設し，さらに，このとき初めて「身よりのない・お金のない」高齢者のみならず，「常時介護を必要とする」高齢者のための「特別養護老人ホーム」が

誕生した。この後，高度経済成長期に入ると核家族化が進み出生率が低下するとともに，公衆衛生の向上や医療の発展により死亡率が急速に低下し，やがて1970（昭和45）年に高齢化率が7％を超え，「高齢化社会」が到来する。

◆老人福祉法の改正

　急速に進む高齢化と家族形態の変化のなか，老人福祉法の一部改正により「老人医療費支給制度」が創設され，1973（昭和48）年に70歳以上高齢者の医療費負担を無料にする制度がはじまった。この年は，医療保険や年金制度も改革され，社会保障関係費が飛躍的に増大したことから，「福祉元年」と呼ばれた。しかし，皮肉にも同じ1973年の秋に第1次オイルショックが起こり，「福祉見直し論」が登場した。1982（昭和57）年に老人保健法（現高齢者の医療の確保に関する法律）が制定され，高齢者にも医療費の一部負担が導入されたことで，老人福祉法上の老人医療費支給に関する規定は削除された。老人保健法では，医療費自己負担の導入に伴う早期発見，早期治療が後退しないよう，医

軽費老人ホーム

　無料または低額な料金で，家庭環境・住宅事情・経済状況などの理由により，居宅において生活することが困難な高齢者を入所させ，食事その他日常生活上必要な便宜を提供する施設，従来のA型・B型・ケアハウスの3類型が規定されていたが，2008（平成20）年以降に新設する施設は，食事が提供されバリアフリー化されたケアハウスに統一された。

療以外の保健事業として40歳以上の地域住民に対して，健康手帳の交付，健康教育，健康相談，健康診査，機能訓練，訪問指導の6事業が規定された。(1)

その後の急激な高齢社会に対応するため，1986（昭和61）年に長寿社会対策大綱が閣議決定され，1989（平成元）年3月には，福祉関係3審議会（中央社会福祉審議会・身体障害者福祉審議会・中央児童福祉審議会）による合同企画分科会において，長寿社会にふさわしい社会保障施策の方向性として「今後の社会福祉のあり方について」が提言された。

同年4月に消費税が導入されたという社会背景も伴い，12月には，これまでの施設収容中心から在宅福祉の推進をめざす「高齢者保健福祉推進十か年戦略」いわゆるゴールドプランが策定された。大蔵・厚生・自治3大臣（当時）の合意事項として21世紀に向かう日本の高齢化への対応をはかり，高齢者に関わる福祉および保健対策の基本的方向性を示したもので，在宅福祉の推進，「寝たきり老人ゼロ作戦」をうたった。その内容は，1990（平成2）年から1999（平成11）年にかけて緊急に取り組むべき施策を「ホームヘルパー10万人，通所サービス1万ヶ所，特別養護老人ホーム24万床」など具体的な数値を上げて目標設定し，在宅サービスを充実させることにより，高齢者が住み慣れた地域で，いきいきと暮らせるような在宅福祉と施設福祉，あるいは保健，福祉，医療，これらが連携する総合的なサービスのシステムを構築することをめざしたものであった。

ゴールドプランの流れを受けて，1990年に老人福祉法の一部改正を含む，**福祉関係八法改正**がおこなわれ，①在宅福祉サービスの積極的推進，②特別養護老人ホーム等の入所決定事務の町村への移譲，③（市区町村・都道府県）老人保健福祉計画の策定義務，④老人健康保持事業（生きがいと健康づくり）の促進と対応する全国規模の法人の指定，⑤有料老人ホームに対する指導監督の強化，が規定され，地方分権が促進された。

とくに各自治体が策定した老人福祉計画が集約されると，ゴールドプランに掲げた数値目標では不足することが明らかとなり，1994（平成6）年に計画の目標値の引き上げや，新たに訪問看護ステーションの設置目標が盛り込まれた「高齢者保健福祉推進十か年戦略の見直しについて（新ゴールドプラン）」が策定された。そこでは日本で初めて認知症高齢者対策が取り上げられた。その後の，1999年の「今後5か年間の高齢者保健福祉施策の方向（ゴールドプラン21）」は介護保険制度につながるものとなっていった。

◆**老人福祉法の構成と基本理念**

老人福祉法は，「総則」「福祉の措置」「事業及び施設」「老人福祉計画」「費用」「有料老人ホーム」「雑則」「罰則」の8つから構成される。

福祉関係八法改正

老人福祉法，児童福祉法，身体障害者福祉法，精神薄弱者福祉法（現知的障害者福祉法），母子及び寡婦福祉法（現母子及び父子並びに寡婦福祉法），老人保健法（現高齢者の医療の確保に関する法律），社会福祉事業法（現社会福祉法），社会福祉・医療事業団法（現独立行政法人福祉医療機構法）の八法を1990年に同時改正したことをいう。

「総則」には，基本理念があり，「老人は，多年にわたり社会の進展に寄与してきた者として，かつ，豊富な知識と経験を有する者として敬愛されるとともに，生きがいを持てる健全で安らかな生活を保障されるものとする」と定められている（第2条）。

◆老人福祉法に基づく措置

措置制度とは，福祉サービスの提供にあたって，市町村等の行政機関がサービスの実施の要否，サービスの内容，提供主体等を決定して，行政処分として利用者にサービスを提供する仕組みのことである。第10条の3第1項には，「市町村は65歳以上の者であつて，身体上又は精神上の障害があるために日常生活を営むのに支障があるものが，心身の状況，その置かれている環境等に応じて，自立した日常生活を営むために最も適切な支援が総合的に受けられるように，次条（居宅における介護等）及び第11条（老人ホームへの入所等）の措置その他地域の実情に応じたきめ細やかな措置の積極的な実施に努めるとともに，（中略）老人の福祉を増進することを目的とする事業を行う者及び民生委員の活動の連携及び調整を図る等地域の実情に応じた体制の整備に努めなければならない」とある。このような措置がおこなわれるのは以下の①，②，③の3つの場合である。

① 養護老人ホームへの入所
② 65歳以上の者で，身体上または精神上の障害があるために日常生活を営むのに支障がある者が，やむをえない事由により介護保険法に規定する介護サービスを利用することが著しく困難と認めるとき（居宅サービス）。
③ 65歳以上の者であって，身体上または精神上著しい障害があるために常時の介護を必要とし，かつ居宅においてこれを受けることが困難なものが，やむをえない事由により介護保険法に規定する地域密着型介護老人福祉施設・介護老人福祉施設に入所することが著しく困難であると認めるとき（施設入所）。

2000（平成12）年に介護保険制度が施行され，高齢者サービスの多くは，介護保険制度に移行したが，「利用契約」というサービス利用の方法にそぐわない，もしくは利用できない者（虐待等のやむを得ない事由にある者）に対して，高齢者の生命または身体の安全を確保し，その権利を擁護するために福祉の措置を残している。

◆老人福祉法の事業

老人福祉法に定められた在宅サービスと施設サービスを，介護保険法に定められたサービスと施設と照らし合わせると**図表30-1**のようになる。

◆有料老人ホーム

有料老人ホームとは，高齢者のみを対象とし，食事の提供，介護（入浴・排せつなど）の提供，洗濯・掃除等の家事の供与，健康管理のうち，

MEMO

図表30-1　老人福祉法と介護保険法におけるサービスと施設

	老人福祉法（ほとんどが措置）	介護保険法（契約）
居宅（在宅）サービス	【老人居宅生活支援事業】（第5条の2）	【居宅サービス】（第8条の1）
	老人居宅介護等事業 （ホームヘルプサービス）	訪問介護
	老人デイサービス事業	通所介護
	老人短期入所事業（ショートステイ）	短期入所生活介護
		【地域密着型サービス】（第8条の14）
	小規模多機能型居宅介護事業	小規模多機能型居宅介護
	認知症対応型老人共同生活援助事業	認知症対応型共同生活介護
	複合型サービス福祉事業	複合型サービス
施設サービス	【老人福祉施設】（第5条の3）	【介護保険施設】（第8条の25）
	特別養護老人ホーム	介護老人福祉施設
		介護老人保健施設
		介護医療院
	養護老人ホーム	特定施設入居者生活介護 （介護保険法では居宅扱い）
	軽費老人ホーム（契約）	
	老人デイサービスセンター	
	老人短期入所施設	
	老人福祉センター（利用）	
	老人介護支援センター （在宅介護支援センター）	地域包括支援センター

出所：筆者作成.

いずれかのサービス（複数も可）を提供している施設。民間施設であるが，都道府県知事へ届出をおこなう必要がある。サービス費用および入居にかかる費用は全額有料となる。介護保険法上の指定を受けると「**特定施設入居者生活介護**」として，介護保険の給付の対象となる。

(堀川涼子)

注
（1）　医療保険各法その他の法令に基づく事業のうち，医療等以外の保健事業に相当する保健サービスを受けた場合，または受けることができる場合には，対象にならない。

老人福祉センター

地域の高齢者に対して，各種の相談に応ずるとともに，健康の増進，教養の向上およびレクリエーションを提供し，高齢者が健康で明るい生活を営めることを目的としたセンター。

特定施設入居者生活介護

「特定施設」とは有料老人ホーム，軽費老人ホーム（ケアハウス），サービス付き高齢者向け住宅，養護老人ホームのうち，介護保険法の指定を受けた施設。特定施設に入居している利用者に施設の提供するサービス，入浴，排せつ，食事等の介護その他日常生活上の世話，機能訓練，療養上の世話をおこなうサービスのこと。定員29人以下の特定施設でおこなわれるサービスは「地域密着型特定施設入居者生活介護」となる。

4章　高齢者に対する法制度

31 高齢者の医療の確保に関する法律

◆「高齢者の医療の確保に関する法律」施行に至るまでの高齢者医療施策の変遷

　1972（昭和47）年に老人福祉法が改正され，日本では1973（昭和48）年1月から一定の所得水準以下の主に70歳以上の高齢者を対象に医療費の無料化（老人医療費支給制度）がおこなわれた。この制度では，70歳以上（寝たきり等の場合は65歳以上）の高齢者における医療保険の自己負担分について，公費を財源として支給するものであったが，「はしご受診」や「社会的入院」などを助長し，高齢者の医療費が著しく増大したことで，とくに**市町村国民健康保険**（市町村国保）の財政が逼迫するという問題が生じた。そのため，高齢者における医療費の負担の公平化を目的に，1982（昭和57）年に老人保健法が制定され，全国平均の高齢者加入率に基づいて算出された拠出金を各医療保険間で等しく負担するというしくみの導入や，一定額の自己負担を課すこととなった。また，退職した**被用者保険**の加入者が市町村国保に加入することで，市町村国保の財政を圧迫するという制度上の問題を防ぐため，1984（昭和59）年に「退職者医療制度」が創設された。これにより，世代間での公平な費用負担をめざして，市町村国保の財源に各被用者保険からの拠出金を含めるというしくみがとられるようになった。

　しかし，その後も高齢者の医療費は持続的に増大し，医療ニーズが高まる高齢期に被用者保険の加入者が退職して市町村国保へ加入することで，市町村国保の財政が逼迫するといった高齢者医療の財政に係る制度上の問題などが指摘された。このような状況のなか，2003（平成15）年に「医療保険制度体系及び診療報酬体系に関する基本方針（骨子）[1]」が閣議決定され，医療保険制度の安定的な運営をはかるための抜本的な制度改革に向けて，新たな高齢者医療制度の創設や保険者の再編・統合などが対応策として盛り込まれた。また2005（平成17）年の「経済財政運営と構造改革に関する基本方針2005（骨太の方針2005）[2]」が閣議決定され，医療費適正化に向けた必要な措置を講じる流れが加速化した。

　そして2006（平成18）年の健康保険法等の一部を改正する法律の成立に伴い，老人保健法は

市町村国民健康保険

　日本の医療保険制度は，国民健康保険と被用者保険，後期高齢者医療制度に大別されている。国民健康保険は，都道府県ならびに市区町村が保険者となっている市町村国民健康保険と，業種（農林水産業者や自営業者など）ごとに組織される国民健康組合で構成され，被用者保険や後期高齢者医療制度に加入していない人が対象である。

被用者保険

　被用者保険は，日本の医療保険制度の一つである。被用者保険には，主に大企業の会社員とその扶養家族が加入する組合管掌健康保険と，主に中小企業の会社員とその扶養家族が加入する全国健康保険協会管掌健康保険，公務員や私立学校教職員とその扶養家族が加入する共済保険，船員とその扶養家族が加入する船員保険がある。

図表31-1 老人保健法から高齢者の医療の確保に関する法律への移行

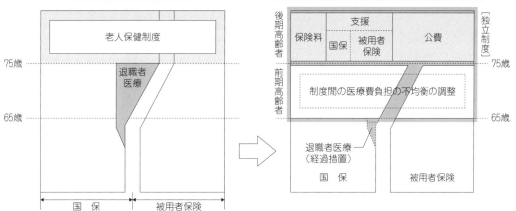

出所：内閣府（2006）『平成18年版高齢社会白書』（https://www8.cao.go.jp/kourei/whitepaper/w-2006/zenbun/18pdf_index.html, 2024.2.28）.

高齢者の医療の確保に関する法律へと改称・改正され，2008（平成20）年に施行された。この法律では，①75歳以上の高齢者を対象とした後期高齢者医療制度の創設，②65歳以上75歳未満の高齢者である前期高齢者の費用負担に係る財政調整（前期高齢者医療制度の創設），③退職者医療制度の廃止，④医療費適正化計画の作成が主な柱であった(3)（図表31-1）。

◆後期高齢者医療制度

後期高齢者医療制度は，75歳以上の人および**一定の障害があると認定された65歳以上75歳未満の人**が加入し，現役世代が加入する市町村国保や被用者保険から独立した医療保険である。都道府県ごとに，すべての市町村が加入する後期高齢者医療広域連合が運営主体となって，被保険者の資格認定・管理，後期高齢者医療被保険者証の交付，保険料の賦課，医療給付等をおこない，市町村が保険料の徴収や，届出・申請受付等の窓口業務をおこなっている。

後期高齢者医療制度の財源は，患者の自己負担分を除き，公費が約5割，現役世代からの支援金（**後期高齢者支援金**）が約4割，被保険者からの保険料が約1割で構成されている。被保険者が負担する保険料率は，診療報酬改定に合わせて2年ごとに後期高齢者医療広域連合が決定し，個人単位での保険料納付が課せられている。また保険料は，被保険者全員が負担する均等割と所得に応じて負担する所得割によって構成されているが，世帯の所得が一定以下の場合

一定の障害があると認定された65歳以上75歳未満の人

後期高齢者医療制度における「一定の障害があると認定された65歳以上75歳未満の人」とは，本人の申請により，後期高齢者医療広域連合の認定を受けた人をいう。65歳以上75歳未満の人が認定を受けられる障害の程度は，高齢者の医療の確保に関する法律施行令の第3条に該当する状態をいう。具体的には障害基礎年金（1・2級），身体障害者手帳（1・2・3級および4級の一部），療育手帳（A：重度），精神障害者保健福祉手帳（1・2級）などの状態にある人をさす。

後期高齢者支援金

75歳以上（一定の障害があると認定された65歳以上75歳未満を含む）の人の医療費の一部を支援することを目的に，74歳以下の人が負担する保険料である。

には均等割の保険料を軽減する特例が設けられている[4]。

療養の給付に伴う被保険者の自己負担は制度の創設以降，１割（現役並み所得者は３割）であったが，2022（令和４）年10月以降からは原則１割，一定所得者は２割，現役並み所得者は３割となった（**図表31-2**）。ただし２割負担となる被保険者については，外来医療の負担増加額を3,000円までに抑える激変緩和措置が導入されている（2025（令和７）年９月末まで）。また**高額療養費制度**により，１か月あたりの自己負担に上限額が設定され，所得区分が「住民税非課税世帯区分Ⅰ・Ⅱ」や「一般Ⅰ・Ⅱ」に該当する人については，外来医療のみの上限額が個人単位で，入院医療を含めた上限額が世帯単位で設けられ，上限額を超えた窓口支払い分については後日払い戻しされるしくみである（**図表31-2**）。

◆前期高齢者の費用負担に係る財政調整

前期高齢者医療制度は，65歳以上75歳未満の人（前期高齢者）の多くが市町村国保に加入している状況下で，加入者の多くが現役世代で構成されている被用者保険との間に医療費負担の不均衡が生じていたことから，医療保険間の医療費負担を調整するために創設された制度である。「全国平均の前期高齢者加入率」と「各医療保険の前期高齢者加入率」を比較し，社会保険診療報酬支払基金を通して，前期高齢者加入率が低い医療保険が「前期高齢者納付金」を納付し，前期高齢者加入率が高い医療保険に「前期高齢者交付金」を交付することで，前期高齢者に係る医療費負担の調整がおこなわれている。つまり本制度は，後期高齢者医療制度のように独立した制度ではなく，あくまでも医療保険間の医療費負担の不均衡の調整をおこなうための制度であるため，加入者が65歳以上75歳未満の間は加入する医療保険により，従来どおりの給付を受けることになる。

療養の給付に伴う被保険者の自己負担は，70歳未満は原則３割負担である。また70歳になると「高齢受給者証」が交付され，所得区分が「住民税非課税世帯区分Ⅰ・Ⅱ」や「一般」に該当する人は自己負担が２割，「現役並みⅠ・Ⅱ・Ⅲ」に該当する人は３割となる。また70歳以上の前期高齢者については，所得区分が「住民税非課税世帯区分Ⅰ・Ⅱ」や「一般」に該当する人の外来医療のみの上限額が個人単位で，入院医療を含めた上限額が世帯単位で設けられており，上限額を超えた窓口支払い分が高額療養費制度により給付される。

◆医療費適正化計画

医療費適正化計画とは，国民の健康保持の推進や効率的な医療の提供に関して，医療費適正化を推進するために達成すべき目標や，目標達成のための具体的な事業を定めた計画である。国は６年を１期（第２期（2013（平成25）〜

療養の給付

被保険者の傷病の治療に際して，一定割合の自己負担額を支払うことで，診察，投薬，治療，手術，入院などの必要な医療を受けることをいう。

高額療養費制度

医療費の家計負担を軽減するため，１か月あたりの医療機関や調剤薬局等で支払った医療費の自己負担が，所得区分に応じて設定された自己負担上限額を超えた場合に，その超えた金額分を支給する制度である。

図表31-2　後期高齢者医療制度における所得区分と自己負担額

自己負担割合	所得区分		外来（個人単位）	外来＋入院（世帯単位）	多数該当
3　割	現役並みⅢ	課税所得が690万円以上	25万2,600円＋（総医療費－84万2,000円）×1％		14万100円
	現役並みⅡ	課税所得が380万円以上690万円未満	16万7,400円＋（総医療費－55万8,000円）×1％		9万3,000円
	現役並みⅠ	課税所得が145万円以上380万円未満	8万100円＋（総医療費－26万7,000円）×1％		4万4,400円
2　割	一般Ⅱ	課税所得が28万円以上かつ「年金収入＋その他の合計所得金額」が単身世帯の場合200万円以上，複数世帯の場合その合計が320万円以上	6,000円＋（総医療費－3万円）×10%[2]または1万8,000円のいずれか低い方[1]	5万7,600円	4万4,400円
1　割	一般Ⅰ	住民税非課税，一般Ⅱ，現役並みを除く区分	1万8,000円[1]	5万7,600円	4万4,400円
	住民税非課税世帯区分Ⅱ[3]		8,000円	2万4,600円	－
	住民税非課税世帯区分Ⅰ[4]		8,000円	1万5,000円	－

注：
※1　年間（8月1日から翌年7月31日まで）の合計額は14万4,000円まで。
※2　激変緩和措置（2025年9月30日まで）。
※3　世帯全員が住民税非課税（住民税非課税世帯区分Ⅰを除く）。
※4　世帯全員が住民税非課税で，かつその他世帯全員の各種所得が0円（公的年金の所得は控除額を80万円として計算）。
出所：竹本与志人・杉山京・木村亜紀子編（2024）『認知症のある人への経済支援まるわかりガイドブック』中央法規出版.

2017（平成29）年度までは5年1期）として「医療費適正化基本方針」と，それに即した「全国医療費適正化計画」を策定し，都道府県はそれらをふまえて「都道府県医療費適正化計画」を作成することが定められている。第1期医療費適正化計画が2008（平成20）年度からはじまり，2024（令和6）年度から第4期医療費適正化計画（2024～2029（令和11）年度）がはじまった。[5]

　なお，医療費適正化計画の策定にあたっては，医療計画，健康増進計画，介護保険事業支援計画と調和が保たれたものでなければならないと規定されている。　　　　　　　（杉山　京）

注

（1）　内閣府（2003）「医療保険制度体系及び診療報酬体系に関する基本方針（骨子）」（https://www.mhlw.go.jp/shingi/2003/04/s0421-7e.html, 2024.2.28）.

（2）　内閣府（2005）「経済財政運営と構造改革に関する基本方針2005」（https://www.esri.cao.go.jp/jp/esri/prj/sbubble/data_history/7/housin20_1.pdf, 2024.2.28）.

（3）　内閣府（2006）『平成18年版高齢社会白書』.

（4）　厚生労働省（2023）「医療保険制度改革について」（https://www.mhlw.go.jp/content/12401000/001037866.pdf, 2024.2.28）.

（5）　厚生労働省（2023）「第四期医療費適正化基本方針について」（https://www.mhlw.go.jp/content/12401000/001022176.pdf, 2024.2.28）.

32 高齢者虐待防止法

◆高齢者虐待防止法の目的

　高齢者虐待防止法は，正式名称を高齢者虐待の防止，高齢者の養護者に対する支援等に関する法律といい，2005（平成17）年に成立，2006（平成18）年4月より施行されている。介護保険法をはじめとする諸法において日本が標榜する「高齢者の尊厳の保持」という理念に対して，これを妨げる高齢者虐待という事態が現に起こっている現状をふまえて制定された法律である。本法では，高齢者の権利利益の擁護に資することを目的に，高齢者虐待の防止とともに，通報等による早期発見・対応や養護者支援のための施策を，国や地方自治体などの各主体の責務のもとで進めていくこととしている。

◆高齢者虐待防止法の対象

　本法において対象としている「高齢者虐待」の範囲は，「だれが」「だれに」「何を」おこなうか，という形で整理されている（第2条）。「だれが」については，養護者（日常的に世話をしている家族・親族・同居人等の，高齢者を現に養護している人）と養介護施設従事者等（図表32-1に示す老人福祉法・介護保険法に定める養介護施設・事業所の業務に従事する人）の二者が示されている。また，「だれに」については当然「高齢者」にということになるが，これを「65歳以上の者」としたうえで，上記の養介護施設や養介護事業を利用している人のうち，65歳未満の高齢者についても養介護施設従事者等による高齢者虐待における対象とすることとしている。「何を」については，一般に「身体的虐待」「介護・世話の放棄・放任（ネグレクト）」「心理的虐待」「性的虐待」「経済的虐待」と呼ばれる5類型が養護者／養介護施設従事者等の別に示されている（図表32-2）。

　なお，介護保険サービス等においては，ベッドを柵で囲む，車いすに縛る等の**身体拘束**（身体的拘束その他利用者の行動を制限する行為。行政文書等では「身体的拘束等」と称される）は，生命または身体を保護するために緊急やむを得ない場合を除いて原則禁止されており，緊急やむを得ない場合に求められる適正な手続き（該当要件の組織的確認，説明，記録等）を経ていない身体拘束は，原則として養介護施設従

図表32-1　高齢者虐待防止法に定める「養介護施設従事者等」の範囲

	養介護施設	養介護事業	養介護施設従事者等
老人福祉法による規定	・老人福祉施設 ・有料老人ホーム	・老人居宅生活支援事業	「養介護施設」または「養介護事業」の業務に従事する者（直接介護サービスを提供しない者や，介護職以外で直接高齢者に関わる他の職種も含む）
介護保険法による規定	・介護老人福祉施設 ・介護老人保健施設 ・介護療養型医療施設 ・介護医療院 ・地域密着型介護老人福祉施設 ・地域包括支援センター	・居宅サービス事業 ・地域密着型サービス事業 ・居宅介護支援事業 ・介護予防サービス事業 ・地域密着型介護予防サービス事業 ・介護予防支援事業	

出所：厚生労働省老健局（2023）『市町村・都道府県における高齢者虐待への対応と養護者支援について』4，より一部改変.

事者等による高齢者虐待に該当すると解される。[(1)]

◆**通報の義務（努力義務）**

　本法が示す高齢者虐待の被害を受けていると思われる高齢者を発見した者には，これを市町村に通報する義務もしくは努力義務が生じる（第7条・第21条）。この際，養護者によるものについては，当該高齢者の生命や身体に重大な危険が生じている場合には速やかに通報をおこなう義務がある（それ以外の場合は努力義務）。養介護施設従事者等によるものについても同様であるが，養介護施設従事者等が自らが従事する施設等において発見した場合には，重大な危険の有無にかかわらず通報の義務が生じる。なお，養護者による高齢者虐待に関する通報の受理等の事務は，市町村が地域包括支援センター等に委託することができることになっている（第17条。ただし，後述の立入調査のような行政権限の行使については委託不可）。また，養介護施設・事業所を都道府県が監督している場合もあるが，このときも通報先は原則として市町村となり，その後連携して対応をはかることになる。

　本法において通報の対象となるのは，加害者・加害行為そのものではなく，高齢者の権利擁護を目的に，あくまで「虐待を受けたと思われる高齢者」の発見についてであることを理解しておきたい。また，養介護施設従事者等による高齢者虐待に関する通報においては，守秘義務による制約や，いわゆる内部告発に相当する通報に対する報復的な措置が懸念されるかもしれないが，虚偽または過失によるものでなければ，通報に際して守秘義務の制約は一時的に解かれ，また通報した者が解雇その他不利益な扱いを受けることは禁じられている（第21条。一方，通報等を受けた市町村等の職員には，第8条・23条により守秘義務が生じる）。

◆**養護者による高齢者虐待への対応**

　養護者による高齢者虐待に関して，高齢者虐待防止法に基づく通報や届出等があった場合，速やかにその内容に関する事実確認がおこなわれ，必要な対応が協議されなければならない（第9条）。初動期においては，まず当該高齢者の生命や身体の安全を確認するとともに，通報に基づく事実（虐待）の有無を判断するための情報を収集することになる。そのため，関係者・機関からの情報収集も必要ではあるが，訪問・面会による確認が基本となる。この際，高齢者の生命や身体に重大な危険が生じているおそれがある場合は，住所・居所への立入調査が可能であり（第11条），あわせて警察への援助を求めることができる（第12条）。なお，立入調査を拒んだ者に対しては罰則（30万円以下の罰金）がある（第30条）。

　虐待の事実が認められた場合には，当然，必要な介入や支援がおこなわれていくことになる。虐待の被害によって重大な危険が生じているお

身体拘束

　「身体的拘束その他利用者の行動を制限する行為」を総称して「身体拘束」もしくは「身体的拘束等」と呼ぶ。具体的には，「自分で降りられないように，ベッドを柵で囲む」「徘徊しないように，車いすやいす，ベッドに体幹や四肢をひも等で縛る」「脱衣やおむつはずしを制限するために，介護衣（つなぎ服）を着せる」が例示されている。介護保険サービスにおいては原則禁止されており，切迫性・非代替性・一時性の三要件を満たす緊急やむを得ない場合に実施する際には，その態様および時間，利用者の心身の状況ならびに緊急やむを得ない理由を記録し，記録を2年間保存しなければならない。

セルフ・ネグレクト

　健康，生命および社会生活の維持に必要な，個人衛生，住環境の衛生もしくは整備または健康行動を放任・放棄していること［野村祥平・岸恵美子他（2014）「高齢者のセルフ・ネグレクトの理論的な概念と実証研究の課題に関する考察」］。法令上の明確な定義はないが，食事や着替えなどの身の回りのことをおこなわない，介護・医療サービスを拒否するなどにより，生活行為や心身の健康維持ができなくなっている状態を指すことが多い。「自己放任」ともいう。認知症のほか，何らかの精神疾患・障害が背景にあることも多いとされている。

それがあると認められる場合には，老人福祉法の規定に基づくやむを得ない事由による措置として，高齢者を一時保護することができ（養護者との分離を伴うことも多いため「分離保護」等といわれることもある），養護者との面会を制限することも可能である。また，成年後見制度の市町村長申立てをおこなうこともできる（第9条）。

また，上記のような行政権限の行使を伴う対応以外に，市町村は，虐待の防止や高齢者の保護のために，相談，指導および助言（第6条）のほか，虐待の解消と高齢者の安全・安心な生活環境確保にむけて必要な対応をおこなう。このとき，地域包括支援センター等の関係機関，民間団体等との連携協力体制を整備して対応することとされており（第16条），国が自治体向けに示すマニュアル(2)では，「早期発見・見守り」「保健医療福祉サービス介入」「関係専門機関介入支援」の機能をもつ3層のネットワークによる体制が想定されている。加えて，法の名称にも示されているとおり，養護者もまた支援対象であり，養護者の負担軽減等のため，相談，指導および助言その他必要な措置がおこなわれる（第14条）。養護者支援を目的とした高齢者のショートステイ利用もできる。

なお，養護者による虐待以外にも，養護・被養護の関係にない者からの高齢者への虐待や，被害者が65歳未満である場合，いわゆる**セルフ・ネグレクト**（自己放任状態）（127頁）が生じている場合，詐欺・悪徳商法などの消費者被害を受けている場合など，さまざまな権利侵害が生じていることがある。こうした事態へは，介護保険法に基づく地域支援事業（包括的支援事業）のひとつとして市町村（多くは地域包括支援センター）が担う「権利擁護業務」の実施を前提に高齢者虐待防止法の取り扱いに準じて必要な援助をおこなう，重層的支援体制整備事業を実施している自治体ではその活用をおこなう，障害者虐待の防止，障害者の養護者に対する支援等に関する法律（障害者虐待防止法）や配偶者からの暴力の防止及び被害者の保護等に関する法律（DV防止法）に基づく対応をおこなう，財産上の不当取引被害については相談に応じ消費生活業務担当部署・機関（消費生活センター等）に引き継ぐ（第27条）等の対応がはかられる。

◆養介護施設従事者等による高齢者虐待への対応

養護者による高齢者虐待と同様に，養介護施設従事者等による高齢者虐待に係る通報や届出等を受けつけた際には，市町村は事実確認そのほかの必要な対応をおこなっていくことになる。

このとき，市町村は当該通報または届出に係る虐待に関する事項を，養介護施設・事業所が所在する都道府県に報告する必要がある（第22条）。また，養介護施設・事業所のなかには都道府県が指定権限を有するものもある。これを

運営指導

介護保険制度の健全かつ適正な運営および法令に基づく適正な事業実施の確保のため，介護保険法第23条または第24条に規定する権限を行使し介護保険施設等指導指針に基づきおこなわれる行政指導のひとつ（ほかに「集団指導」がある）。都道府県または市町村がその指定，許可の権限をもつすべての介護保険施設等を対象に，介護サービスの質，運営体制，介護報酬請求の実施状況等の確認のために原則実地によりおこなわれる。2021年度までは「実地指導」と呼ばれていた。介護保険制度における指導監督のひとつであり，指導監督には，ほかに不正等の疑いが認められる場合におこなわれる「監査」がある。

人格尊重義務

介護保険法において，施設の開設者およびサービス事業者は，「要介護者の人格を尊重するとともに，この法律又はこの法律に基づく命令を遵守し，要介護者のため忠実にその職務を遂行しなければならない」とされており，これを「人格尊重義務」と呼ぶ（後段を「忠実義務」，全体を「人格尊重・忠実義務」と呼ぶ場合もある）。2022（令和4）年3月に示された介護保険施設等監査指針では，「高齢者虐待防止法に基づき虐待を認定した場合または高齢者虐待等により利用者等の生命又は身体の安全に危害を及ぼしている疑いがあると認められる場合」を指して「人格尊重義務違反」としている。

図表32-2　高齢者虐待防止法における虐待行為の類型

類　型	高齢者虐待防止法上の説明
身体的虐待	高齢者の身体に外傷が生じ，又は生じるおそれのある暴行を加えること
介護・世話の放棄・放任（ネグレクト）	【養護者】高齢者を衰弱させるような著しい減食又は長時間の放置，養護者以外の同居人による身体的虐待，心理的虐待又は性的虐待と同様の行為の放置等養護を著しく怠ること 【養介護施設従事者等】高齢者を衰弱させるような著しい減食又は長時間の放置その他の高齢者を養護すべき職務上の義務を著しく怠ること
心理的虐待	高齢者に対する著しい暴言又は著しく拒絶的な対応その他の高齢者に著しい心理的外傷を与える言動を行うこと
性的虐待	高齢者にわいせつな行為をすること又は高齢者をしてわいせつな行為をさせること
経済的虐待	高齢者の財産を不当に処分することその他当該高齢者から不当に財産上の利益を得ること ※養護者のほか，高齢者の親族によるものを含む

出所：高齢者虐待防止法第2条より筆者作成。なお，「類型」は通称であり法条文上には記載がない.

ふまえ，市町村・都道府県は，連携・協働して対応をはかる必要がある。この際，養介護施設・事業所の適正な運営を確保することによって虐待防止・高齢者保護をはかるために，市町村・都道府県が施設等に対して有する老人福祉法または介護保険法の規定による権限を，適切に行使することとされている（第24条）。

このため，通報等受理後の事実確認においては，高齢者虐待防止法の趣旨に基づき（老人福祉法の規定を加味して）調査協力を依頼する方法や介護保険法の規定に基づく「運営指導」として事実確認をおこなう方法もあるが，老人福祉法・介護保険法の規定に基づく「監査」（報告徴収，質問，立入検査等）による方法が基本として提示されている。[3]

虐待の事実が認められた場合には，高齢者の被害の程度，故意性，組織性，悪質性の有無等を整理したうえで，老人福祉法・介護保険法に基づく改善指導，勧告，命令，指定の効力停止・取消等の行政指導・行政処分の必要性を検討し，必要な対応（措置）がおこなわれる。多くの場合，期限を定めて改善計画の提出を求め，その実施状況を確認・評価していくこととなる。また，行政処分の根拠として，たとえば介護保険法においては，虐待の事実が介護保険法上の「**人格尊重義務**」[4]違反として認定されることもある。

なお，養介護施設・事業所においては，研修の実施や苦情処理体制の整備などの，養介護施設従事者等による高齢者虐待を防止するための措置を講ずる義務がある（第20条）。加えて，2021（令和3）年度の介護報酬改定・基準省令改正等に伴い，虐待発生・再発防止のための，①委員会の定期開催と結果の周知徹底，②指針の整備，③研修の定期開催，④担当者の配置の措置が3年間の経過措置期間の後に義務化されている（2024（令和6）年度よりほとんどの介護保険サービスおよび軽費・養護老人ホームで完全義務化・未実施の場合は介護報酬減算）。なお，有料老人ホームは設置運営標準指導指針により同趣旨の規定がおかれている。

（吉川悠貴）

注
（1）　厚生労働省老健局（2025）「市町村・都道府県における高齢者虐待への対応と養護者支援について」.
（2）　（1）と同じ.
（3）　（1）と同じ.
（4）　厚生労働省老健局（2022）「介護保険施設等の指導監督について（通知）」.

33 バリアフリー新法

4章　高齢者に対する法制度

◆バリアフリー新法が成立するまで (1)(2)(3)

　現在のバリアフリーに通ずる日本の福祉のまちづくり活動は，1960年代の宮城県肢体不自由協会の職員による車いす入所者とボランティア学生との活動からはじまったとされている。1974（昭和49）年の国連障害者生活環境専門家会議では，「バリアフリーデザイン」という報告書が世界に発信され，このころから「**バリアフリー**」という言葉が広まり，定着していった。1980年代には，国際障害者年における「完全参加と平等」というテーマのもと，**ノーマライゼーション**が社会の目標に掲げられ，これを背景に日本の法制度も進み，たとえば1985（昭和60）年には，視覚障害者のための誘導用ブロックの設置指針が通知された。

　ここまで，障害者を中心にバリアフリーの歴史が展開されてきたが，1980年代後半からは，日本で本格的に高齢化が課題となり，関連する政策が登場しはじめた。そして1994（平成6）年，不特定多数の者が利用する建物の出入り口や階段，トイレ等を高齢者や障害者が円滑に利用できるような措置を講じることを努力義務とした

高齢者，身体障害者等が円滑に利用できる特定建築物の建築の促進に関する法律（ハートビル法）が成立した。これをきっかけとして，2000（平成12）年には，高齢者，身体障害者等の公共交通機関を利用した移動の円滑化の促進に関する法律（交通バリアフリー法）が成立し，駅や車両の新たな設置，導入時には基準への適合を「義務付ける」ほか，地域主導で駅や周辺道路，信号機等を一体的にバリアフリー化するためのしくみ（基本構想制度）が設けられた。2002（平成14）年に成立した改正ハートビル法では，対象施設のうち2,000㎡以上の特定建築物の新築についてはバリアフリーを「（努力義務ではなく）義務付ける」こと等が追加され，バリアフリー化の整備が着実に進められた。

　2005（平成17）年には，国土交通省がユニバーサルデザイン大綱を策定したが，「公平」「選択可能性」「（当事者の）参加」といった**ユニバーサルデザイン**の考え方に対して，日本のバリアフリー化の取り組みは十分とはいえなかった。たとえば，ハートビル法と交通バリアフリー法が別の法律であるために，連続的なバリ

バリアフリー

　障害のある人が社会生活をしていくうえで障壁（バリア）となるものを除去するという意味で，もともとは建築用語として使用されていた。現在では，障害のある人だけでなく，すべての人の社会参加を困難にしている物理的，社会的，制度的，心理的なすべての障壁の除去という意味で用いられている。[総理府（2001）「障害者白書のあらまし——バリアフリー社会を実現するもの作り」(https://www.kantei.go.jp/jp/kanpo-shiryo/2001/0228/siry0228.htm, 2024.12.17).]

ノーマライゼーション

　障害の有無にかかわらず，だれもが同じように生活する機会があるという考え方。

アフリー化がはかられないこと，ハード面の整備だけでなく心のバリアフリーや情報提供など，ソフト面の対策が不十分であることなどの課題があり，2006（平成18）年にハートビル法と交通バリアフリー法が統合された，高齢者，障害者等の移動等の円滑化の促進に関する法律（バリアフリー新法）が成立した。

◆バリアフリー新法とは[4]

バリアフリー新法では，ハートビル法と交通バリアフリー法では措置されていなかった新たな内容が盛り込まれた。その内容は以下のとおりである。

（1）すべての障害者が対象に

ハートビル法と交通バリアフリー法では，正式な法の名称に「身体障害者」という言葉が入っていた。しかしバリアフリー新法では「障害者」となり，知的・精神・発達障害者を含むすべての障害者が対象になることを明確にした。

（2）生活空間におけるバリアフリー化を促進

バリアフリー化の義務を負う対象者として，ハートビル法では建築主等，交通バリアフリー法では公共交通事業者等であったが，バリアフリー新法では，道路管理者・路外駐車場管理者等・公園管理者等を規定し，基準への適合を求める施設等が路外駐車場や都市公園まで広がった。また，交通バリアフリー法の対象外であったタクシー事業者も対象となった。

（3）駅がない地域でも重点整備地区に指定可能

交通バリアフリー法では，基本構想の対象範囲が大規模な鉄道駅等の周辺に限定されていたが，バリアフリー新法では，小規模な鉄道駅や，そもそも旅客施設が存在しない地区であっても，基本構想を策定することができるようになった。また，公共交通機関・周辺道路・信号機の3分野に限定していたバリアフリー化の事業に，建築物・路外駐車場・都市公園，これらを結ぶ経路も加えることができるようになった。

（4）当事者の参画で利用者の視点を反映

地域のバリアフリー化をはかる基本構想を作成する際，計画段階から高齢者や障害者の参加促進をはかるために，作成に関する協議等をおこなう協議会制度を法律に位置づけた。また，基本構想を促す市町村の取り組みを促す観点から，高齢者や障害者等が内容を提案できる提案制度を新たに設けた。

（5）スパイラルアップと心のバリアフリー

ユニバーサルデザインに基づくバリアフリー化に向け，関係する当事者参加のもと，持続的・段階的な発展をめざす「スパイラルアップ」という考え方を導入した。また，高齢者や障害者等が感じる困難を，国民一人ひとりが自らの問題として認識する心のバリアフリーを深めることが，国・国民の新たな責務として位置づけられた。

なお，バリアフリー新法においては，その実効性を担保するために罰則規定を設けており，種類により，20万円～300万円の罰金が定められている。

ユニバーサルデザイン

あらかじめ，障害の有無，年齢，性別，人種等にかかわらず多様な人々が利用しやすいよう都市や生活環境をデザインする考え方（障害者基本計画）。

◆改正バリアフリー法 (5)(6)

バリアフリー新法は，2018（平成30）年（一次改正）と2020（令和2）年（二次改正）の2回にわたって主要な改正がおこなわれた。障害者の権利に関する条約（2006年採択）への日本の署名と，それに伴う障害者基本法の改正に加えて，2013（平成25）年に決まった東京オリンピック・パラリンピック大会（東京2020大会）の2020（令和2）年開催を背景とした，「ユニバーサルデザイン2020行動計画（2017（平成29）年）」策定が契機となり，一次改正につながった。その後，ユニバーサル社会の実現に向けた法律の公布・施行や，東京2020大会を契機に共生社会の実現に向けた機運醸成等を受けて，ハード対策に加え，心のバリアフリーに係る施策などソフト対策の強化が求められ，二次改正につながった。以下，2020年の二次改正を主に概要を示す。

（1）公共交通事業者など施設設置管理者におけるソフト対策の取り組み強化

ハード面の整備が進んだとしても，たとえば，**公共交通事業者**が車いす使用者の乗車方法に関して習熟していない等，ソフト面の課題があった。そのため，公共交通事業者に対して，役務の提供の方法に関するソフト基準の遵守を新たに義務づけた。また，ターミナル駅等の交通結節点における移動等円滑化に関する協議への応諾義務や，国が認定する観光施設の情報提供を促進するしくみが創設された。

（2）国民に向けた広報啓発の取り組み推進

一般的な施設を利用できる人がバリアフリー化された施設等を利用することで，真に必要とする人が利用できない，長時間待たされる等の課題があった。また，移動等円滑化にあたっては，ハード面の設備に加えて心のバリアフリーが不可欠である。そのため，「優先席，車椅子使用者用駐車施設等の適正な利用の推進」と「市町村等による『心のバリアフリー』の推進」として，新たな義務等が追加された。

（3）バリアフリー基準適合義務の対象拡大

この改正はソフト対策強化が主であるが，ハード対策もさらに進めていく必要があり，公立小中学校，バス等の旅客の乗降のための道路施設（バス停等）が追加された。

◆バリアフリー化の現状と今後の課題，目標 (7)

日本のバリアフリーは，ホームドアや障害者用トイレ，ノンステップバスの数など，ハード面において一定程度進展してきた。一方で，2011〜2020年の目標では「利用者数」に着目してきたこと，また，個々の施設ごとのハード面の目標にとどまっていることなどが課題であった。そのため，2021（令和3）〜2025（令和7）年の目標では，ハード・ソフト両面でのバリアフリー化を一層推進するために，地方部を含めたバリアフリー化の一層の推進，聴覚障害および知的・精神・発達障害に係るバリアフリーの進捗状況の見える化，心のバリアフリー

公共交通事業者

鉄道事業者，軌道経営者，一般乗合旅客自動車運送事業者等，バスターミナル事業を営む者，一般旅客定期航路事業を営む者等，本邦航空運送事業者，その他のものをいう。（高齢者，障害者等の移動等の円滑化の促進に関する法律第2条5）

の推進などが留意されている。

◆心のバリアフリー[8][9]

　ハード面の整備はバリアフリー化において大変重要であるが，これには物理的な限界がつきものである。さらに，もたらされるバリアは百人百とおりであり，すべての人々とって完全なハード面の整備は難しい。そのため，バリアフリー化には心のバリアフリーの理解・普及が欠かせない。

　心のバリアフリーとは，さまざまな心身の特性や考え方をもつすべての人々が，相互に理解を深めようとコミュニケーションをとり，支え合うことを意味している。体現するための３点のポイントとして，①「障害の社会モデル」を理解すること，②障害のある人（およびその家族）への差別をおこなわないよう徹底すること，③コミュニケーションを取る力を養い，すべての人が抱える困難や痛みを想像し共感する力を培うことがあげられている。

　「障害の社会モデル」とは，障害者の生活上の制限は，社会のさまざまな障壁と相対することによって生ずるという考え方である。その原因は，その人の疾患・変調，機能障害ではなく，障害がない人を前提に作られた社会や環境のあり方・しくみに原因があると考える。そのため，**社会的障壁**を取り除いていくために何が必要かを考え，取り組みや施策を検討することが重要である。　　　　　　　　　　　（太田健一）

注

（１）　髙橋儀平（2019）『福祉のまちづくり　その思想と展開——障害当事者との共生に向けて』彰国社.

（２）　荻原俊一（2001）『バリアフリー思想と福祉のまちづくり——建築と福祉の融合をめざして』ミネルヴァ書房.

（３）　バリアフリー新法研究会（2007）『Q & A　バリアフリー新法——高齢者，障害者等の移動等の円滑化の促進に関する法律の解説』ぎょうせい.

（４）　（３）と同じ.

（５）　鈴木賢一（2022）「公共交通機関のバリアフリー対策——現状と課題」『調査と情報』1180, 1-13.

（６）　三浦美郷（2021）「行政の動き——バリアフリー法の改正について」『新ノーマライゼーション』41（通巻458），10-11.

（７）　小成卓也（2021）「バリアフリー法に基づく基本方針における2021年度以降のバリアフリー整備目標について」『建設マネジメント技術』514, 71-76.

（８）　首相官邸（2021）「ユニバーサルデザイン2020行動計画」（https://www.kantei.go.jp/jp/singi/tokyo2020_suishin_honbu/ud2020kkkaigi/pdf/2020_keikaku.pdf, 2024.2.13）.

（９）　国土交通省（2022）「教育啓発特定事業の実施に関するガイドライン」（https://www.mlit.go.jp/sogoseisaku/barrierfree/content/001487469.pdf, 2024.2.1）.

社会的障壁

　障害がある者にとって日常生活または社会生活を営むうえで障壁となるような社会における事物，制度，慣行，観念その他一切のものをいう。（障害を理由とする差別の解消の推進に関する法律第２条２）

34 高年齢者雇用安定法

◆高年齢者雇用安定法制定の背景と目的

少子高齢社会において，労働力人口の減少や社会保障費用の増大が懸念されていることから，年齢にかかわりなく，意欲と能力に応じて働くことができる「生涯現役社会」の実現が社会から求められている。加えて，高齢者が働き続けられる環境を整備することで若年層の国民負担率を少しでも低減させると同時に就業意欲の高い高齢者が活躍し，生活の自立へつながるような施策が望まれている。

高年齢者等の雇用の安定等に関する法律（高年齢者雇用安定法）は，中高年齢者等の雇用の促進に関する特別措置法（1971（昭和46）年）を全面改正する形で1986（昭和61）年に成立し，現在の法律名に改称された。高年齢者雇用安定法は，「高年齢者等の職業の安定その他福祉の増進を図るとともに，経済及び社会の発展に寄与すること」を目的としている（第1条）。これにより，事業主には，**定年**年齢が60歳を下回らないようにとの努力義務が課された。法成立当時は，一般的な定年年齢が55歳から60歳へと移行しつつある時期であった。それまでも政府は

企業の定年延長を促進する政策を掲げてはいたが，定年制を直接規制対象とする法令としてはこれが最初のものであった。2024（令和6）年現在，高年齢者雇用安定法の規定では，定年年齢は60歳を下回ることができないとされており，多くの企業で60歳定年制の採用が大半を占めている。このように，雇用延長や**再雇用制度**を導入しているものの，給与水準は定年時の給与水準に比べると相当程度低い金額となっている。

高年齢者雇用安定法では，**公共職業安定所**（136頁）による求人開拓，再就職援助に関する措置，シルバー人材センターを指定法人とする規定なども盛り込まれ，現在まで継続される総合的な高年齢者の就業促進および雇用安定立法としての土台が完成している。日本の公的年金制度では，その支給開始年齢は原則65歳となっているため，60歳定年を採用している企業では，労働を継続することができない場合は，年金支給開始までに空白期間が生まれ，生活が困難になってしまうことが懸念される。このことから年金の支給開始と雇用との接続が重大な課題となっており，そのような意味においても高年齢

定　年

「定年」とは，労働者があらかじめ定められた年齢に達したことを理由に，自動的にまたは解雇の意思表示によってその地位を失わせる制度で，就業規則，労働協約または労働契約に定められたものをいう。高年齢者雇用安定法では，事業主が定年を定める場合は，その定年年齢は60歳以上としなければならない。

高年齢者雇用安定法の規定にもかかわらず，定年年齢を60歳未満に定めている場合は，60歳を下回る定年の規定は民事上無効となり，その年齢に達したことを理由に労働者を退職させることはできない。この場合は，その企業には定年の規定はないものとみなされる。

再雇用制度

定年年齢を65歳未満に定めている事業主は，その雇用する高年齢者の65歳までの安定した雇用を確保するため，「65歳までの定年の引上げ」「65歳までの継続雇用制度の導入」「定年の廃止」のいずれかの措置（高年齢者雇用確保措置）を実施する必要がある。

再雇用制度とは，「継続雇用制度」のひとつである。定年に達した労働者を一旦退職させ，あらためて労働条件を明示したうえで再び雇用する制度で，定年後再雇用制度とも呼ばれる。2013年度以降，希望者全員を対象となっている。なお，雇用先は自社のみならずグループ会社とすることも認められている。

図表34-1 シルバー人材センターのしくみ

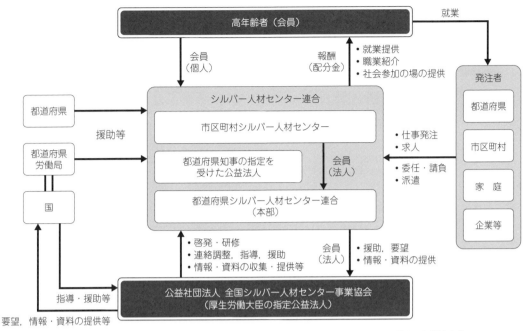

出所：公益社団法人全国シルバー人材センター事業協会ホームページ（https://zsjc.or.jp/about/about_02.html, 2024.8.5）．

者の雇用の安定が重要視されている。

◆シルバー人材センター

　シルバー人材センター（以下，センター）とは，高年齢者が働くことを通じて生きがいを得ると共に，地域社会の活性化に貢献する組織である。センターは，定年退職者などの高年齢者に，そのライフスタイルに合わせた「臨時的かつ短期的又はその他の軽易な業務（その他の軽易な業務とは特別な知識又は技能を必要とすることその他の理由により同一の者が継続的に当該業務に従事することが必要である業務をいう。）」を提供するとともに，ボランティア活動をはじめとするさまざまな社会参加を通じて，高年齢者の健康で生きがいのある生活の実現と，地域社会の福祉の向上と，活性化に貢献している。

　センターは，原則として市（区）町村単位におかれており，国や地方公共団体の高齢社会対策を支える重要な組織として，高年齢者雇用安定法に基づいて事業をおこなう，都道府県知事の指定を受けた公益法人である（図表34-1，図表34-2）。センターは，家庭，企業，公共団

図表34-2　シルバー人材センター事業のしくみ

請負又は委任による就業	センターは発注者から高年齢者にふさわしい仕事を請負契約又は委任契約により引き受け，センターはその契約内容に従って仕事を完成させる
発注者と就業する会員との関係	発注者と就業する高年齢者（会員）との間に雇用関係はなく，発注者は，就業する会員に対して指揮命令権はない
契約代金の支払い	発注者は仕事の完成後，センターに対して契約に基づく代金を支払う
安全対策と保険制度	センターは，受注した仕事の遂行に当たっては，十分な安全対策を講じており，万一，仕事中に会員が傷害を受けたり，発注者等に損害を与えた場合に備えて，民間の損害保険（センター団体傷害保険，総合賠償責任保険）に加入している
雇用による就業	会員が企業の社員などと共同して仕事を行うことが必要な場合は，連合本部を通じて労働者派遣事業または，職業紹介事業を利用することができる

出所：公益社団法人全国シルバー人材センター事業協会ホームページ（https://zsjc.or.jp/about/about_05.html, 2024.8.5）を一部改変．

体（発注者）からの「臨時的かつ短期的又はその他の軽易な業務」に対し，会員のなかから適任者を選任して，その仕事をおこなう。高年齢者をシルバー人材センターへ登録させることや再就職・ボランティアのマッチングをおこなう機関へ登録させることなどは，高年齢者の就業先が定まらないため，高年齢者就業確保措置を講じたことにはならない点に注意が必要である。

◆高年齢雇用継続給付

雇用保険の高齢者雇用継続給付金制度は1995（平成7）年に新設された。定年後に再雇用されて働くような場合，定年前と比べ，賃金が減少することが多い。このため，賃金低下部分の一部を雇用保険の雇用継続給付で補填することにより高齢者の就業意欲を維持し，65歳までの雇用の継続を援助，促進することを目的としている。なお，高年齢雇用継続給付には，基本手当を受給していない者を対象とする「高年齢雇用継続基本給付金」と，基本手当を受給し，再就職をした者を対象とする「高齢者再就職給付金」の2種類がある。

いずれも，被保険者期間が5年以上ある60歳以上65歳未満の一般被保険者であって，原則として60歳時点の賃金と比較し，60歳以後の賃金が60歳時点の75％未満となっている者が対象となる。補填される額は，最高で賃金の15％相当額（2025（令和7）年4月からは，10％相当額に減額される）となっている。

◆高年齢者雇用安定法の改正

高年齢者雇用安定法は1986（昭和61）年の全面改正後，数回にわたり法改正がおこなわれている。1990（平成2）年改正では，60歳定年制度の普及をめざしながら，定年後65歳までの再雇用の推進について努力義務とされた。そして60歳定年制が十分に普及したことなどをふまえ，1994（平成6）年改正により60歳未満の定年制度が禁止されることとなった。2004（平成16）年改正では年齢による応募や採用の差別の原則禁止が盛り込まれ，2006（平成18）年改正では，事業主に①65歳までの定年年齢の引き上げ，②希望者全員を対象とする65歳までの継続雇用制度の導入，③定年の定めの廃止，のいずれかの措置を実施することが義務化された。

2012（平成24）年には，労使協定の基準により，希望者すべてを継続雇用制度の対象としないことが定められたが，改正により，雇用延長を希望するすべての者を対象とすることが義務づけられた。さらに2020（令和2）年改正では，「高年齢者就業確保措置」を新設し，65歳から70歳までの就業機会の確保について，①70歳までの定年年齢の引き上げ，②70歳までの継続雇用制度の導入，③定年の定めの廃止，④70歳まで継続的に業務委託契約を締結する制度の導入，⑤70歳まで社会貢献事業に継続的に従事できる制度の導入のいずれかの措置を制度化する努力義務とした。④の「70歳までの継続的業務委託契約を締結する制度を導入」は，雇用契約から

公共職業安定所

厚生労働省設置法第23条に基づき「国民に安定した雇用機会を確保すること」を目的として国が設置する行政機関である。愛称はハローワークである。

憲法に定められた勤労権保障のため，障害者など民間の職業紹介事業等では就職へ結びつけることが難しい就職困難者や人手不足の中小零細企業を中心に，国が無償で支援をおこなう雇用のセーフティネットの中心的役割を担っている。

ハローワークは，職業紹介，雇用保険，雇用対策の3業務を一体的に実施することで，増加している就職困難者などへの就職支援を実施している。

雇用保険

労働者を雇用する事業は，原則として強制的に適用される。雇用保険は，労働者が失業してその所得の源泉を喪失した場合に受給できる。また，労働者について雇用の継続が困難となる事由が生じた場合および労働者が自ら職業に関する教育訓練を受けた場合も受給でき，労働者が子を養育するための休業をした場合に，生活および雇用の安定ならびに就職の促進のために失業等給付および育児休業給付を支給する。

また，失業の予防，雇用状態の是正および雇用機会の増大，労働者の能力の開発および向上その他労働者の福祉の増進をはかるための二事業を実施する。

業務委託契約に切り替えて，70歳まで働ける環境をつくる方法である。高齢者に個人事業主（フリーランス）として業務委託し，関係を維持していく方法である。⑤の「70歳まで社会貢献事業に継続的に従事できる制度を導入する」は，事業主が自ら実施する社会貢献事業や事業主が委託，出資（資金提供）等する団体がおこなう社会貢献事業に従事する方法である。たとえば，環境保護や文化芸術振興に関する取組みなど，会社の社会貢献事業に高齢者の経験を活かすという方法である。これは，「創業支援等措置」と呼ばれているもので，就業先における雇用によらない措置となる。創業支援等措置が就業確保措置に含まれた理由としては，高年齢者の体力や健康状態，希望などに応じて多様な活躍の場を提供できることがあげられる。また，企業側としても，高年齢者を雇用し続けることは難しい場合もあるので，自社で雇用を継続する以外の選択肢を設けることによって企業の負担を軽減する狙いもあると考えられる（**図表34-3**）。

◆高年齢者の雇用安定に向けて

　高年齢者雇用安定法により，雇用確保措置については整備されてきた。多くの企業では，継続雇用制度を採用し，定年によって雇用契約を終了させた後に改めて雇用する再雇用制度，または，定年で雇用契約を終了させない勤務延長制度が実施されている。定年後の再雇用では，ほとんどの場合，給与額が低くなることが多い。国税庁が公開している「令和3年分民間給与実態統計調査」の「年齢階層別の平均給与額」によると，再雇用における給与の減額率は，男性で約22％，女性で約17％となっている。再雇用先により，その減額率も30〜40％（場合によっては50％減額）におよぶ場合もあり，定年後は，定年前に比べて相当程度，給与額が低くなる傾向にある。雇用保険の給付金が受給できる場合もあるが，定年前の給与の6〜7割で必要十分な生活を送るか，高年齢者の雇用の安定，生活の安定について今後も官民一体で取り組んでいく必要がある。　　　　　　　　　（岩田　純）

注
（1）　公益社団法人全国シルバー人材センター事業協会ホームページ（https://zsjc.or.jp/about/about_02.html, 2024.8.5）.

参考文献
柳澤武（2016）「高年齢者雇用の法政策——歴史と展望」『日本労働研究雑誌』674, 66-75.
浅尾裕（2014）「日本における高年齢者雇用及び関連する諸制度の推移と課題——定年延長と雇用継続措置を中心として」『第14回日韓ワークショップ報告書　高齢者雇用問題：日韓比較』19-48.
森戸英幸（2014）「高年齢者雇用安定法——2004年改正の意味するもの」『日本労働研究雑誌』642, 5-12.

図表34-3　これまでの高年齢者雇用安定法の主な改正内容

法改正年	高年齢者雇用安定法	法改正年	高年齢者雇用安定法
1986年	60歳定年の努力義務化（1986（昭和61）年10月1日施行）	2004年	高年齢者雇用確保措置の法的義務化（2006（平成18）年4月1日施行）〈義務化年齢を2013（平成25）年度までに段階的に引き上げ62歳→65歳〉シルバー人材センターの労働者派遣事業の特例（許可を届出とする）
1994年	60歳定年の義務化（1998（平成10）年4月1日施行）		
1996年	シルバー人材センター事業の発展・拡充		
2000年	定年の引上げ等による65歳までの高年齢者雇用確保措置の努力義務化（2000（平成12）年10月1日施行）シルバー人材センターの業務拡大	2012年	継続雇用制度の対象者を限定できる仕組みの廃止（2013（平成25）年4月1日施行）
		2020年	高年齢者就業確保措置の新設

出所：厚生労働省（2016）『平成28年度版厚生労働白書』40を一部改変.

4章　高齢者に対する法制度

35 育児・介護休業法

◆育児・介護休業法制定の背景と目的

　育児休業制度は勤労婦人福祉法の努力義務からはじまった。1975（昭和50）年に，女性公務員の一部（教員，看護婦，保母等）を対象とした育児休業法が成立，民間の労働者を対象として1991（平成3）年に育児休業等に関する法律（育児休業法）が成立し，翌年施行となった。その背景には，女性の社会進出，核家族化の進行，**少子化**に伴う労働力不足などがあった。

　一方，高齢化の進行に伴い，年老いた親の世話をどうするか，離職することなく親などの介護をしたいとのニーズも出てきた。これらのことを受け，育児休業法に**介護休業制度**を盛り込み，1995（平成7）年に育児休業，介護休業等育児又は家族介護を行う労働者の福祉に関する法律（育児・介護休業法）になった。(1)

　この法律は，育児および家族の介護をおこなう労働者の職業生活と家庭生活との両立がはかられるよう支援することによって，その福祉を増進するとともに，あわせて，日本の経済および社会の発展に資することを目的としている（第1条）。具体的には，育児休業および介護休

業に関する制度ならびに子の看護休暇および介護休暇に関する制度を設けるとともに，育児および家族の介護をおこないやすくするため所定労働時間等に関し事業主が講ずべき措置を定めた。そのほか，育児または家族の介護をおこなう労働者等に対する支援措置を講ずること等により，労働者が退職せずに済むようにし，その雇用の継続をはかるとともに，育児または家族の介護のために退職した労働者の再就職の促進をはかることとしている。

◆育児休業の対象者

　育児休業の対象は，原則として1歳に満たない子を養育する男女労働者である。期間を定めて雇用される者は，申出時点において，子が1歳6か月に達する日までに，労働契約（更新される場合には，更新後の契約）の期間が満了し，更新されないことが明らかでない場合は，育児休業をすることができる。ただし，日々雇い入れられる労働者は除かれる。

　また，労使協定で定められた一定の労働者も育児休業をすることはできない。労働者と法律

少子化

　人口学において「合計特殊出生率（15歳から45歳までの女性が一生のうちに出産する子どもの人数）が，人口を維持するのに必要な水準（人口置き換え水準：2.1程度）を相当期間下回っている状況」を「少子化」と定義している。合計特殊出生率は1956年は2.22であったが，1975年に1.91，1993年には1.46，2023年は1.20となった。少子化に影響を与える要因として，非婚化・晩婚化および結婚している女性の出生率低下などが考えられる。1970年代後半からは20歳代女性の未婚率が急激に上昇したほか，晩婚化もはじまり，1980年代以降，30歳代以上の女性の未婚率も上昇し，晩婚と合わせて未婚化も進んだ。

介護休業制度

　働きながら要介護状態の家族の介護等をするために，法に基づいて制度を利用できる。
・介護休業として，要介護状態の対象家族1人につき通算93日まで，分割して休業を取得することができる。（有期契約労働者も要件を満たせば取得可能）
・介護休暇として，通院の付き添いなどをおこなうために，年5日（対象家族が2人以上の場合は年10日）まで介護休暇を取得することができる。
・労働時間等の制限として，所定外労働の制限（残業免除），時間外労働の制限，深夜業の制限をすることができる。

上の親子関係がある「子」であれば，実子，養子は問わない。次の関係にある子についても，育児休業の対象となる。

① 特別養子縁組のための試験的な養育期間にある子を養育している場合（特別養子縁組の成立の請求が裁判所に係属している場合に限る）

② 養子縁組里親に委託されている子を養育している場合

③ 当該労働者を養子縁組里親として委託することが適当と認められるにもかかわらず，実親等が反対したことにより，当該労働者を**養育里親**として委託された子を養育する場合

◆育児休業の内容

1歳に満たない子を養育するために育児休業をすることができる。女性は，産後休業を終えた日の翌日から，男性は子の出生日から，それぞれ育児休業を取得することができる。ただし，配偶者が育児休業をしているなどの場合は，子が1歳2か月に達するまで出産日以降の産前・産後休業期間，育児休業期間，産後パパ育休期間を合計して1年間以内の休業が可能となる（通称，パパ・ママ育休プラス）。また，特別な事情があるときは，1歳6か月までの育児休業が取得可能となる。その事情とは，保育所等への入所を希望しているが，入所できない場合や配偶者の死亡，負傷，疾病等により子を養育することが困難になった場合，パパ・ママ育休プ

ラスを取得した場合でも，特別な事情があれば，延長が可能となる。さらに，1歳6か月までの育児休業を取得してもなお特別な事情があるときは，上記にある同様の条件で1歳6か月から2歳までの延長が可能となる。

育児休業割合は，①2020（令和2）年10月1日から2021（令和3）年9月30日までの1年間に在職中に出産した女性のうち，2022（令和4）年10月1日までに育児休業を開始した者（育児休業の申し出をしている者を含む）の割合は80.2%となっており，②2020年10月1日から2021年9月30日までの1年間に配偶者が出産した男性のうち，2022年10月1日までに育児休業を開始した者（育児休業の申し出をしている者を含む）の割合は17.13%となっている。

◆育児休業の取得回数および手続き

育児休業は，原則，同一の子1人について分割して2回まで取得することができる。男性の育児休業取得促進のための産後パパ育休（出生時育児休業）は，子の出生後8週間以内に最大2回まで，4週間（合計28日間）を上限として育児休業を取得できる制度がある。育児休業を取得する希望がある場合，労働者は，育児休業開始予定日および育児休業終了予定日を明らかにして，事業主に書面等により申し出をおこなう。事業主は，労働者から申し出があった場合は，その申し出を拒むことはできない。

養育里親

里親制度は，虐待や親がいないなどの理由・事情で親のもとでは育てられない子どもたち（要保護児童）に，家庭環境のもとで養育を提供する。里親の種類は，「養育里親」「養子縁組里親」「専門里親」「親族里親」に分かれている。

児童相談所から養育里親を受託するためには，①養育についての理解および熱意ならびに児童に対する豊かな愛情を有していること。②経済的に困窮していないこと。③里親本人またはその同居人が欠格事由に該当していないこと。そのうえで，養育里親研修を修了している必要がある。

性別役割の固定観念

男女を問わず個人の能力等によって役割の分担を決めることが適当であるにもかかわらず，「男性は仕事・女性は家庭」「管理職やリーダーシップのポジションに男性が多く，女性はサポート業務や事務職に多い」等のように，男性，女性という性別を理由として役割をわける考え方のことである。

このような固定観念は，職場においては，男性を中心とした長時間労働を当然とする風土に結びつき，セクシュアルハラスメント，妊娠・出産・育児休業等に関するハラスメントなどに影響をおよぼす可能性がある。

◆育児休業給付

雇用保険の被保険者が，原則１歳未満の子を養育するために育児休業を取得した場合，一定の要件を満たすときに，雇用保険法に基づき，育児休業給付金が支給される。支給額は，休業開始時賃金日額（育児休業開始前の６か月の賃金を180で割った金額）に支給日数を乗じたものの67％（休業開始後181日目以降は50％）となる。労働者の子が保育園などに入園を申し込んでいるものの，入園できない場合等には１歳６か月まで，さらにはその時点でも状態が変わっていなければ，最長２歳まで継続して「育児休業給付金」を受け取ることができる。そのほか「出生時育児休業給付金」「出生後休業支援給付金」「育児時短就業給付金」がある。

◆子の看護等休暇

小学校３年生修了までの子を養育する男女労働者（日々雇用を除く）は，１年度に５日まで（その養育する小学校３年生修了までの子が２人以上の場合は10日まで），病気・けがをした子の看護，行事参加等または子に予防接種・健康診断を受けさせるために，休暇が取得できる（時間単位での取得も可能）。労使協定で対象外にできる労働者（勤続６か月未満の労働者，週の所定労働日数が２日以下の労働者）もいる。

◆介護休業の対象となる労働者と家族

対象者となる労働者は，男女労働者（日々雇用を除く）としている。ただし，有期雇用労働者は，介護休業取得予定日から起算して93日経過する日から６か月を経過する日までに労働契約（更新される場合には，更新後の契約）の期間が満了し，更新されないことが明らかでない者が対象となる。

対象家族は，配偶者（事実婚を含む），父母，子，配偶者の父母，祖父母，兄弟姉妹および孫となっており，労働者が要介護状態（負傷，疾病または身体上もしくは精神上の障害により，２週間以上の期間にわたり常時介護を必要とする状態）にある家族としている。介護保険法に規定する要介護状態と必ず一致するものではない。

◆介護休業の内容と手続き

介護休業は，対象家族１人につき，３回まで取得することができ，その期間は，対象家族１人につき通算して93日までである。介護休業を取得する希望がある場合，労働者は，介護休業開始予定日および育児休業終了予定日を明らかにして，事業主に書面等により申し出をおこなう。事業主は，労働者から申し出があった場合は，その申し出を拒むことはできない。

◆介護休業給付

雇用保険の被保険者が，介護休業を取得した場合，一定の要件を満たすときに，雇用保険法に基づき，介護休業給付金が支給される。支給額は，休業開始時賃金日額（介護休業開始前の

図表35-1　育児・介護休業法における制度の概要その1

	育児	介護
所定外労働を制限する制度	小学校就学の始期に達するまでの子を養育する労働者がその子を養育するために請求した場合においては，事業主は所定労働時間を超えて労働させてはならない	要介護状態にある対象家族を介護する労働者がその対象家族を介護するために請求した場合においては，事業主は所定労働時間を超えて労働させてはならない
時間外労働を制限する制度	小学校就学の始期に達するまでの子を養育する労働者がその子を養育するために請求した場合においては，事業主は制限時間（1か月24時間，1年150時間）を超えて労働時間を延長してはならない	要介護状態にある対象家族を介護する労働者がその対象家族を介護するために請求した場合においては，事業主は制限時間（1か月24時間，1年150時間）を超えて労働時間を延長してはならない
深夜業を制限する制度	小学校就学の始期に達するまでの子を養育する労働者がその子を養育するために請求した場合においては，事業主は午後10時〜午前5時（「深夜」）において労働させてはならない	要介護状態にある対象家族を介護する労働者がその対象家族を介護するために請求した場合においては，事業主は午後10時〜午前5時（「深夜」）において労働させてはならない

出所：星正彦（2020）「《資料》介護休業制度と育児休業制度の比較〜ポスト・コロナ社会の課題となる介護休業制度〜」『経済のプリズム』191, 40-43. を筆者一部抜粋し，改変した.

6ヶ月の賃金を180で割った金額）に支給日数を乗じたものの67％となる。

◆介護休暇

対象となる家族の介護や介護サービスの提供を受けるための手続きの代行等のために対象家族が1人である場合は，1年度間に5日まで（2人以上の場合は10日まで）介護休暇が取得できる（時間単位での取得も可能）。

◆育児・介護休業制度の持続的発展に向けて

仕事と育児，介護の両立支援に関するその他の事項については**図表35-1**，**図表35-2**にまとめた。

育児休業取得率は，女性が80％台（2008（平成20）年以降）で推移しており，男性の取得率も徐々に高くなってきているとはいえ，男女の取得率には大きな差がある。

国は男性の取得率について「2025年までに50％」との目標を掲げているが，男性が育児休業を取得することは，まだ一般的ではなく，**性別役割の固定観念**（139頁）が，男性が育児に参加することを妨げている場合がある。また，男性が育児休業を取得する際，給与の減少やキャリアへの影響を心配することがある。さらに，職場の文化や上司や同僚の姿勢が，男性の育児休業取得に影響を与えていることが指摘されている。男性が育児休業を取得しやすい環境を整えるためには，職場全体の意識改革が必要である。これらの課題を解決するためには，さらなる育児休業制度の改善や男性の育児休業取得を促進するための法的な規定が必要である。男性が育児休業を取得しやすい環境を整えるために，政府や企業は積極的な対策を講じていく必要がある。

介護休業についても，育児休業と同様に経済的な負担，職場の文化や意識，法的な整備等の課題がある。加えて，今後，都市部を中心に介護サービスの提供不足が予想されている。介護休業制度のさらなる充実をはかるため仕事と介護の両立ができるような施策が求められている。

（岩田　純）

注

（1）　星正彦（2020）「《資料》介護休業制度と育児休業制度の比較～ポスト・コロナ社会の課題となる介護休業制度～」『経済のプリズム』191,36-43.

参考文献

厚生労働省（2024）「育児・介護休業法のあらまし（育児休業，介護休業等育児又は家族介護を行う労働者の福祉に関する法律）～令和4年4月1日，10月1日，令和5年4月1日施行対応～」.

厚生労働省（2023）「令和4年度雇用均等基本調査」厚生労働省.

一般社団法人日本ソーシャルワーク教育学校連盟編『高齢者福祉』中央法規出版.

図表35-2　育児・介護休業法における制度の概要その2

	育　児	介　護
所定労働時間の短縮等の措置	3歳に満たない子を養育する労働者（日々雇用を除く）であって育児休業をしていないもの（1日の所定労働時間が6時間以下である労働者を除く）に関して，1日の所定労働時間を原則として6時間とする措置を含む措置を講ずる義務	常時介護を要する対象家族を介護する労働者（日々雇用を除く）に関して，対象家族1人につき所定労働時間を短縮する制度やフレックスタイム制等の措置のいずれかを，利用開始から3年以上の間で2回以上の利用を可能とする措置を講ずる義務
その他の事業主が果たすべき役割	・育児休業，産後パパ育休，介護休業，子の看護等休暇，介護休暇等の取得を理由とする当該労働者に対し，解雇その他不利益な取扱いの禁止 ・労働者が育児休業又は介護休業の選択を適切に行うことができるように，休業期間中の待遇等の必要な事項を定め，労働者に周知するように努めること ・介護離職防止のための仕事と介護の両立支援制度の強化等の措置を講ずることとなった。	

出所：星正彦（2020）「《資料》介護休業制度と育児休業制度の比較～ポスト・コロナ社会の課題となる介護休業制度～」『経済のプリズム』191,40-43. を筆者一部抜粋し，改変した。

5章 高齢者と家族等の支援における関係機関と専門職の役割

36 支援機関の役割（国・自治体など）

◆行政機関の役割の概要

ここではまず，高齢社会，高齢者福祉，高齢者介護に係る法律に基づいて行政機関（国および都道府県・市町村等の**地方公共団体**）の役割の一端をみていく。取り上げる法律は高齢社会対策基本法，老人福祉法，介護保険法とする。これらの法律に基づいた行政機関の役割の概要は**図表36-1**のとおりである。以下では，この具体的内容を記していく。

◆高齢社会対策基本法に基づいた 行政機関の役割

高齢社会対策基本法の基本理念は，「国民が生涯にわたって就業その他の多様な社会的活動に参加する機会が確保される公正で活力ある社会」「国民が生涯にわたって社会を構成する重要な一員として尊重され，地域社会が自立と連帯の精神に立脚して形成される社会」「国民が生涯にわたって健やかで充実した生活を営むことができる豊かな社会」（第2条）である。

国はこの基本理念にのっとり，「高齢社会対策を総合的に策定し，及び実施する責務」（第

3条）があり，「就業及び所得」「健康及び福祉」「学習及び社会参加」「生活環境」「国民の意見の反映」に係る必要な施策を講じるとともに，「調査研究等の推進」に努めなければならないとされている。

そして，地方公共団体には「高齢社会対策に関し，国と協力しつつ，当該地域の社会的，経済的状況に応じた施策を策定し，及び実施する責務」（第4条）がある。

◆老人福祉法に基づいた行政機関の役割

国および地方公共団体には「老人の福祉を増進する責務」（老人福祉法第4条第1項）があり，市町村は「老人の福祉に関し，必要な実情の把握に努めること」（第5条の4第2項第1号）や「老人の福祉に関し，必要な情報の提供を行い，並びに相談に応じ，必要な調査及び指導を行い，並びにこれらに付随する業務」（第5条の4第2項第2号）をおこなわなければならないとされている。

そして，都道府県は「この法律に基づく福祉の措置の実施に関し，市町村相互間の連絡調整，

地方公共団体

定められた地域において自治による行政事務をおこなう団体のことであり，地方自治体ともいわれる。この団体は，住民の福祉の増進をはかることを基本として，地域における行政を自主的かつ総合的に実施する役割を広く担っている（地方自治法第1条の2）。

地方公共団体には普通地方公共団体と特別地方公共団体があり，普通地方公共団体は都道府県および市町村，特別地方公共団体は特別区，地方公共団体の組合および財産区とされている。（地方自治法第1条の3）

図表36-1　行政機関の役割の概要

法　律	国の役割	都道府県・市町村等の地方公共団体の役割
高齢社会対策基本法	・高齢社会対策の総合的な策定と実施 ・就業・所得，健康・福祉，学習・社会参加，生活環境，国民の意見の反映に係る施策，調査研究等の推進	○地方公共団体 ・高齢社会対策に関する地域の状況に応じた施策の策定と実施
老人福祉法	・高齢者の福祉の増進	○地方公共団体 ・高齢者の福祉の増進 ○都道府県 ・市町村間の連絡調整，市町村への情報提供，広域的な実情把握等 ○市町村 ・必要な実情把握，情報提供，相談対応，調査・指導等
介護保険法	・介護保険事業運営の健全・円滑実施のための保健医療福祉サービスの提供体制確保に関する施策等 ・保険給付に係る保健医療福祉サービスの施策，要介護状態等の予防・軽減・悪化防止のための施策，地域における自立した日常生活支援のための施策の包括的推進 ・認知症施策の総合的な推進等	○地方公共団体 ・保険給付に係る保健医療福祉サービスの施策，要介護状態等の予防・軽減・悪化防止のための施策，地域における自立した日常生活支援のための施策の包括的推進 ・認知症施策の総合的な推進等 ○都道府県 ・介護保険事業運営の健全・円滑実施のための必要な助言・適切な援助 ○市町村及び特別区 ・介護保険の実施

出所：高齢社会対策基本法，老人福祉法，介護保険法をもとに筆者作成.

市町村に対する情報の提供その他必要な援助を行うこと及びこれらに付随する業務を行うこと」（第6条の2第1項第1号）や「老人の福祉に関し，各市町村の区域を超えた広域的な見地から，実情の把握に努めること」（第6条の2第1項第2号）が求められている。

◆**介護保険法に基づいた行政機関の役割**

　国には「介護保険事業の運営が健全かつ円滑に行われるよう保健医療サービス及び福祉サービスを提供する体制の確保に関する施策その他の必要な各般の措置」（介護保険法第5条第1項）を講じる責務，都道府県には「介護保険事業の運営が健全かつ円滑に行われるように，必要な助言及び適切な援助」（第5条第2項）をおこなう責務がある。そして，市町村および特別区は，保険者として「この法律の定めるところにより，介護保険を行う」（第3条第1項）とされている。

　また，国と地方公共団体は，①被保険者が住み慣れた地域で日常生活を営むことができるよう，保健医療福祉サービス・介護予防・地域生

介護保険法第5条第4項

　介護保険法第5条第4項の原文は次のとおり。

　「国及び地方公共団体は，被保険者が，可能な限り，住み慣れた地域でその有する能力に応じ自立した日常生活を営むことができるよう，保険給付に係る保健医療サービス及び福祉サービスに関する施策，要介護状態等となることの予防又は要介護状態等の軽減若しくは悪化の防止のための施策並びに地域における自立した日常生活の支援のための施策を，医療及び居住に関する施策との有機的な連携を図りつつ包括的に推進するよう努めなければならない」。

活支援に関する施策を，医療・居住に関する施策と有機的な連携をはかって包括的に推進するよう努めること（**第5条第4項**）（143頁），②この包括的な推進にあたり，障害のある人等の福祉に関する施策との有機的な連携，および地域住民が参加し共生する地域社会の実現に資するよう努めること（**第5条第5項**）が求められている。加えて，国と地方公共団体の役割には「認知症に関する施策の総合的な推進等」（第5条の2）もある。

◆介護サービス事業者の役割

介護サービス事業者とは，「指定居宅サービス事業者，指定地域密着型サービス事業者，指定居宅介護支援事業者，指定介護予防サービス事業者，指定地域密着型介護予防サービス事業者及び指定介護予防支援事業者並びに指定介護老人福祉施設，介護老人保健施設及び介護医療院の開設者」（介護保険法第115条の32第1項）のことである。

介護サービス事業者における役割の一例として，指定居宅サービス事業者には当該事業の設備および運営に関する基準に従い，要介護者の心身の状況等に応じて適切なサービスを提供するとともに，自らその提供するサービスの質の評価をおこなうことや，その他の措置を講ずることにより，常にサービスを受ける者の立場に立ってサービスを提供するように努めること（第73条第1項）が求められている。

◆国民健康保険団体連合会の役割

国民健康保険団体連合会（以下，国保連）は都道府県知事の指導監督を受ける公法人であり，国民健康保険法第83条では都道府県もしくは市町村または国民健康保険組合が共同でその目的を達成するために設立することができるとされている。

国保連は都道府県ごとに設立され，国民健康保険の保険者である都道府県，市町村および国民健康保険組合が会員となり共同で事務をおこなっている。この業務内容は，①診療報酬等の審査支払（保険医療機関等から提出される診療報酬明細書等（レセプト）の審査と支払），②介護給付費等の審査支払（居宅サービス事業者，居宅介護支援事業者，介護保険施設等から提出される介護給付費請求書の審査と支払。この流れは**図表36-2**のとおり），③介護サービスの苦情処理などである。

◆社会福祉協議会の役割

社会福祉協議会は社会福祉法に基づき設置されており，各都道府県・各市区町村で地域住民，**民生委員・児童委員**，ボランティア，社会福祉施設・機関等の社会福祉関係者，保健・医療・教育等の関係機関などと協力して，地域の人々が住み慣れたまちで安全・安心に生活できる「福祉のまちづくり」の実現をめざし，さまざまな事業を展開している。⁽¹⁾

市町村社会福祉協議会では地域福祉の推進を

介護保険法第5条第5項

介護保険法第5条第5項の原文は次のとおり。

「国及び地方公共団体は（中略）障害者その他の者の福祉に関する施策との有機的な連携を図るよう努めるとともに，地域住民が相互に人格と個性を尊重し合いながら，参加し，共生する地域社会の実現に資するよう努めなければならない」。

民生委員・児童委員

民生委員は民生委員法に基づき，厚生労働大臣から委嘱された非常勤の地方公務員であり，児童福祉法に定める児童委員を兼ねる。民生委員・児童委員は市町村ごとに設置される民生委員推薦会による選考等，公正な手続

きを経て推薦，委嘱される。任期は3年（再任可）で，ボランティア（無報酬）として活動する。

民生委員・児童委員は担当する区域において，住民の生活上のさまざまな相談に応じ，行政をはじめ適切な支援・サービスへの「つなぎ役」や，高齢者・障害者世帯等の見守り，安否確認などといった役割がある。
［全国民生委員児童委員連合会（作成年不明）「民生委員・児童委員とは」（https://www2.shakyo.or.jp/zenminjiren/minsei_zidou_summary/#link, 2023.10.9）.］

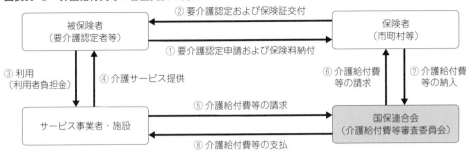

図表36-2　介護給付費等の審査支払の流れ

出所：東京都国民健康保険団体連合会（2023）「令和5年度　事業案内」17（https://www.tokyo-kokuhoren.or.jp/about/pdf/guid_jigyouannai_r05.pdf, 2023.10.16）を一部改変．

はかることを目的に，①社会福祉を目的とする事業の企画および実施，②社会福祉に関する活動への住民の参加のための援助，③社会福祉を目的とする事業に関する調査，普及，宣伝，連絡，調整および助成，④その他，社会福祉を目的とする事業の健全な発達をはかるために必要な事業をおこなっている（第109条第1項）。

都道府県社会福祉協議会では都道府県の区域内で地域福祉の推進をはかることを目的に，①前述の第109条第1項の各事業について各市町村を通ずる広域的な見地からおこなうことが適切なもの，②社会福祉を目的とする事業に従事する者の養成および研修，③社会福祉を目的とする事業の経営に関する指導および助言，④市町村社会福祉協議会の相互の連絡および事業の調整をおこなっている（第110条第1項）。

そして，「都道府県社会福祉協議会は，相互の連絡及び事業の調整を行うため，全国を単位として，社会福祉協議会連合会を設立することができる」（第111条第1項）とされており，全国社会福祉協議会は都道府県社会福祉協議会の連合会として設置されている。　　　（梅谷進康）

注
（1）　社会福祉法人全国社会福祉協議会「社会福祉協議会とは」（https://www.shakyo.or.jp/recruit/about/index.html, 2023.9.25）．

参考文献
公益社団法人国民健康保険中央会「国保中央会のご紹介」（https://www.kokuho.or.jp/about/, 2023.9.13）．
社会福祉法人全国社会福祉協議会「社会福祉協議会とは」（https://www.shakyo.or.jp/recruit/about/index.html, 2023.9.25）．
東京都国民健康保険団体連合会（2023）「令和5年度　事業案内」（https://www.tokyo-kokuhoren.or.jp/about/pdf/guid_jigyouannai_r05.pdf, 2023.10.16）．
全国民生委員児童委員連合会「民生委員・児童委員とは」（https://www2.shakyo.or.jp/zenminjiren/minsei_zidou_summary/#link, 2023.10.9）．

5章　高齢者と家族等の支援における関係機関と専門職の役割

㊲ 地域包括支援センター

地域包括支援センター（以下，包括センター）は地域住民の心身の健康の保持および生活の安定のために必要な援助をおこなうことにより，地域住民の保健医療の向上および福祉の増進を包括的に支援することを目的として，包括的支援事業等を地域において一体的に実施する役割を担う中核機関として設置されたものである（介護保険法第115条の46第1項）。2005（平成17）年の介護保険法改定により創設され，2006（平成18）年4月より設置された（**図表37-1**）。

◆設置主体・体制

包括センターは，市町村（特別区，一部事務組合，広域連合等を含む）が設置できることとされている。また**老人介護支援センター**の設置者などの法人に第115条の47第1項に規定する包括的支援事業を一括して委託（地域包括支援センター業務を委託）することもできる。そのため，市町村行政の直営方式，法人への委託方式，直営と委託の混合方式などの設置体制がある。さらに本所のみならず支所を設けるサブセンター方式，住民の身近な窓口として包括セン

ターにつなぐブランチの設置など，各市町村が多様な体制を工夫することができる。

担当圏域設定は，「**日常生活圏域**」とされ，おおむね人口2万～3万人の圏域ごとに設置することとされている。担当圏域内の第1号被保険者数おおむね3,000人以上6,000人未満ごとに，1名の3職種が配置される。

◆事業内容

包括センターは**図表37-2**にあるとおり，地域支援事業のなかの第1号介護予防支援事業および総合相談支援業務，権利擁護業務，包括的・継続的ケアマネジメント支援業務を一体的に実施する。またこれらの業務とは別に，市町村が取り組む在宅医療・介護の連携推進，認知症施策の推進，生活支援サービスの基盤整備の全部または一部についても包括センターに委託することが可能である（第115条の47第1項）。

第1号介護支援予防事業とは，居宅要支援被保険者（要支援と認定された者）や基本チェックリスト該当者に対して，介護予防および日常生活支援を目的として，その心身の状況，おか

老人介護支援センター

1989（平成元）年の高齢者保健福祉推進10か年戦略（ゴールドプラン）に位置づけられた日本初のケアマネジメント機関であり，専門職が自ら地域へ出向くアウトリーチ機関。住民に身近な中学校区に1か所設置された。特別養護老人ホームや老人保健施設，病院等に市町村から委託され，保健医療福祉の専門職が24時間365日いつでも相談にのるという画期的な機関であった。さらに1994（平成6）年老人福祉法改正時に「老人介護支援センター」として法定化された。2000（平成12）年に介護保険制度が施行されると，その多くは指定居宅介護支援事業所と2枚看板になり，2006（平成18）年の地域包括

支援センターの出現とともに，多くのセンターは包括センター，またはそのサブセンターやブランチとして再編された。

日常生活圏域

包括センターの設置の目安であり，地域包括ケアシステムにうたわれている「概ね30分で駆けつけられる地域」のこと。この圏内で医療や介護・福祉サービス，住まいや生活支援が適切に提供されることをめざしている。具体的には，おおむね中学校区もしくは旧町村の単位をさすことが多い。

図表37-1　地域包括支援センターの概要

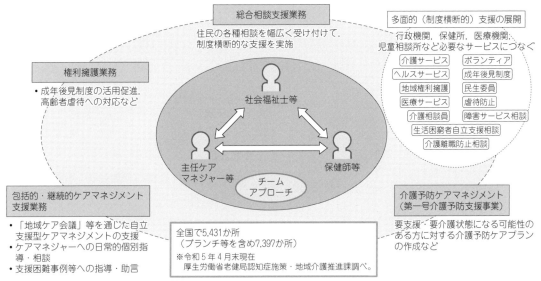

出所：厚生労働省「地域包括支援センターの概要」(https://www.mhlw.go.jp/content/12300000/001236442.pdf).

れている環境その他の状況に応じて，その選択に基づき，介護予防・生活支援サービス事業における訪問型サービス，通所型サービス，**生活支援サービス**等適切なサービスが包括的かつ効果的に提供されるように，必要なケアマネジメントをおこなうことをいう。

総合相談支援業務とは，ワンストップ窓口として，地域に住む高齢者のさまざまな相談をすべて受けとめ，適切な機関や制度・サービスにつなぎ，継続的に支援する業務である。

権利擁護業務とは，高齢者が住み慣れた地域で尊厳ある生活と人生を維持することができるために，権利侵害の予防や対応，権利行使の支援を専門的におこなう業務である。

包括的・継続的ケアマネジメント支援業務とは，多様な課題を抱えた高齢者に対して，医療・保健・福祉等のさまざまな社会資源が連携をして包括的に支援することである。入院，入所，自宅と生活の場が変わっても，一貫して継続される支援が必要で，その連携を可能にするケアマネジメントをおこなう業務である。

以上は，包括支援センターが一体的におこな

生活支援サービス

総合事業として提供されるサービスや，それ以外の住民主体の地域の助け合い，民間企業による市場のサービス，市町村の単独事業等を含むサービスのこと。

5章　高齢者と家族等の支援における関係機関と専門職の役割

図表37-2　地域支援事業

介護給付（要介護1-5）	
予防給付（要支援1・2）	
介護予防・日常生活支援総合事業 （要支援1・2, 事業対象者） ○介護予防・生活支援サービス事業 　・訪問型サービス 　・通所型サービス 　・生活支援サービス 　・第1号介護予防支援事業 　　（介護予防ケアマネジメント） ○一般介護予防事業	地域支援事業
包括的支援事業 ○総合相談支援業務　○権利擁護業務 ○包括的継続的ケアマネジメント業務 　（地域ケア会議の充実） ○在宅医療・介護の連携推進 ○認知症施策の推進 ○生活支援サービスの基盤整備	
任意事業 ○介護給付費適正化事業 ○家族介護支援事業 ○その他の事業	

注：グレー部分は地域包括支援センターの必須業務。
出所：厚生労働省資料より筆者作成.

う事業である。さらに，在宅医療・介護の連携推進事業とは，地域の医療・介護の関係団体が連携して包括的かつ継続的な在宅医療と介護を一体的に提供するための必要な支援をおこなう事業である。地域の医療・介護関係者による会議の開催や研修会の実施をおこなう。

認知症総合支援事業とは，認知症の早期診断・早期対応や認知症ケアの向上などの体制整備をはかる事業である。**認知症初期集中支援**チームによる支援と**認知症地域支援推進員**による地域の体制整備をおこなうことが求められている。

生活支援体制整備事業とは，多様な日常生活上の支援体制の充実・強化と高齢者の社会参加を推進する事業である。地域の資源開発や，ネットワーク構築，高齢者のニーズとボランティアなどの地域資源とのマッチングをおこなう**「生活支援コーディネーター」**が設置された。

◆**職員配置**

包括センターには，保健師等，社会福祉士，主任介護支援専門員（主任ケアマネジャー）の専門職種が配置されている（**図表37-1**）。この3職種はそれぞれの専門性を生かしつつ，常に相互の情報を共有し，協議して業務を遂行するチームアプローチが必要である。

◆**地域包括支援センター運営協議会**

包括センターの運営を地域の関係者全体で協議し，適切，公正かつ中立的な運営を確保しているかどうかを評価する場として，市町村に地域包括支援センター運営協議会がおかれることとされている（介護保険法施行規則第140条の66第2号ロ）。

◆**指定介護支援予防事業**

包括センターは，これまで述べてきた地域支援事業における業務と合わせて，予防給付にお

認知症初期集中支援チーム

医療・介護の専門職が家族の相談等により認知症が疑われる人や認知症の人およびその家族を訪問し，必要な医療や介護の導入・調整や，家族支援などの初期の支援を包括的，集中的におこない，自立生活のサポートをおこなうチームのこと。[厚生労働省他（2015）「認知症施策推進総合戦略（新オレンジプラン）〜認知症高齢者等にやさしい地域づくりに向けて〜（概要版）」3.]

認知症地域支援推進員

①医療機関や介護サービスおよび地域の支援機関の間のネットワーク構築，②関係機関と連携した事業の企画・調整，③認知症の人やその家族等への相談支援をおこなうもので，地域包括支援センター，認知症疾患医療センター，行政介護保険担当部署等に所属している，保健師，社会福祉士，精神保健福祉士等。[社会福祉法人浴風会認知症介護研究・研修東京センター（2018）「平成30年度 厚生労働省 老人保健事業推進費等補助金老人保健健康増進等事業　認知症地域支援推進員活動の手引き」15.]

ける指定介護予防支援事業をおこなうものとされている。つまり要支援者と認定された者が予防給付による介護予防サービスを利用する場合，本人や家族の意向と状況をアセスメントし，介護予防および日常生活支援を目的として，必要なサービスの種類と内容などを調整し，ケアプラン（介護予防プラン）を作成する。

要支援者が適切なサービスを利用することで，介護や支援の必要がなくなった後も，切れ目のない支援を継続することを目的に，要支援者の介護予防支援と，基本チェックリスト該当者に対する介護予防ケアマネジメントと，どちらもが包括センターでおこなうこととされている。

◆地域包括支援センターの活動の例

（1）介護予防ケアマネジメント業務

・体調を崩した後，今までの活動に参加するのが億劫になった

・腰や膝が痛いので，なるべく動きたくない

運動したり趣味活動を再開したい，一人で買い物に出かけたい等，心がはずむ生活に戻れるよう，目標を立てたり，出かけられる環境を整えたりする。孤立・孤独にならないように社会的つながりを作る手伝いをすることで，本人と一緒に，生き生きとした生活をめざす。

（2）総合相談業務

・近所に住む高齢者が，最近閉じこもりぎみで心配

・父親の様子が変わり，認知症かもしれないと思うが，病院受診を嫌がるので困っている

これらの相談に地域包括支援センターの保健福祉の専門職員が本人の自宅へ訪問し，状況を把握し，本人の想いをうけとめつつ信頼関係を築き，適切なサービスや機関，制度につなげる。

（3）権利擁護業務

・高齢の夫が妻の介護に疲れている様子。時々，夫の妻に対する大声が聞こえて心配

・近所の高齢者宅に見慣れない業者がしょっちゅう出入りして，ものを買わされている

要介護状態の妻と，介護者である夫を支援することで高齢者虐待の未然の防止をはかったり，高齢者を支える見守り体制を作って悪質な詐欺商法や商法の介入を阻んだりすることで高齢者の権利侵害を防止する。緊急の場合は必要に応じて老人福祉施設への入所や，場合により成年後見制度につなぐなどの介入をおこなう。

（4）包括的・継続的ケアマネジメント支援業務（ケアマネジャー支援）

・要介護高齢者だけでなく家族にも支援が必要な世帯

・身よりがなく家族の役割が期待できない要介護高齢者

このような複合的な課題を抱える高齢者とその世帯が増えている。地域の介護事業所，医療機関，地域住民やインフォーマルな社会資源のネットワークを形成し，直接的，間接的にケアマネジャーをサポートして，高齢者が安心してくらせるよう介護と生活を支える。（堀川涼子）

生活支援コーディネーター

地域住民に身近な存在である市町村が中心となって，ボランティア，NPO，民間企業，社会福祉法人，協同組合等の多様な事業主体による重層的な生活支援・介護予防サービスの提供体制の構築をおこなうコーディネーター。地域包括支援センターや社会福祉協議会，行政等におかれている。［厚生労働省（2015）「生活支援コーディネーター（地域支え合い推進員）に係る中央研修テキスト」1.］

38 高齢者へのケアワーク

◆**介護を必要とする高齢者の現状**

2000（平成12）年の介護保険制度開始時には256万人だった要介護（要支援）認定者数は，2021（令和3）年度末には690万人に達しており要介護（要支援）認定者数は増加している（令和3年度　介護保険事業状況報告（年報））。また，要介護（要支援）認定者のなかでも75歳以上の後期高齢者の割合が非常に高い。

さらに『令和4年版高齢社会白書』によると要介護者等（総数）について，介護が必要になった主な原因は「認知症」が18.1％ともっとも多く，次いで，「脳血管疾患（脳卒中）」が15.0％，「高齢による衰弱」が13.3％，「骨折・転倒」が13.0％となっている（**図表38-1**）。

2017（平成29）年の同調査では「脳血管疾患（脳卒中）」が17.2％ともっとも多く，次いで「認知症」16.4％，「高齢による衰弱」13.9％，「骨折・転倒」12.2％であった。これは近年認知症により要介護となる高齢者が増えていることを示している。このように認知症高齢者の増加等を背景に2024（令和6）年には，共生社会の実現を推進するための認知症基本法（認知症

基本法）が施行され，認知症の人を含めた国民一人ひとりがその個性と能力を十分に発揮し，相互に人格と個性を尊重しつつ支え合いながら共生する活力ある社会である共生社会の実現の推進がめざされている。

上記のように高齢化の進展に伴い，何らかのケアを必要とする高齢者は増加している。一方で，65歳以上の者がいる世帯では「単独世帯」や「夫婦のみの世帯」も多く，**老老介護**や**認認介護**が社会問題となっている。さらに，親の介護のために仕事を辞める介護離職や育児と親などへの介護を同時期に担うダブルケアなどの問題も深刻さを増している。何らかの支援を必要とする高齢者とその家族が地域社会から孤立しない支援が必要であり，高齢者福祉の専門職による専門的支援が重要である。

◆**ケアワーク（介護）の目的**

高齢者福祉サービスにおける中核を担っているのが2000年に開始した介護保険制度である。この**介護保険法第1条**に目的が示されている。介護保険法第1条には，対象となる利用者が

老老介護

65歳以上の高齢者が同じく65歳以上の高齢者家族を介護している状態。夫婦，親子，きょうだい等の間でどちらかが介護者（介護する人），もう一方が要介護者（介護を受ける人）となる。同居している介護者と要介護者のどちらも65歳以上同士の割合は63.5％，75歳以上同士の割合は35.7％であり，上昇傾向にある［厚生労働省「2022年国民生活基礎調査の概況」.］

認認介護

認知症の高齢者が認知症の高齢者を介護している状態。

図表38-1　65歳以上の要介護者等の性別に見た介護が必要となった主な原因

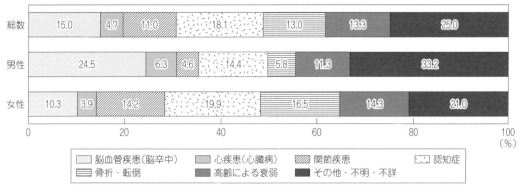

資料：厚生労働省「国民生活基礎調査」（令和元年）．
注：四捨五入の関係で，足し合わせても100.0％にならない場合がある。
出所：内閣府『令和4年版高齢社会白書』29．

「尊厳を保持し，その有する能力に応じ自立した日常生活を営むことができるよう」国民の保健医療の向上および福祉の増進をはかることを目的とすると示されている。つまり，介護を必要とするすべての人が尊厳をもって生きられるという「尊厳の保持」と利用者自身が主体的に能力を発揮しながら日常生活を送ることができるという「自立支援」の視点がケアワーク（介護）には不可欠だということだ。

◆介護福祉士に求められる役割の変遷

高齢者のケアワークを担う専門職に介護福祉士がある。介護福祉士とは，社会福祉士及び介護福祉士法に基づく介護の国家資格である。1987（昭和62）年，社会福祉士及び介護福祉士法制定当時，介護福祉士の定義は以下のように規定されていた。

「この法律において「介護福祉士」とは，第42条第1項の登録を受け，介護福祉士の名称を用いて，専門的知識及び技術をもつて，身体上又は精神上の障害があることにより日常生活を営むのに支障がある者につき入浴，排せつ，食事その他の介護を行い，並びにその者及びその介護者に対して介護に関する指導を行うこと（以下「介護等」という。）を業とする者をいう。」（当時）

定義によって明記された点として2点があげられる。まず「専門的知識及び技術をもつて」という文が入り，介護の専門性が示された。次に，「入浴，排せつ，食事」の身体介護と介護をうける者およびその介護者に対する指導が介護福祉士の業として主だったものと定義された。

> **介護保険法第1条（目的）**
> 「この法律は，加齢に伴って生ずる心身の変化に起因する疾病等により要介護状態となり，入浴，排せつ，食事等の介護，機能訓練並びに看護及び療養上の管理その他の医療を要する者等について，これらの者が尊厳を保持し，その有する能力に応じ自立した日常生活を営むことができるよう，必要な保健医療サービス及び福祉サービスに係る給付を行うため，国民の共同連帯の理念に基づき介護保険制度を設け，その行う保険給付等に関して必要な事項を定め，もって国民の保健医療の向上及び福祉の増進を図ることを目的とする。」

5章　高齢者と家族等の支援における関係機関と専門職の役割

図表38-2　社会福祉士及び介護福祉士法における介護福祉士の定義の変遷

1987年制定時	変更　2007年改正	追加　2011年改正
この法律において「介護福祉士」とは，第42条第1項の登録を受け，介護福祉士の名称を用いて，専門的知識及び技術をもって，身体上又は精神上の障害があることにより日常生活を営むのに支障がある者につき入浴，排せつ，食事その他の介護を行い，並びにその者及びその介護者に対して介護に関する指導を行うこと（以下「介護等」という。）を業とする者をいう。	この法律において「介護福祉士」とは，第42条第1項の登録を受け，介護福祉士の名称を用いて，専門的知識及び技術をもって，身体上又は精神上の障害があることにより日常生活を営むのに支障がある者につき心身の状況に応じた介護を行い，並びにその者及びその介護者に対して介護に関する指導を行うこと（以下「介護等」という。）を業とする者をいう。	この法律において「介護福祉士」とは，第42条第1項の登録を受け，介護福祉士の名称を用いて，専門的知識及び技術をもって，身体上又は精神上の障害があることにより日常生活を営むのに支障がある者につき心身の状況に応じた介護（喀痰吸引その他のその者が日常生活を営むのに必要な行為であって，医師の指示の下に行われるもの（厚生労働省令で定めるものに限る。以下「喀痰吸引等」という。）を含む。）を行い，並びにその者及びその介護者に対して介護に関する指導を行うこと（以下「介護等」という。）を業とする者をいう。

出所：筆者作成.

このように社会福祉士及び介護福祉士法制定において介護福祉士の定義は規定されたが，時代の変化や社会からのニーズによって現在までに2回の改正がおこなわれている。改正の内容は以下のとおりである（**図表38-2**）。

2007（平成19）年に，介護保険制度の導入や認知症高齢者の増加による介護など従来の身体介護にとどまらない新たな介護サービスへの対応が求められていることを背景に最初の改正がおこなわれた。社会福祉士及び介護福祉士法では，介護福祉士のおこなう「介護」が「入浴，排せつ，食事その他の介護」から「心身の状況に応じた介護」に改正され，身体面だけでなく精神面を含めた介護が重要だと示された。

2011（平成23）年の法改正により介護福祉士の業として喀痰吸引等が位置づけられた。この改正により介護福祉士等は**喀痰吸引**と**経管栄養**をおこなうことになった。

喀痰吸引は場合によっては1日に複数回必要であり，在宅生活を送る場合など医療従事者が常時いない家族介護者に負担が大きいことが指摘されてきた。そのため，当面のやむを得ず必要な措置として，在宅・特別養護老人ホーム・特別支援学校において，介護職員等がたんの吸引・経管栄養のうちの一定の行為を実施することが認められてきた。しかし，法律に位置づけるべきではないかという気運が高まった。そのため，厚生労働省は2010（平成22）年7月から

喀痰吸引

たんを自力で排出することが困難な人に対し吸引器につないだ管を口や鼻から挿入して，たんを吸い出すこと。実施する場合には，必ず医師の指示書が必要。

経管栄養

口から食事を摂取することができない，または不十分な場合，胃や腸にチューブを挿入して，栄養剤などを直接注入し栄養状態の維持・改善をおこなうこと。経管栄養はチューブを挿入した経路で，経鼻経管栄養，胃ろう経管栄養，腸ろう経管栄養がある。

「介護職員等によるたんの吸引等の実施のための制度の在り方に関する検討会」を設置し，検討をはじめた。その結果，介護福祉士および一定の研修を受けた介護職員等は，介護福祉士の業として一定の条件を満たすことで喀痰吸引等が位置づけられた。法改正により，介護福祉士等がおこなうことが可能となった**医行為**の範囲は以下①〜⑤のとおりであり，医師の指示のもとにおこなわれるものである。

①口腔内の喀痰吸引，②鼻腔内の喀痰吸引，③気管カニューレ内部の喀痰吸引，④胃ろうまたは**腸ろう**による経管栄養，⑤経鼻経管栄養。

この改正によって介護福祉士養成課程においても，領域「医療的ケア」が新たに加えられ，①医療的ケア実施の基礎，②喀痰吸引（基礎的知識・実施手順），③経管栄養（基礎的知識・実施手順），④演習が学習項目となった。またこれを修了した後，実地研修を修了する必要がある。 （合田衣里）

医行為

医師の医学的判断および技術をもってするのでなければ人体に危害をおよぼし，または危害をおよぼすおそれのある行為のこと。「喀痰吸引」「経管栄養」ともに医行為の範囲に含まれる。

腸ろう

腸ろう経管栄養は，腹部から空腸にろう孔（チューブの挿入部）を造設し，チューブを留置して栄養剤を注入する。

5章 高齢者と家族等の支援における関係機関と専門職の役割

高齢者へのリハビリテーション

◆リハビリテーションとは

　リハビリテーションと聞いて，何をイメージするだろうか。高齢者では，病気やけがの後遺症に対する身体機能の回復や，歩行・トイレなどの日常生活活動の能力向上が一般的なイメージではないだろうか。もちろん，これは間違いではないが，リハビリテーションの本来の意味はさらに広い。高齢者のリハビリテーションにかかわる専門職であれば，本来の意味を把握しておく必要がある。

（1）リハビリテーションの語源(1)

　リハビリテーション（rehabilitation）の語源は，re-「再び」と，-ation「〜すること」にラテン語の形容詞であるhabilis「適した，ふさわしい」がはさまれ，人間にとって再びふさわしい，または望ましい状態にするという意味になる。この語の歴史をたどると，有名なものとして「ジャンヌ・ダルクのリハビリテーション」がある。ジャンヌ・ダルクは1431年に「異端」であるとの宣告を受けて破門となり，火あぶりの刑に処せられた。しかし，25年後のやり直し裁判にて，「異端」であるとの宣告と破門が取り消しとなり，これが「リハビリテーション裁判」と呼ばれた。つまり，もともと名誉の回復にかかわったことがリハビリテーションであった。このような歴史から，上田は，リハビリテーションとは「人間らしく生きる権利の回復」，すなわち「全人間的復権」であるとした。

（2）リハビリテーションの4分野(3)(4)

　上記の語源から，リハビリテーションの本来の意味が非常に広いことがわかる。そのため，リハビリテーションの分野も多岐にわたり，主に4つの分野によっておこなわれている。

・医学的リハビリテーション
　身体障害や失語症などの高次脳機能障害のほか，精神障害や視覚障害，聴覚障害に対して能力の回復・向上をはかるものである。

・教育的リハビリテーション
　障害児に対する特別支援教育を中心として，最近では大学等の高等教育，社会教育，生涯教育を含めて考える。

・職業（的）リハビリテーション
　職業訓練によって能力を高め，作業所などの福祉的就労も含めた雇用の実現をめざす。

MEMO

154

・社会（的）リハビリテーション

　医学的・教育的・職業（的）リハビリテーションのすべてにかかわり，障害者が社会的不利を被らないように社会的条件を整備，発展させる。

　高齢者に関わる分野としては，病院などで行われる医学的リハビリテーションや，地域で行われる社会（的）リハビリテーションなどがある。

◆高齢者のリハビリテーションがおこなわれる場所 (5)(6)

　高齢者において，介護が必要となる主な原因は「認知症」がもっとも多く，次いで「脳血管疾患（脳卒中）」，次に「骨折・転倒」である。これらの傷病とリハビリテーションは，必然とかかわりが多くなり，さまざまな場所で展開される。ここでは，病期にわけて整理する。

（1）急性期

　病院（急性期病棟）にて，原疾患に対する集中的な治療をおこなう約10日〜1か月程がこの時期である。病態により，患者が動くことが困難な状態であるため，不動・廃用予防が目標となる。

（2）回復期

　病院（回復期病棟や地域包括ケア病棟）において，病状が安定した患者に対して，食事やセルフケア，移動（歩行など）などのADL能力の向上をはかる。在宅復帰を想定して，医療福祉サービスや生活環境の調整などの包括的な支援を同時に進めていく。

（3）生活期

　生活期のリハビリテーションの場は在宅（通院，通所，訪問など）や，施設のほか，療養型病床など多岐にわたる。実生活での活動を通じて，機能・能力の維持やさらなる活動の向上をめざす。

◆高齢者のリハビリテーションにかかわる職種

　高齢者のリハビリテーションには多くの職種がかかわるが，ここでは，とりわけリハビリテーションに特化した職種であり，ソーシャルワーカーとのかかわりも多くなる理学療法士，作業療法士，言語聴覚士について述べる。以下，理学療法士及び作業療法士法第2条の2（1965（昭和40）年）と言語聴覚士法第2条（1997（平成9）年）に定められた各職種の定義をもとに，対象・目的・手段に整理したものを示す（図表39-1〜39-3）。

　この3職種のなかで，実践現場によって違いのわかりづらい職種が理学療法士と作業療法士である。各専門職の目的として，基本的動作と応用的動作でわかれてはいる。しかしトイレや入浴の応用的動作には，立つ・歩くという基本的動作が必要であり，一方で立つ・歩くという基本的動作の先にはトイレや入浴の応用的動作を想定しておかないといけない。そのため，わけて介入をすることが非効率である場面があり，

図表39-1　理学療法の対象・目的・手段	
対象・目的・手段	（対象）身体に障害のある者 （目的）主としてその基本的動作能力の回復を図る （手段）治療体操その他の運動を行わせ，及び電気刺激，マッサージ，温熱その他の物理的手段を加える
備　考	基本的動作とは，起き上がる，座る，立つ，歩くなどの基本的な動作

出所：理学療法士及び作業療法士法，日本理学療法士協会ホームページ（https://www.japanpt.or.jp/about_pt/therapist/）を参考に筆者作成.

図表39-2　言語聴覚療法の対象・目的・手段	
対象・目的・手段	（対象）音声機能，言語機能又は聴覚に障害のある者 （目的）その機能の維持向上を図る （手段）言語訓練その他の訓練，これに必要な検査及び助言，指導その他の援助を行う
備　考	定義に記載はないが，言語聴覚士法第42条には嚥下（飲み込み）訓練を業とすることが示され，多くの現場で実践されている

出所：言語聴覚士法をもとに筆者作成.

図表39-3　作業療法の対象・目的・手段

対象・目的・手段	（対象）身体または精神に障害のある者 （目的）主としてその応用的動作能力または社会的適応能力の回復をはかる （手段）手芸，工作その他の作業をおこなわせる
備　考	○応用的動作とは，食事，身だしなみ，着替え，トイレ，入浴などの生活に必要な動作 ○社会適応能力とは，仕事をする，地域の集まりに出向くなど，地域での役割を果たすための能力 ○「手芸，工作」という文言から，「医療現場において手工芸を行わせること」といった認識が広がっている。以下に掲げる業務については，理学療法士及び作業療法士法第2条第2項の「作業療法」に含まれるものであることから，作業療法士を積極的に活用することが望まれる ・移動，食事，排せつ，入浴等の日常生活活動に関するＡＤＬ訓練 ・家事，外出等のＩＡＤＬ訓練 ・作業耐久性の向上，作業手順の習得，就労環境への適応等の職業関連活動の訓練 ・福祉用具の使用等に関する訓練 ・退院後の住環境への適応訓練 ・発達障害や高次脳機能障害等に対するリハビリテーション

出所：理学療法士及び作業療法士法，日本作業療法士協会ホームページ（https://www.jaot.or.jp/ot_job/），（https://www.jaot.or.jp/files/page/gakujutsu/guideline/OT%20guideline_2024.pdf）を参考に筆者作成．

図表39-4　ICFの構成要素

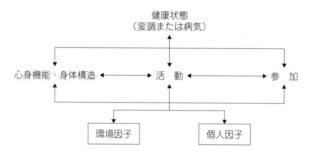

出所：障害者福祉研究会編（2002）『ICF　国際生活機能分類──国際障害分類改訂版』中央法規出版．

図表39-5　ICFの構成要素における定義と具体例

構成要素	定　義	具体例
心身機能・身体構造	心身機能とは，身体系の生理的機能（心理機能を含む）である。身体構造とは，器官・肢体とその構成部分などの，身体の解剖学的部分である。	（心身機能）筋力の機能，関節の可動性 （身体構造）上肢・下肢の構造
活　動	活動とは，課題や行為の個人による遂行のことである。	食事，トイレ，家事，対人関係＊
参　加	参加とは，生活・人生場面への関わりのことである。	家事，対人関係，経済生活＊
環境因子	環境因子とは人々が生活し，人生を送っている物的な環境や社会的環境，人々の社会的な態度による環境を構成する因子のことである。	個人的な屋内外の移動と交通のための生産品と用具，資産，家族，家族の態度，制度・政策
個人因子	個人因子とは，個人や人生や生活の特別な背景であり，健康状態や健康状況以外のその人の特徴からなる。	性別，年齢，教育歴，困難への対処方法，過去・現在の経験

注：＊活動と参加は重複しており（共通のリスト），その意味合いによって，活動か参加，または両方になる。
出所：障害者福祉研究会編（2002）『ICF　国際生活機能分類──国際障害分類改訂版』中央法規出版をもとに筆者作成．

一見，似たような実践をおこなっていることもある。これらに明確な境界線を引くことはできないことを頭に入れておきたい。

そのほか，医師，ソーシャルワーカー，義肢装具士，看護師，介護福祉士，臨床心理士，介護支援専門員などがかかわる。高齢者のリハビリテーションは理学療法士，作業療法士，言語聴覚士のみで成り立つものではなく，クライエントとその家族および，多くの職種によって成り立っている。そのため，どの職種においても多職種連携が重要だが，そのなかでも，ソーシャルワーク専門職として代表的な社会福祉士は，法律上の定義に「福祉サービスを提供する者又は医師その他の保健医療サービスを提供する者その他の関係者との連絡及び調整」をおこなうことが明記されており（社会福祉士及び介護福祉士法第2条），連携の要として重要な役割を担っている。

◆国際生活機能分類 [(7)(8)(9)(10)(11)]

高齢者のリハビリテーションにおいて，クライエントの理解のために使用される分類法として，国際生活機能分類（International Classification of Functioning, Disabilities and Health：ICF）

がある。ICFは2001（平成13）年にWHOから発表され（**図表39-4**），前身であったICIDHが，「障害」（「人が生きることの困難」）というマイナス面の分類であったのに対して，ICFは生活機能（「人が生きること」）というプラス面の分類になった。生活機能とは，**図表39-4**の中心にある「心身機能・身体構造」「活動」「参加」の3つを指し，それに影響を与えるものとして，「疾患・変調」「個人因子」「環境因子」がある。**図表39-5**に，「疾患・変調」を除く5つの要素について定義と具体例を示す。

どれも重要な要素だが，リハビリテーションの目標は「参加」の達成である。一般的にイメージをする「参加」（社会参加を含む）は，地域活動の場に出かけることや，そのなかで他者と交流することなどだろう。他方で，ICFでは「生活・人生場面への関わり」と定義されるように，「参加」は人生をコントロールすること（自律性，自己決定など）を含み，この点を忘れてはいけない。このように自分の人生に参加をすることが，まさに冒頭で述べた「人間らしく生きる権利の回復（全人間的復権）」であり，参加の達成がリハビリテーションであるといえるだろう。　　　　　　　　（太田健一）

注
（1）　上田敏（2004）『リハビリテーションの思想——人間復権の医療を求めて』医学書院.
（2）　先天性の障害児では，re-「再び」という語が当てはまらないため，ハビリテーション（habilitation）という言葉を用いることがある.
（3）　上田敏・伊藤利幸監修／佐伯覚・高岡徹・藤谷順子編（2023）『標準リハビリテーション医学（第4版）』医学書院.
（4）　田島文博編（2021）『医学生・コメディカルのための手引書　リハビリテーション概論（改訂第4版）』永井書店.
（5）　（3）と同じ.
（6）　厚生労働省（2023）「2022（令和4）年　国民生活基礎調査の概況」(https://www.mhlw.go.jp/toukei/saikin/hw/k-tyosa/k-tyosa22/index.html, 2024.2.13).
（7）　（1）と同じ.
（8）　（3）と同じ.
（9）　障害者福祉研究会編（2002）『ICF　国際生活機能分類——国際障害分類改訂版』中央法規出版.
（10）　Dijkers, M. P. (2010) Issues in the conceptualization and measurement of participation: an overview, *Arch Phys Med Rehabil*, 91 (9), S5-S16.
（11）　Perenboom, R. J. M., Chorus, A. M. J. (2003) Measuring participation according to the International Classification of Functioning, Disability and Health (ICF), *Disabil Rehabil*, 25 (11-12), 577-587.

5章 高齢者と家族等の支援における関係機関と専門職の役割

高齢者への終末期ケア

◆日本における終末期の現状

現在の日本の高齢化率は29.1%であり、高齢社会である（総務省統計局「人口推計」2023年9月）。また死亡数は156万8,961人と前年より12万9,105人増加しており、（厚生労働省「人口動態統計月報年計（概数）の概況」2022年）、とくに、高齢者の死亡数が多いといえる（**図表40-1**）。そのため、高齢期の看取りを考えることはソーシャルワーカーとしても重要である。

60歳以上の人を対象にした調査によると（内閣府「令和元年高齢社会白書」）、最期を迎えたい場所としては「自宅」と回答した人は51.0%ともっとも多く、次いで「病院などの医療施設」31.4%、「特別養護老人ホームなどの福祉施設」7.5%、「高齢者向けのケア付き住宅」3.0%であった。一方で、2021（令和3）年死亡者の67.4%が病院・診療所の医療機関で亡くなっており、次いで自宅17.2%、老人ホーム10%、介護医療院・介護老人保健施設3.5%であった（厚生統計要覧（令和4年度））。

2010（平成22）年以降、自宅での死亡者数が若干増加傾向にあるものの、依然として医療機関で最期を迎える人が多い。最期を迎えたい場所の調査結果を考えると、クライエントは身体状態や家族の状況、経済状況などさまざまなことを考慮して終末期を過ごす場所を選択していると考えられる。そのため、わたしたちはクライエントの気持ちに寄り添うことが大切だ。

◆終末期におけるケア

終末期とは、治療しても回復の期待ができない、老衰など死を避けられない状況をさす。しかし、終末期のはじまりや期間を決めることは困難であり、共通の定義はない。終末期におこなわれるケアとして、緩和ケア、ターミナルケア（終末期ケア）、エンド・オブ・ライフケアといったものがあげられる。

緩和ケアについては、2002（平成14）年にWHOが「緩和ケアとは、生命を脅かす病に関連する問題に直面している患者とその家族のQOLを、痛みやその他の身体的・心理社会的・**スピリチュアル**な問題を早期に見出し的確に評価をおこない対応することで、苦痛を予防し和らげることを通して向上させるアプローチ

スピリチュアル

近代ホスピスの創始者と呼ばれる、ソンダース（Saunders, C.）は、患者の苦しみには、身体的、精神的、社会的、スピリチュアルな苦痛があるとし、これを「全人的苦痛（Total Pain）」とした。スピリチュアルペインとは、人生の意味への問いや死への恐怖などをいう。

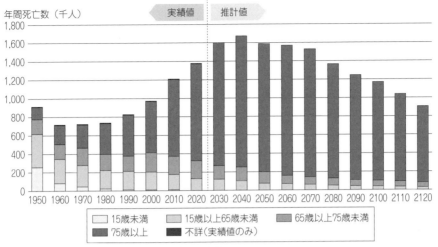

図表40-1　死亡数の動態

注：2020年までは厚生労働省「人口動態統計（令和3年）」。
2030年以降は国立社会保障・人口問題研究所「日本の将来推計人口（令和5推計）：出生中位・死亡中位推計」より作成。
出所：厚生労働省（2003）「『人生の最終段階における医療・介護 参考資料』意見交換資料-1参考」（https://www.mhlw.go.jp/content/12404000/001104699.pdf, 2024.4.7）。

である」と国際定義を示している。つまり，緩和ケアは患者らの苦痛の緩和とQOLを向上させることに加えて治療を並行しておこなうという点が含まれる。

ターミナルケア（終末期ケア）とは，終末期を迎えた人が残りの人生を穏やかに自分らしく過ごせることを目的とする。ターミナルケア（終末期ケア）は，延命治療ではなく身体的苦痛の緩和や精神的な安定，生活の豊かさを優先させるといえる。

エンド・オブ・ライフケアは「診断名，健康状態，年齢に関わらず，差し迫った死，あるいはいつかは来る死について考える人が，生が終わる時まで最善の生を生きることができるように支援すること(1)」と定義されている。エンド・オブ・ライフケアの対象者は，緩和ケアやターミナルケアに比べて広くとらえられ家族との関係性や生や死に関する価値観，社会規範や文化とも関連した，新たな生き方の探求であるとされる。

◆人生の最終段階における医療・ケアの決定プロセス

「人生の最終段階における医療・ケアの決定

MEMO

5章　高齢者と家族等の支援における関係機関と専門職の役割

図表40-2　人生の最終段階における医療・ケアの在り方

① 医師等の医療従事者から適切な情報の提供と説明がなされ，それに基づいて医療・ケアを受ける本人が多専門職種の医療・介護従事者から構成される医療・ケアチームと十分な話し合いを行い，本人による意思決定を基本としたうえで，人生の最終段階における医療・ケアを進めることが最も重要な原則である。

また，本人の意思は変化しうるものであることを踏まえ，本人が自らの意思をその都度示し，伝えられるような支援が医療・ケアチームにより行われ，本人との話し合いが繰り返し行われることが重要である。

さらに，本人が自らの意思を伝えられない状態になる可能性があることから，家族等の信頼できる者も含めて，本人との話し合いが繰り返し行われることが重要である。この話し合いに先立ち，本人は特定の家族等を自らの意思を推定する者として前もって定めておくことも重要である。

② 人生の最終段階における医療・ケアについて，医療・ケア行為の開始・不開始，医療・ケア内容の変更，医療・ケア行為の中止等は，医療・ケアチームによって，医学的妥当性と適切性を基に慎重に判断すべきである。

③ 医療・ケアチームにより，可能な限り疼痛やその他の不快な症状を十分に緩和し，本人・家族等の精神的・社会的な援助も含めた総合的な医療・ケアを行うことが必要である。

④ 生命を短縮させる意図をもつ積極的安楽死は，本ガイドラインでは対象としない。

出所：厚生労働省「人生の最終段階における医療・ケアの決定プロセスに関するガイドライン」．

プロセスに関するガイドライン（2018年）」は，人生の最終段階を迎える本人・家族と医師をはじめとする医療・介護従事者が，最善の医療・ケアを作り上げるプロセスを示すガイドラインである。このガイドラインは2007（平成19）年に策定され（旧終末期医療の決定プロセスに関するガイドライン），地域包括ケアシステムの構築が進められていることをふまえたうえで，近年諸外国で普及しつつあるアドバンス・ケア・プランニング（Advance Care Planning：ACP）（17頁）の概念を盛り込み2018（平成30）年に改訂された。ガイドラインの内容は**図表40-2**のとおりである。

ガイドラインでは，本人の意思は変化しうる

ものであることや，本人自らが意思を伝えられない状態になる可能性があることから，本人と家族等の信頼できる者を含めた話し合いが繰り返しおこなわれることが重要であることが示されている。また，病院だけでなく，介護施設や在宅の現場も想定して作成されている。さらに，本人・家族等を支える体制を作るために医療・ケアチームの存在は重要であるといえる。

人生の最終段階において緩和ケア等の医療職によるケアが非常に重要であることは言うまでもないが，精神的・社会的な援助を必要とする場面も多い。医療・ケアチームには，治療や日常生活の援助をおこなう医療職や介護従事者だけでなく，ソーシャルワーカーや介護支援専門

悲嘆反応

悲嘆が引き起こす，孤独，不安，自責感などの精神的反応や睡眠障害，食欲不振，動悸などの身体的反応，涙があふれてくる，ぼんやりするなどの行動の変化などをいう。

セルフヘルプグループ

セルフヘルプグループは自助グループ，当事者組織などともいわれる。同じ悩みや困難を抱える人たちが，自分たちで運営して活動をおこなっているグループ。

員などの参加が求められている。

近年は単身世帯や家族がいるが遠方に住んでいる等家族形態は多様化している。また，金銭的負担感を強く抱えているケースも見受けられる。その都度変化していくクライエントの状態に合わせて，介護保険の申請や医療保険制度の活用，家族の介護負担感軽減のための相談支援などソーシャルワーカーが専門性を活かした支援をすることの意義は大きい。

◆終末期におけるケアの振り返り

クライエントの死後，その支援内容を医療・ケアチームで振り返る検討会を「デスカンファレンス」という。デスカンファレンスをおこなうことは，今後のケアの質向上をはかることを目的としている。終末期に関わることは専門職にとってもときに大きなストレスを抱える経験になる。デスカンファレンスをとおして，支援の過程で生じた自身の感情を整理し，共有することで自分自身の感情を受け入れる機会になる側面もある。

◆家族への支援

クライエントをもっとも身近で支えているの

が家族というケースは多い。一方で家族もまた不安や恐怖を感じ，揺れ動く心を経験することがある。そのため，終末期から死後に至るまで家族に対しても支援することが重要である。亡くなった後の家族への支援を「グリーフケア」という。グリーフ（Grief）とは，悲嘆と翻訳されることが多く，大切な存在との死別などによって生じる，深い悲しみを指す。このように深い悲しみを抱える家族ではあるが**悲嘆反応**はさまざまである。グリーフケアとは，大切な存在を失って深い悲しみを抱えたときに生じるさまざまな感情や反応に対するケアである。

このように，大切な人を失い，悲しみを抱える人の支えの一つとして，遺族会がある。遺族会は同じような経験をしている人同士が集まって悲しみをわかち合い，サポートしあう場である。遺族会には参加者全員が「遺族」の当事者である**セルフヘルプグループ**とグリーフケアについての専門的知識を有するものがファシリテーターを担うサポートグループがある。この様な遺族会は終末期におけるケアを担っているホスピス・緩和ケア病棟等の医療機関や特別養護老人ホーム等の老人福祉施設でもおこなわれることがある。　　　　　　　　　（合田衣里）

注
（１）　千葉大学大学院看護学研究科「エンド・オブ・ライフケア看護学」（https://www.n.chiba-u.jp/eolc/opinion/index.html, 2024.1.20）.

参考文献
厚生労働省（2018）「人生の最終段階における医療・ケアの決定プロセスに関するガイドライン」.
人生の最終段階における医療の普及・啓発の在り方に関する検討会（2018）「人生の最終段階における医療・ケアの決定プロセスに関するガイドライン解説編」.
髙木慶子（2012）『グリーフケア入門——悲嘆のさなかにある人を支える』勁草書房.

41 高齢者のフォーマルサービス（医療）

◆医師

　医師は，医師法に「医療及び保健指導を掌ることによつて公衆衛生の向上及び増進に寄与し，もつて国民の健康な生活を確保するもの」（第1条）と規定される国家資格に基づく専門職である。医師法第17条と第18条に基づく**業務独占・名称独占**資格であり，医師でなければ**医業**をすることができない。医師は，診察や治療（第19条），診断書・検案書・出生証明書・処方箋などの交付（第19条第2項，第22条），療養の方法その他保健の向上に必要な事項の指導（第23条），診療録の作成（第24条）などを業務としている。

　病院や診療所等に配置されており，医療を軸とした高齢者やその家族等への支援が展開されている。診療所のかかりつけ医は高齢者の日常生活における健康管理の医療提供などを担い，病院の専門医は急性期医療などの高度な医療を提供している。また介護予防が強調されるなかで，高齢者の自立支援や生活づくりの観点から，病院，在宅，施設を通じた医療・介護・生活を包括的に支えるための医療支援の中核を担っている。

◆看護師・准看護師

　看護師は，保健師助産師看護師法に「厚生労働大臣の免許を受けて，傷病者若しくはじよく婦に対する療養上の世話又は診療の補助を行うことを業とする者」（第5条），准看護師は都道府県知事の免許を受け，医師，歯科医師または看護師の指示を受けたうえで第5条に基づく業務をおこなう（第6条）専門職である。これらは保健師助産師看護師法第31条と第32条に基づく業務独占資格である。臨時応急の手当を除き，診療機械の使用や医薬品の授与，医薬品の指示等，医師・歯科医師がおこなわなければ衛生上危害を生じるおそれのある行為はすることができない（第37条）。

　診療所，病院，訪問看護ステーションのほか，介護老人保健施設や介護老人福祉施設といった施設などに配置されている。医療機関における高齢者への診療補助や，在宅や施設で生活する高齢者の療養上の世話や健康管理といった在宅医療・看護に係る業務等を担っており，地域包

業務独占
　資格を有する人以外が携わることを禁じられている業務について，有資格者が独占的にその業務をおこなうことができることをいう。

名称独占
　資格を有する人以外がその資格の名称（またはそれにまぎらわしい名称）を用いて業務をおこなうことが認められていないことをいう。

括ケアシステムの構築にも大きな役割を担っている。

◆歯科医師

歯科医師は，歯科医師法に「歯科医療及び保健指導を掌ることによって，公衆衛生の向上及び増進に寄与し，もつて国民の健康な生活を確保するもの」（第1条）と規定される国家資格に基づく専門職である。歯科医師法第17条と第18条に基づく業務独占・名称独占資格であり，歯科医師でなければ歯科医業をすることができない。歯科医師は，診察や治療（第19条），診断書・処方箋などの交付（第19条第2項の2，第21条），療養の方法その他保健の向上に必要な事項の指導（第22条），診療録の作成（第23条）などを業務としている。

病院や歯科診療所等に配置されており，歯科医療を軸とした高齢者や家族等への支援が展開されている。介護保険では，居宅療養管理指導の必要性が生じた要介護者の在宅に訪問し，歯科医師が必要な療養上の指導・助言をおこなうとともに，介護サービス計画書を作成する介護支援専門員に必要な情報提供をおこなっている。口腔ケアは，誤嚥性肺炎等の疾病予防による健康状態の維持・向上や，QOLの向上といった高齢者が日常生活を送るうえで重要な役割を果たしている。

◆歯科衛生士

歯科衛生士は，歯科衛生士法に「歯科医師（歯科医業をなすことのできる医師を含む。）の指導の下に，歯牙及び口腔の疾患の予防処置として次に掲げる行為を行うことを業とする者」（第2条）と規定される国家資格に基づく専門職である。歯科衛生士法第13条と第13条の7に基づく業務独占・名称独占資格である。歯科衛生士は，歯科医師の指導の下に，歯牙露出面や正常な歯茎の遊離縁下の付着物・沈着物を機械的操作によって除去する，歯牙および口腔に対して薬物を塗布するといった歯科予防処置，歯科診療の補助，歯科保健指導を業務としている（第2条）。

病院や歯科診療所等に配置されている。介護保険では，居宅療養管理指導や口腔機能向上加算に基づき，要介護者の在宅訪問や通所介護事業，通所リハビリテーションをとおして，口腔ケアをおこなっている。

◆薬剤師

薬剤師は，薬剤師法に「調剤，医薬品の供給その他薬事衛生をつかさどることによつて，公衆衛生の向上及び増進に寄与し，もつて国民の健康な生活を確保するもの」（第1条）と規定される国家資格に基づく専門職である。薬剤師法第19条と第20条に基づく業務独占・名称独占資格であり，薬剤師でなければ原則として販売や授与の目的とした調剤をすることはできない。

医 業

医師の医学的判断および技術をもってするのでなければ人体に危害をおよぼし，または危害をおよぼすおそれのある行為（医行為）を反復継続する意思をもっておこなうこと。

薬剤師は，医師・歯科医師等の処方箋による販売や授与を目的とした調剤（第23条），調剤した薬剤の容器や被包への患者の氏名，用法，用量等の記載（第25条），適正な使用のために必要な情報提供や薬学的知見に基づく指導（第25条の２）などを業務としている。

調剤薬局や医療機関等に配置され，介護保険では居宅療養管理指導の必要性が生じた要介護者の在宅に訪問し，処方した薬剤の管理方法や服薬の助言・指導をおこなっている。

◆保健師

保健師は，保健師助産師看護師法に「保健師の名称を用いて，保健指導に従事することを業とする者」（第２条）と規定される国家資格に基づく専門職であり，名称独占資格である（第29条）。保健師は保健指導に従事するとともに，看護師の業務である傷病者や褥婦に対する療養上の世話や診療の補助をおこなうことができる（保健師助産師看護師法第31条第２項）。ただし，「傷病者の療養上の指導を行うに当たつて主治の医師又は歯科医師等があるときは，その指示を受けなければならない」こと（第35条）や「業務に関して就業地を管轄する保健所の長の指示を受けたときには，それに従わなくてはならない」こと（第36条）などの業務上の規定が設けられている。

保健所・保健センターや，地域包括支援センター，病院等の医療機関などに配置されている。

地域包括支援センターの保健師は，主に地域で生活する高齢者への介護予防を目的とした介護予防ケアマネジメント業務を担っている。厚生労働省の「地域における保健師の保健活動に関する指針」によると，保健，医療，福祉，介護等の各種サービスの総合的な調整や不足するサービスの開発といった地域ケアシステムの構築に係る役割も期待されている。

◆理学療法士

理学療法士は，理学療法士及び作業療法士法に「医師の指示の下に，理学療法を行なうことを業とする者」（第２条第３項）と規定される国家資格に基づく専門職であり，同法第17条に基づく名称独占資格である。理学療法士は，身体に障害のある人に対して，主としてその基本的動作能力の回復をはかるため，治療体操その他の運動をおこなわせることや，電気刺激・マッサージ・温熱その他の物理的手段を加えることといった理学療法を提供することを業務としている（第２条）。

病院等の医療機関のほかに，介護老人保健施設等の入所サービスや，通所リハビリテーションや訪問リハビリテーション等の居宅サービス等に配置され，介護予防やADLの回復・維持に携わっている。

◆作業療法士

作業療法士は，理学療法士及び作業療法士法

MEMO

に「医師の指示の下に，作業療法を行なうこと
を業とする者」（第2条第4項）と規定される
国家資格に基づく専門職であり，同法第17条第
2項に基づく名称独占資格である。作業療法士
は，身体や精神に障害のある人に対して，主と
してその応用的動作能力や社会的適応能力の回
復をはかるために，手芸，工作その他の作業を
おこなわせること業務としている（第2条第2
項）。

　病院等の医療機関や，介護老人保健施設等の
入所サービス，通所リハビリテーションや訪問
リハビリテーション等の居宅サービス等に配置
され，IADL（手段的日常生活動作）のリハビリ
テーション等に携わっている。

◆言語聴覚士

　言語聴覚士は，言語聴覚士法に「音声機能，
言語機能又は聴覚に障害のある者についてその
機能の維持向上をはかるため，言語訓練その他
の訓練，これに必要な検査及び助言，指導その
他の援助を行うことを業とする者」（第2条）
と規定される国家資格に基づく専門職であり，
同法第45条に基づく名称独占資格である。言語
聴覚士は，言語訓練やそれに必要な検査，助
言・指導等の援助（第2条）のほか，診療の補
助として医師・歯科医師の指示の下に，嚥下訓
練，人工内耳の調整，その他省令で定める行為
をおこなうこと（第42条）を業務としている。

　病院等の医療機関や，介護老人保健施設等の
入所サービス，通所リハビリテーションや訪問
リハビリテーション等の居宅サービス等に配置
され，言語や嚥下機能にかかるリハビリテーシ
ョン等に携わっている。

◆管理栄養士・栄養士

　管理栄養士は，栄養士法に「厚生労働大臣の
免許を受けて，管理栄養士の名称を用いて，傷
病者に対する療養のため必要な栄養の指導，個
人の身体の状況，栄養状態等に応じた高度の専
門的知識及び技術を要する健康の保持増進のた
めの栄養の指導並びに特定多数人に対して継続
的に食事を供給する施設における利用者の身体
の状況，栄養状態，利用の状況等に応じた特別
の配慮を必要とする給食管理及びこれらの施設
に対する栄養改善上必要な指導等を行うことを
業とする者」（第1条第2項），栄養士は「都道
府県知事の免許を受けて，栄養士の名称を用い
て栄養の指導に従事することを業とする者」
（第1条）と規定される専門職である。これら
は栄養士法第6条に基づく名称独占資格である。

　病院等の医療機関や，介護保険施設などに配
置され，管理栄養士は給食管理，栄養管理のほ
か，介護保険の居宅療養管理指導に基づき在宅
訪問し，栄養管理指導などを担っている。

（杉山　京）

IADL（手段的日常生活動作）
　電話の使用，買い物，食事の準備，家事，洗濯，交通
機関の利用，服薬管理，金銭管理など，自立した日常生
活を営むための複雑な動作をおこなう能力をいう。

42 高齢者のフォーマルサービス（ケア）

◆社会福祉士

　社会福祉士は，社会福祉士及び介護福祉士法に「専門的知識及び技術をもって，身体上若しくは精神上の障害があること又は環境上の理由により日常生活を営むのに支障がある者の福祉に関する相談に応じ，助言，指導，福祉サービスを提供する者又は医師その他の保健医療サービスを提供する者その他の関係者との連絡及び調整その他の援助を行うことを業とする者」（第2条）と規定される国家資格に基づく専門職であり，名称独占資格である（第48条）。

　また社会福祉士が業務をおこなうにあたっては，福祉・保健医療サービス等が総合的かつ適切に提供されるように地域に即した創意と工夫を行いながら，関係者等と連携を保たなければならないとされている（第47条）。

　高齢者やその家族に対してこれらの業務を行う社会福祉士は，病院等の医療機関，介護老人保健施設や介護老人福祉施設といった介護保険施設，**福祉事務所**や**社会福祉協議会**，地域包括支援センター等の機関に配置されている。なかでも，地域包括支援センターには社会福祉士が必置とされており，主に地域で生活する高齢者や家族に対する総合相談や権利擁護に係る業務等を担っている。

◆精神保健福祉士

　精神保健福祉士は，精神保健福祉士法に「精神障害者の保健及び福祉に関する専門的知識及び技術をもって，精神科病院その他の医療施設において精神障害の医療を受け，若しくは精神障害者の社会復帰の促進を図ることを目的とする施設を利用している者の地域相談支援の利用に関する相談その他の社会復帰に関する相談又は精神障害者及び精神保健に関する課題を抱える者の精神保健に関するに応じ，助言，指導，日常生活への適応のために必要な訓練その他の援助を行うことを業とする者」（第2条）と規定される国家資格に基づく専門職であり，名称独占資格である（第42条）。

　また社会福祉士と同様に，精神保健福祉士が業務をおこなうにあたっては，保健医療や障害福祉，地域相談支援に関するサービス等が総合的かつ適切に提供されるように関係者等と連携

福祉事務所

　福祉事務所は，社会福祉法第14条に規定されている「福祉に関する事務所」をいい，福祉六法（生活保護法，児童福祉法，母子及び父子並びに寡婦福祉法，老人福祉法，身体障害者福祉法，知的障害者福祉法）に定める援護，育成，更生の措置に関する事務を司る社会福祉行政機関である。都道府県ならびに市（特別区を含む）は設置が義務づけられており，町村は任意で設置することができる。市町村が設置する福祉事務所は福祉六法を，都道府県が設置する福祉事務所は，生活保護法，児童福祉法，母子及び父子並びに寡婦福祉法の三法を所管する。

を保たなければならないとされている（第41条）。

高齢者やその家族に対してこれらの業務を行う社会福祉士は，精神科病院等の医療機関や精神保健福祉センター等に配置されている。また認知症疾患医療センターには専任の精神保健福祉士が配置され，認知症の診断前後における相談支援や地域包括支援センター等との連携等をおこなっている。

◆介護支援専門員・主任介護支援専門員

介護支援専門員は，介護保険法に「要介護者又は要支援者（以下「要介護者等」という。）からの相談に応じ，及び要介護者等がその心身の状況等に応じ適切な居宅サービス，地域密着型サービス，施設サービス，介護予防サービス若しくは地域密着型介護予防サービス又は特定介護予防・日常生活支援総合事業を利用できるよう市町村，居宅サービス事業を行う者，地域密着型サービス事業を行う者，介護保険施設，介護予防サービス事業を行う者，地域密着型介護予防サービス事業を行う者，特定介護予防・日常生活支援総合事業を行う者等との連絡調整等を行う者であって，要介護者等が自立した日常生活を営むのに必要な援助に関する専門的知識及び技術を有するもの」（第7条第5項）と規定される公的資格である。

また主任介護支援専門員は，介護支援専門員としての実務経験が5年以上有し，他の保健医療サービスまたは福祉サービスを提供する者との連絡調整，ほかの介護支援専門員に対する助言，指導その他の介護支援サービスを適切かつ円滑に提供するために必要な業務に関する知識および技術を修得することを目的とした研修を修了した専門職である（介護保険法施行規則第140条の68）。これらの専門職は，居宅介護支援や施設における施設サービス計画の作成，サービスの利用援助および施設サービス計画の実施状況の把握などを業務としている。

主にこれらの業務をおこなう介護支援専門員・主任介護支援専門員は，介護保険法に基づく居宅介護支援事業所や介護老人福祉施設等の介護保険施設，小規模多機能型居宅介護，認知症対応型共同生活介護等に配置されている。また主任介護支援専門員は，地域包括支援センターに必置となっており，包括的・継続的マネジメントに係る業務等を担っている。

◆介護福祉士

介護福祉士は，社会福祉士及び介護福祉士法に「専門的知識及び技術をもって，身体上又は精神上の障害があることにより日常生活を営むのに支障がある者につき心身の状況に応じた介護（喀痰吸引等を含む。）を行い，並びにその者及びその介護者に対して介護に関する指導を行うことを業とする者」（第2条第2項）と規定される国家資格に基づく専門職であり，名称独占資格である（第48条第2項）。2012（平成

社会福祉協議会

社会福祉法に基づき，民間の社会福祉活動を推進することを目的とした非営利の民間組織であり，主に，市町村社会福祉協議会，都道府県社会福祉協議会，全国社会福祉協議会の3つに分類される。市町村社会福祉協議会，都道府県社会福祉協議会は，市町村の区域内，都道府県の区域内の地域福祉の推進をはかるために，社会福祉法に定められる事業などをおこなっている。

24）年の社会福祉士及び介護福祉士法の改正により，喀痰吸引等研修を受講し，都道府県知事による登録を受けた介護福祉士は，所属する事業所が特定行為事業者として登録を受けている場合に，医師の指示の下で喀痰吸引や経管栄養をおこなうことができるようになった。

主にこれらの業務をおこなう介護福祉士は，介護保険法に基づく介護老人保健施設等の施設サービスや，通所リハビリテーションや訪問リハビリテーション等の居宅サービス，地域密着型サービス等に配置され，高齢者やその家族への介護に係る支援を担っている。

◆訪問介護員・介護職員

訪問介護員は，介護保険法第8条第2項において訪問介護を提供する者のうち「介護福祉士その他政令で定める者」にあたる専門職である。「政令で定める者」とは，介護保険法施行令第3条に基づき，都道府県や介護員養成研修事業者がおこなう研修（生活援助従事者研修，介護職員初任者研修，介護福祉士実務者研修）を修了した者等をいう。

また介護職員は，介護保険法に基づく訪問介護を除いた居宅サービスや施設サービス，地域密着型サービス等において，高齢者にケアワークを提供する職員をいい，介護福祉士や上述した研修を修了した者が担っていることがほとんどである。

これらの職員は居宅や施設等において，要介護高齢者等に対して食事，入浴，排せつ，更衣，買い物，通院同行等の生活全般に係る身体介護や生活援助といった必要な援助を提供している。

◆福祉用具専門相談員

福祉用具専門相談員は，介護保険法施行令第4条に規定される在宅で生活する要支援・要介護認定を受けた人が，必要な福祉用具を選定するにあたり，福祉用具に関する専門的知識に基づく助言等をおこなう専門職である。介護保険の指定を受けた福祉用具の貸与・販売をおこなう事業所において，2人以上の福祉用具専門相談員の配置が義務とされている。福祉用具専門相談員は，社会福祉士，保健師，看護師，理学療法士，作業療法士，介護福祉士等の国家資格を有する者のほか，都道府県知事が指定した事業者による福祉用具専門相談員指定講習を修了した者が担うことができる。

高齢者やその家族への支援について福祉用具専門相談員は，要介護認定等をうけた高齢者が介護保険により福祉用具を利用する場合に，介護支援専門員等の専門職と連携をはかりながら，福祉用具の選定相談や福祉用具サービス計画の作成，福祉用具の適合，取り扱い説明，在宅訪問によるモニタリング等をおこなうことを業務としている。

◆福祉活動専門員

福祉活動専門員は，「社会福祉協議会活動の

MEMO

強化について」（厚生省社会・援護局長通知）に「市区町村の区域における民間社会福祉活動の推進方策について調査，企画及び連絡調整を行うとともに広報，指導その他の実践活動の推進に従事する」と規定される**任用資格**に基づく専門職である。市区町村社会福祉協議会に配置され，主に社会福祉士や社会福祉主事を有する者が就いている。高齢者やその家族への支援について福祉活動専門員は，地域が抱える課題に対して地域住民や団体，関係機関等と連携を図りながら解決することを支援する等の役割を担っている。 　　　　　　　　　　　　（杉山　京）

任用資格

　公務員等が特定の職業や職位に就くために必要な資格をいう。国が定めた任用資格の基準を満たすだけでは効力は発揮されず，該当の職務に任用されることで初めて効力が発揮される資格である。

5章　高齢者と家族等の支援における関係機関と専門職の役割

43 高齢者の インフォーマルサポート

◆認知症サポーター

認知症サポーターは，その養成事業のなかで位置づけられている。認知症サポーターは，認知症に関する正しい知識をもち，地域や職域において認知症の人や家族を支援するために養成されており，それにより認知症の人や家族が安心してくらし続けることができる地域づくりを推進することを期待されている。

2017（平成29）年に改定された「認知症施策推進総合戦略（新オレンジプラン）」では，認知症高齢者等にやさしい地域づくりを推進するために，7つの柱を設けた。そのうち，認知症への理解を深めるための「普及・啓発」の推進のなかで，認知症サポーター養成を進めることになった。2017年には，新オレンジプランにおける認知症サポーターを2017年度末の800万人から2020（令和2）年度末に1,200万人と目標を引き上げた。

認知症サポーター等養成事業実施要綱によれば，実施主体は都道府県，指定都市，市区町村，全国的組織をもつ職域団体および企業となっている。そのなかで，認知症サポーターを養成す

る「認知症サポーター養成講座」の企画・立案および実施をおこなう「キャラバン・メイト」養成についても明記している。認知症サポーター養成の研修は，おおむね90分程度とし，**キャラバン・メイト**が研修を実施する。対象者は，「地域，職域，学校等において，認知症の人と家族を支える意欲を持つ者であって，実施主体が適当と認めた者」となっている。なお，本事業は，一般住民等を対象としており，介護サービス事業者がその従事者に対して実施することはできない。認知症サポーター養成講座修了者は，認知症サポーターの証となる「オレンジリング」が交付される。認知症サポーター等養成事業は，都道府県・指定都市は認知症施策等総合支援事業を，市町村は地域支援事業の任意事業を活用しておこなわれている。

◆介護サービス相談員

介護サービス相談員は，その派遣等事業のなかで位置づけられている。介護サービス相談員は，2000（平成12）年の介護保険制度とともに誕生した。介護サービス相談員は，介護保険制

キャラバン・メイト

認知症施策推進大綱に基づき，キャラバン・メイトは認知症サポーターを養成する「認知症サポーター養成講座」の企画・立案および講師として講座の実施をおこなう。キャラバン・メイトになるためには，都道府県・指定都市・市区町村もしくは全国組織をもつ職域団体および企業が実施主体となる「キャラバン・メイト養成研修事業」のなかで，おおむね6時間程度の研修の受講が必要である。対象者は，認知症介護指導者養成研修修了者，介護相談員等となっている。研修内容は，認知症サポーターの役割の理解，認知症に関する基礎的知識の習得，講座の運営方法等となっている。

度のスタートにより，介護等のサービスの利用が行政による措置から，利用者と介護サービス提供事業者との契約となったことから，利用者および家族の権利擁護の促進とサービスの質の向上を目的に設置された。

介護サービス相談員派遣等事業は，市区町村が実施主体で，市区町村に登録された介護サービス相談員が，介護保険サービスを提供する施設・事業所や食事提供サービス等を提供する住宅型有料老人ホームや安否確認・生活相談等を提供するサービス付き高齢者向け住宅を訪ね，サービスを利用する者等の疑問や不満，不安を受けつけ，介護サービス提供事業者および行政との橋渡しをしながら，問題改善や介護サービスの質の向上につなげる取り組みである。

介護サービス相談員になるためには，一定の水準以上の研修（40時間）を受けなければならない。その活動は，担当する事業所等を定期または随時に訪問する。訪問頻度は，おおむね1〜2週間に1回程度を目安としている。また，市区町村は，事業の実施に当たっては，住民参加型の取り組みになるような環境づくりを進めることが求められている。

「第7回 令和2年度 介護サービス相談員活動調査 調査報告書」によれば，調査に回答した介護サービス相談員（2,471名）のうち，女性（84.1%）が多数を占めている。平均年齢は68.4歳で担い手の高齢化が進んでいる。以前の職業でもっとも多いのは「主婦・主夫」（24.2%）で，これまでの活動経験や所持資格では，「地域におけるボランティア活動」（59.3%）でもっとも多く，次いで「町内会等の役員（マンションの管理組合を含む）」（32.3%），「認知症キャラバン・メイト」（31.0%），「民生委員（健全育成委員）」（24.3%）となっている。所持資格では，10年目以上の者では「認知症キャラバン・メイト」（49.0%）が突出している。身分は「有償ボランティア」（39.9%）がもっとも多く，活動期間の平均年数は7.3年で，2019（令和元）年度1か月の平均活動時間は12.0時間，平均報酬額は1万6,207円となっている。訪問先でもっとも多いのは「特別養護老人ホーム」（63.1%）で，相談・観察が多い領域は「食事関連（嗜好品も含む）」（49.1%），「職員の対応やケア」（48.0%）となっている。

◆民生委員・児童委員

民生委員は，担当区域において，訪問活動やサロン活動等を通じて，住民が安全・安心して生活できる地域をつくるボランティアで，住民の困りごと等を聴いて，その支援者や支援機関等につなぐ役割を担っている。民生委員の根拠法は，民生委員法である。民生委員は，市町村の民生委員推薦会での選考・推薦を経て，厚生労働大臣から委嘱される。任期は3年で，再任が可能である。民生委員は，児童福祉法による児童委員を兼務する。民生委員は，交通費・通信費の実費弁償（活動費）以外，無報酬のボラ

MEMO

ンティアとして活動する。また，民生委員・児童委員は，地方公務員法第3条第3項第2号に該当する非常勤特別職の公務員である。民生委員・児童委員選任の年齢要件は原則75歳未満だが，地域の実情をふまえた弾力的な運用が可能となっている。

民生委員・児童委員の活動として，担当区域は，都市部で220〜440世帯，町村部で70〜200世帯となっている。活動内容では，相談・支援，地域福祉活動，定例会・研修等，調査・実態把握，行事・会議への参加，証明事務などをおこなう。なお，民生委員・児童委員には守秘義務がある。

民生委員・児童委員の一部は，厚生労働大臣により主任児童委員に指名されている（全国で約2万1,000人）。主任児童委員（原則55歳未満）は，1994（平成6）年1月に制度化され，子どもや子育てに関する支援を専門に担当し，区域担当の民生委員・児童委員と連携しながら子育て支援・児童健全育成活動をおこなう。

「民生委員制度創設100周年記念 全国モニター調査報告書」(2018)における「民生委員・児童委員の活動および意識に関する調査」では，「民生委員・児童委員の平均年齢」は，回答者20万750人のうち，区域担当委員が66.8歳，主任児童委員が58.8歳で，区域担当委員では「70歳以上」32.3%，「60歳代」56.4%，「50歳代」9.6%，「40歳代以下」1.4%であった。

◆ 家 族

家族は内的資源となりうる。家族が要支援者と同居しているかどうか，近隣に居住しているかどうかで内的資源としての性質は変わる。同居している場合は，ケアラーとしての役割を担うことが多い。一方で，家族が虐待者になる恐れもある。遠方にいる場合でも，経済的支援や電話等により要支援者の精神的サポートを担うことができる。専門職が関わる場合，家族のうち主たる支援者がだれか，キーパーソンとなるのはだれかを見極めることは，支援過程において重要である。要支援者と家族の間で不和が生じていたり，ニーズが異なる場合，適宜，介入して家族関係の調整が必要となる。その際，双方から十分に情報収集して，アドボケイト機能を用いながら，利用者主体で自己決定できるように支援することが求められる。また，老々介護世帯など，同居家族が限られ，家族が情報弱者で地域社会から孤立している場合，自ら外部に必要な支援を求めることができず，無理心中や共倒れになる危険性が高まる。家族がいるから大丈夫とは限らない。家族がいてもその家族が要支援な状況である場合もあり，リスクマネジメントの視点で，アセスメントをおこない，必要に応じて包括的に家族支援をする必要がある。

◆ 住 民

住民がインフォーマルサポートの担い手としてどの程度期待できるかは，その地域の特性や

地域コミュニティ型組織

比較的狭い地理的範囲もしくは生活圏域で形成され，自主性と共同性を基盤として成立する団体・組織・集合体。圏域に属せば，自動的に構成員となる資格が与えられる。典型的な例は地縁による組織の町内会・自治会である。また，商店街振興組合やマンション管理組合などもあてはまる。その地域の構成員が，地域の祭礼・衛生美化・交通防犯・公共インフラ維持など共通する関心事への対応を通じてつながっている組織。人口減少・高齢化が進む地域では，組織の構成員の確保が困難。一方で人口が密集していても，人間関係をあえて望まず，町内会加入率が低い。このため，町内会を解散する地域もある。

長年の取組みにより異なる。地縁・血縁がある地域では，互いに顔見知りで地域行事もあり，向こう三軒両隣などでつながりが強い。このような地域では，持ち家で一戸建てが多く，地域への愛着が強い傾向があり，住民同士のささえあいがおこなわれやすい。このような住民の結びつきは**地域コミュニティ型組織**といえる。一方で，都市部など山や田畑が新興住宅地となったエリアでは，顔見知りも地縁・血縁などのしがらみがないことで個人の生活に自由度が高いが，住民の人間関係は希薄となる。とくに，集合住宅が密集するエリアでは，隣の住民もわからず，ゴミ出し等のトラブルが絶えず，住民同士のささえあいが困難な地域もある。多くの地域コミュニティ型社会では，住民の人口減少・高齢化が生じており，担い手不足から町内会活動や伝統行事等の維持が困難になっている。そのような地域のなかには，住民と行政の協同で，空き家等の斡旋により，外部から地域生活の維持に密接した技能をもった新規転入者を上手く獲得しているところもある。また，企業城下町等では，同様の課題に対して，就労で居住する外国人が地域の担い手になっているところもある。

また，生活圏域を超えて，特定のテーマや共通する問題意識をもった人々により，自主的に結成された市民活動団体や住民参加型組織などがあり，それらは**アソシエーション型組織**として位置づけられる。ただし，組織結成からの時間の経過でテーマが時勢にそぐわなくなり，新規参加者が増えず，財源不足，メンバーの高齢化とリーダーの喪失で，解体される組織もある。

サロン活動や地域（こども）食堂など，特定のテーマや問題意識をもった比較的近隣の担い手により運営され，地域コミュニティ型組織とアソシエーション型組織が混合しているものも多い。

◆ボランティア

ボランティア（volunteer）とは，シンプルには自発的な意思に基づいて社会や人に貢献することで，その担い手を指す場合もある。ボランティアの活動原則にのっとれば，担い手を確保できない現実もあり，交通費や食事を提供するケースもボランティアの範囲とみなされる。また，有償ボランティアといって，低廉な金銭の対価を支払う場合もある。また，ポイント制をとり，ボランティアの活動時間を貯蓄して，将来に自分が必要なときにボランティアに来てもらったり，遠方の家族のためにその地域の会員にボランティアに行ってもらうことにポイントを使うことができる組織もある。ボランティアを必要とする人と，ボランティアをしたい人を結びつける地域の機関に社会福祉協議会があり，そこには**ボランティアコーディネーター**が配置されている。その際，両者のマッチングを丁寧におこなうことが求められている。

（岡田直人）

アソシエーション型組織

ある特定の目的を達成するために，地域を越えて結びついている人々の集まり。おのずと活動範囲も広域となりやすい。特定の目的達成のため，構成員は専門的な知識・技術をもち，有資格者等構成される場合もある。趣味などのサークルやNPO組織などがあてはまる。組織の立ち上げで，熟練したリーダーが存在することが多い。その場合，組織運営は，特定の人物によるリーダシップによりおこなわれがちとなる。そのため，後継者を養成していない場合，組織維持が困難となる。また，時代の流れに合わせて変化していない場合，特定の目的に求心力がなくなり，構成員が減少する。

ボランティアコーディネーター

ボランティア活動をしたい人とボランティアから支援を受けたい人や福祉施設などを結びつける役割をする。主に市区町村社会福祉協議会だが，福祉施設や病院，大学ボランティアセンターに配置されている例もある。支え手と受け手のマッチングのほか，ボランティアセンターとしての拠点づくりやボランティア活動を希望する人への研修や養成をおこなう。また，あるボランティアニーズに対して，ボランティアの募集，ボランティア団体の組織化，ボランティア団体間をつなぐ役割を担う。年1回程度，情報の発信・交換や交流の場として，ボランティアフェスティバルの開催などを企画・運営もおこなう。

6章 高齢者と家族等に対する支援の実際

44 高齢者へのケアマネジメント

◆ケアマネジメントとは何か

　介護を必要とする高齢者が，地域での在宅生活を継続していくために必要となる支援の1つがケアマネジメントである。ケアマネジメントをおこなうケアマネジャー（介護支援専門員，以下，ケアマネジャー）は，介護を必要とする高齢者の生活ニーズを明確にし，その生活ニーズの充足のために，適切な介護や医療等を提供する社会資源を組み合わせ（コーディネート），高齢者の在宅生活の継続を支援していく。

　ケアマネジメントは，イギリスで用いられていた用語で，高齢者に対する地域ケアの調整をおこなうことであった。当初，イギリスでは，アメリカでも使われていたケースマネジメントという用語が用いられていたが，地域ケアを前提としていたため，最終的に，ケアマネジメントとなった。

　日本においては，当初，「ケア・ケースマネジメント」という表現が使用されていたが，介護保険制度が開始されるにあたって，ケアマネジメントにあたる用語を「居宅介護支援」とし，ケアマネジャーを「介護支援専門員」とした。

　ケアマネジメントは，海外においても広くおこなわれ，イギリス，アメリカ，カナダ，オーストラリア，オランダ，デンマーク，スウェーデン，フィンランド，ドイツ，韓国，台湾で実施されている。また，アメリカにおいては，精神障害者やホームレス等に対してもケアマネジメントが実施されている。国際的には，在宅生活支援をおこなうことをケアマネジメントというが，日本においては，高齢者の施設生活支援をおこなうため，介護老人福祉施設（特別養護老人ホーム）等の施設においてもケアマネジメントが実施されている。

◆ケアマネジャーの立場

　高齢者に対する生活支援をおこなうケアマネジャーは，高齢者との関わり方に関して，他の専門職（ホームヘルパー，看護師，医師等）や介護家族とは異なる立場となる。その異なる立場とは，次のようなことである。

　① ケアマネジャーは，高齢者の介護や医療だけでなく，高齢者の生活全般における課題をバランスよく考えることができる立場にある。

生活ニーズ

　高齢者が日常生活をおこなううえで必要となることで，具体的には，高齢者の身体的・精神的な問題や人的社会環境の問題から生じる生活上の困りごとで解決したい生活課題をさす。具体的な生活課題の例として，「一人ぐらしで歩けないので，病院・買い物等に行けず，生活するうえで困っているので解決したい」をあげることができる。

②　ケアマネジャーは，高齢者に対して介護や医療を提供する専門職ではなく，相談支援をおこなう専門職であり，また，ほかの専門職および介護家族とは異なる立場にあり，場合により，高齢者の意見を代弁することができる立場にある。

③　高齢者の日常生活における詳しい状況や日々の細かな変化等については，介護家族やホームヘルパー等が把握しやすい立場にあるが，長期的な変化や，介護者が見落としやすい変化ついては，ケアマネジャーが気づきやすい立場にある。

◆ケアマネジメントの代表的なモデル

ケアマネジメントの代表的なモデルに，次の4つがある。

1つ目は，ブローカーモデル（Broker Model）である。ブローカーモデルは，ケアマネジメントの基本的なモデルであり，原初的なモデルであるとされている。このモデルでのケアマネジャーの主な役割は，高齢者の生活ニーズと地域における社会資源を結びつけることであり，ケアマネジメントにより，高齢者の生活ニーズと社会資源との結びつけが可能であるとしている。わかりやすいモデルであるため，多くのケアマネジャーが実践しやすいモデルである。

2つ目は，リハビリテーションモデル（Rehabilitation Model）である。リハビリテーションモデルは，ブローカーモデルに加えて，リハビリテーション的な視点を加えたモデルであり，環境調整をおこないながら，高齢者のさまざまな機能回復をめざすモデルである。リハビリテーションモデルは，とくに，精神障害者を対象としたモデルであり，日常生活におけるスキルトレーニング等を含む生活支援をおこなっていくことを目的としている。

3つ目は，ストレングスモデル（Strengths Model）である。ストレングスモデルでは，高齢者の病理や欠点に焦点をあてるのではなく，高齢者の持ち味や強み・長所（ストレングス）等に焦点をあて，その持ち味や強み等から生活支援を進めていくモデルである。ストレングスモデルでは，アセスメント，ケアプランの作成，ケアの実施・モニタリング等のあらゆる場面で高齢者とケアマネジャーの協働関係を重視する。

ストレングスモデルにおける重要な考え方は，次の6つである。①高齢者は，成長・変化していく者であり，高齢者が自分自身の固有のアイデンティティをもって地域生活を送ると考える。②ケアマネジメントにおいて焦点をあてるべき点は，高齢者の持ち味や強み等であり，病理や欠点等ではない。③高齢者が在宅生活を進めようとしている地域は，高齢者にとって社会資源の宝庫であると考える。④高齢者は，ケアマネジメントにおける主人公である。⑤ケアマネジャーと高齢者との関係づくりは，重要であり，必要不可欠なものである。⑥ケアマネジメントをおこなう実践現場は地域であり，ケアマネジ

MEMO

6章 高齢者と家族等に対する支援の実際

図表44-1 ケアマネジメントにおけるプロセス

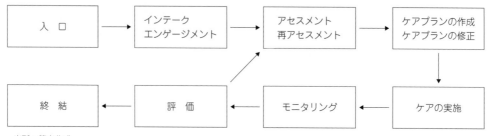

出所：筆者作成．

ャーは，地域を重視し，高齢者の支援をおこなう。

4つ目は，集中型モデル（Intensive Model）である。集中型モデルは，重度精神障害者等を支援するための**積極的地域支援プログラム**（Assertive Community Treatment：ACT）の考え方をもとに考案されたモデルである。集中型モデルでは，地域生活支援をおこなうために，ケアマネジメントをチームで取り組んでいくことが重視され，緊急対応や24時間対応等をおこなうこともケアマネジメント業務のなかに含まれている。「集中」とは，ブローカーモデル等のケアマネジメントよりも，ケアマネジャーが高齢者により多くの注意を払い，さまざまな配慮やサービスをおこなうことを意味する。そして，そのようなケアマネジメントをおこなうためには，ケアマネジャーが担当するケース数を10ケース程度に限定しなければならないとしている。

◆ケアマネジメントにおけるプロセス

ケアマネジメントにおけるプロセス（**図表44-1**）は，受理面接である「インテーク」あるいは「エンゲージメント」からはじまる。次に，ケアマネジャーが**高齢者の身体的・精神的・社会的状態**を把握・理解し，生活ニーズを明確にするために「アセスメント」をおこなう。そして，高齢者の支援をおこなっていくことの合意を得る「契約」をおこなう。

次に，「アセスメント」に基づき，生活ニーズを満たすための生活支援をおこなうために，支援目標の設定をおこなう。次に，その支援目標を達成するために，どのような社会資源を活用して，高齢者の生活支援をおこなっていくのかを示す「ケアプランの作成」（介護保険制度のもとでは，「居宅サービス計画の作成」とされている）をおこなう。

「ケアプランの作成」では，高齢者の生活ニーズ充足のために，さまざまな介護・医療の組み合わせが検討される。具体的には，フォー

積極的地域支援プログラム

アメリカのマディソン市で開発された精神障害者に対するプログラムで，精神障害者が地域で生活が可能となるように支援していくプログラムである。そのプログラムの特徴として，医師・看護師・薬剤師・ソーシャルワーカー等で編成されるチームによる危機介入支援や24時間支援などがあげられる。

高齢者の身体的・精神的・社会的状態

高齢者の身体的状態とは，高齢者の日常生活動作（ADL：移乗・移動・食事・服の着脱・排せつ・入浴等の日常生活上の動作をさす）等が，どのくらいできるのかのことで，精神的状態とは，高齢者の認知症の有無・うつ症状の有無等のことである。社会的状態とは，高齢者のくらし方（一人ぐらし・夫婦ぐらし等の世帯の状況）・近隣との関係（近隣と良好な関係か，あるいは，孤立しているか等）等のことである。

マルサービス（介護保険制度に基づくサービス：ホームヘルプサービス・デイサービス・訪問看護サービス等）やインフォーマルサポート（家族・近隣住民等による支援）を活用しながら，どのようにして高齢者の生活を支援していくのかについての検討がおこなわれる。

「ケアプランの作成」後，ケアプランについての高齢者あるいは介護家族の了解を得て，介護・医療の提供（「ケアの実施」）がおこなわれる。「ケアの実施」後，高齢者に適切な介護や医療が提供されているかどうかを確認するため，ケアマネジャーが「モニタリング」をおこなう。ケアマネジャーが「モニタリング」をおこなう際，社会資源の活用で，支援目標が達成されているか，社会資源の活用で，高齢者の在宅生活を支えることができているか等が，ケアマネジャーによりチェックされる。

「モニタリング」後，ケアマネジャーが提供したケアマネジメントについての質や効果の判断をおこなうため，ケアマネジャーによる「評価」がおこなわれる。「評価」後，ケアマネジメント・プロセスは終了するが，基本的には，ケアマネジメントは継続され，高齢者や介護家族の状態の変化に応じて，再アセスメント・ケアプランの修正等がおこなわれる。高齢者の身体的・精神的状態が改善し，要介護状態でなくなり，ケアマネジメントの必要性がなくなった場合，高齢者の身体的・精神的状態が悪化し，入院あるいは施設入所した場合，あるいは，高齢者が死亡した場合には，「終結」となる。

上記のプロセスの順序は，ケアマネジメント・プロセスをわかりやすく説明するために単純化したものである。実際にケアマネジャーがケアマネジメントをおこなう場合には，「インテーク」と「契約」や「インテーク」と「アセスメント」が同時におこなわれたり，「アセスメント」「契約」「ケアプランの作成」が同時に実施されたりすることがある。　　　（岡田進一）

参考文献

Powell, S.K., Tahan, H.M.（2019）*Case Management: A Practical Guide for Education and Practice*（*4th ed.*），Walters Kluwer.

MEMO

45 高齢者支援における多職種連携

◆多職種連携の意義と目的

クライエントの抱える生活課題に対応するには、さまざまな専門職や地域住民等が関わることから**チームアプローチ**が求められる。そこでは多職種による連携や協働（**多職種協働**）が欠かせない。近年は生活課題が多様化・複雑化していることから、連携先は、保健・医療・福祉関係者に加え、雇用や就労、司法、教育など、多様な分野へと拡大している。

社会福祉士及び介護福祉士法第2条には、その業務として連絡および調整をおこなうことが明記されており、ソーシャルワーカーは、そのチームにおいて連絡・調整を担うことが期待されている。

連携とは、互いに連絡をとりながら物事をおこなうこと、手をたずさえて物事をすることである。多職種連携とは、質の高いケアをめざして、多様な専門職等が、共有した目標に向けてともに働くことである。2014（平成26）年の、地域における医療及び介護の総合的な確保を推進するための関係法律の整備等に関する法律（医療介護総合確保推進法）の制定により、地域包括ケアシステムが推進されることになり、高齢者支援においては、多職種連携が欠かせないものとなっている。

◆多職種連携と地域ケア会議

多職種連携を推進するツールのひとつに地域ケア会議がある。地域ケア会議は、多様な専門職や地域住民等が個々の高齢者の抱える課題に対して検討する会議である。高齢者への支援を充実させるとともに、個別事例の検討を積み重ねることで、地域課題を把握し、新たな社会資源の開発などにつなげ、地域包括ケアシステムの構築を推進することを目的としている。地域ケア会議には、①個別課題解決機能、②ネットワーク構築機能、③地域課題発見機能、④地域づくり・資源開発機能、⑤政策形成機能の5つの機能（図表45-1）があり、これらの機能を発揮して、地域包括ケアシステムの構築をめざしている。そのため、①の機能を中心とした個別ケースの検討をする「地域ケア個別会議」と、②から⑤の機能を中心とした地域課題について検討する「地域ケア推進会議」を連動させるこ

チームアプローチ

チームアプローチとは、異なる専門職がひとつのチームを編成して、共通の目標や課題達成のために、それぞれの専門職の知識や技術を活用して、対応していく方法である。

チームアプローチを展開していくためには、チームの構成メンバーがクライエント主体を理解していることが基盤となる。そのうえで、それぞれの専門職性を理解、尊重することやメンバー間の協力、相互のサポートが求められる。また、役割の明確化や定期的な情報の共有が欠かせない。チームアプローチにおける意思決定は、メンバーの視点や意見が尊重され、チーム全体でおこなわれる。

多職種協働

多職種協働とは、多様な職種の専門職がそれぞれの専門的な知識やスキルを用いて、共通の目標を達成するために、共同で作業をおこなうことをいう。多職種連携を具体的に推進するための方法が多職種協働といえる。

多職種協働を進めるには、チーム全体でめざす明確な目標設定が重要となる。目標を達成するためには、それぞれの専門職に対する理解を深めると同時に、対等な立場で自由に意見交換ができるなど、互いの専門性を尊重する姿勢が求められる。コーディネーション機能を発揮し、多職種協働に向けて積極的に関わる姿勢が必要である。

とが重要である。

◆入所施設における多職種連携

高齢者の主な入所施設として，特別養護老人ホーム，老人保健施設，介護医療院がある。このほか，養護老人ホームやケアハウス，有料老人ホームやサービス付き高齢者向け住宅など多様な施設が存在している。入所施設においては，基本的にその施設内での生活が主となる。必要な介護等が受けられると同時に，機能訓練や医療が受けられる施設など，その施設によって，目的や機能が異なることから，配置される専門職もそれぞれに異なる。

特別養護老人ホームの場合，施設長，生活相談員，介護職員，看護師，栄養士，機能訓練指導員などが配置され，それぞれの職員が互いに連携することで，入所しているクライエントを支援していく。そこでは，同一法人・同一施設の職員による多職種連携が基本となる。養護老人ホームなどは，施設外のサービスを使用することもあり，その場合は，同一施設の職員との連携に加えて，他機関との連携も必要になる。

このように高齢者の生活する場によって，関わる機関や専門職が異なり，多職種連携のありようも異なる。

◆在宅における多職種連携

在宅における多職種連携は，介護認定の有無やサービスの利用状況により連携先は大きく異

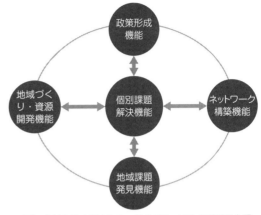

図表45-1 地域ケア会議の主な機能

出所：地域包括支援センター運営マニュアル検討委員会編（2022）『地域包括支援センター運営マニュアル3訂』一般財団法人長寿社会開発センター，66を一部改変．

なる。いずれも，連携先は地域内に点在するサービス機関や施設となり，それらの運営主体は社会福祉法人やNPO法人，民間企業など多岐にわたる。さらに，家族や民生委員，地域住民等インフォーマルな関係者との連携が必要になることも多い。このときに活用するのが**ケースカンファレンス**である。

異なる機関や施設の専門職が連携するためには，ひとつのチームとして機能するようコーディネーターの役割が重要になる。そのため，介護保険サービスを利用している高齢者の場合は，担当する介護支援専門員が中心となり，**サービス担当者会議**を開催するなど，連携を図っていくことになる。要介護認定を受けていない場合や要支援者の場合は，地域包括支援センターの

ケースカンファレンス

ケースカンファレンスとは，支援を展開する際に支援方針や方法について検討する会議である。ケアカンファレンス，事例検討会など多様な名称で実践されている。ケースカンファレンスの目的は，関係者が課題やニーズを抱える事例について共通理解したうえで，その支援方針や支援方法を検討し決定することである。

他の専門職の理解を深め，多職種連携やチームアプローチについて実践的に学ぶ機会になる。チームアプローチの推進やネットワークの構築，専門職の教育・研修やスーパービジョンなど，ケースカンファレンスに付随する機能は多義的になっている。

サービス担当者会議

サービス担当者会議は，指定居宅介護支援等の事業の人員及び運営に関する基準第13条第9号に位置づけられている。利用者およびその家族の参加を基本として開催するものであり，利用者の状況等に関する情報について，サービスを提供する担当者と共有するとともに，担当者から専門的な見地からの意見を求め，今後の援助方針やサービス内容について意見交換をおこなう会議である。チームケアを進めるうえで欠かせない会議である。クライエントや家族が，専門職に臆することなく自由に意見を述べられるよう，十分な配慮が必要である。終了後は，その内容を記録に残す必要がある。

図表45-2　専門職間連携の利点と欠点

利点	利用者の問題解決	適切な計画，迅速な実施，創造的解決，質の向上
	効率性	より多くの資源を最大限に活用できる
	専門職の利益	能力向上，人格発達，環境改善，情緒的支援
欠点	利用者の不利益	依存性を増す可能性，個人情報が漏れやすい
	非効率性	意見調整に時間がかかる
	専門性の不利益	役割混乱や葛藤の出現，意見の斉一性から圧力

出所：野中猛・野中ケアマネジメント研究会（2014）『多職種連携の技術――地域
生活支援のための理論と実践』中央法規出版，13.

社会福祉士等がその役割を担うことが期待されている。また，8050問題や生活困窮など，複雑化・深刻化した生活課題を抱えている場合は，分野を超えた多職種連携が求められる。

◆**インフォーマルサービスとの連携**

　高齢者支援においては，ボランティアや地域住民等のインフォーマルサービスが欠かせない。ボランティアや地域住民と連携をはかるには，それぞれの立場やクライエントとの関係性に配慮することが求められる。さらに，専門用語や略語などを多用することなく，共通言語としてわかりやすい言葉を用いることもインフォーマルサービスとの連携においては，重要なポイントである。また，クライエントとの関係性や地域特性など，ボランティアや地域住民のストレングスを活かした連携をはかることで，クライエントや地域の実情に応じた連携が可能となる。

　インフォーマルサービスの担い手は，児童や障害，生活困窮など，世代や分野を超えた支援に携わっているメンバーも多い。専門職においても，高齢者支援に拘泥するのではなく，広い視野で多職種連携に取り組む姿勢もまた求められている。

◆**多職種連携のメリットとデメリット**

　多職種連携のメリットとデメリットについては，野中が利用者，効率性，専門職の視点で，それぞれ示している（**図表45-2**）[3]。多職種連携によるメリットとして，適切で迅速なケアの実施やケアの質の向上がある。連携することにより，サービスの過不足の調整が可能となり，資源を最大限に活用できる。また，連携することでそれぞれの役割や責任の明確化が可能となる。他の専門職と連携・協働することで専門職としての成長も期待でき，互いにサポートするなど専門職側にもメリットがある。

　一方，デメリットとしては，個人情報が漏れ

チームとしての秘密保持

　個人情報の取り扱いについては，クライエント本人の同意を原則とするなど，十分な配慮が求められている。クライエントの支援に携わるのは，専門職やインフォーマルサービスなど多様であることから，ここではチームとしての秘密保持が重要になる。個人情報の保護に関してメンバー全員が共通理解し，支援に必要な最小限の情報の共有がチームとしての秘密保持の基本となる。情報を共有する際には，保有する情報へのアクセス権の制限など，チーム内での厳格な管理が求められる。さらに，個人情報保護に関する研修の実施や情報共有に関して定期的な見直しをするなど，継続的な取り組みが重要になる。

やすくなったり，関係者間の意見調整に時間がかかるなどクライエントへの不利益や効率性に問題が生じることもある。さらに役割分担が明確でない場合は，役割の重複や漏れ，葛藤が生じる可能もある。

◆ IPW（多職種連携）と IPE（多職種連携教育）

高齢者支援に携わる専門職は，それぞれ異なる教育体系で養成されており，それぞれの専門職に固有の専門職倫理や教育課程が存在する。そのため，それぞれの専門職の枠組みを超えて，効果的に連携・協働するには，連携を推進するための教育が必要になる。IPW（Interprofessional Work）は，多職種連携や専門職連携実践を意味し，複数の領域の専門職がそれぞれの技術と役割をもとに，共通の目標をめざして協働することを指す。IPE（Interprofessional Education）とは，複数の領域の専門職が連携およびケアの質の向上に向けて，同じ場所でともに学び，互いの学び合いをとおして，互いの専門性やチームアプローチなどについて学ぶことである。IPE は，IPW を機能させるための専門職への教育である。

WHO（世界保健機関）は，多職種連携を推進することを推奨し，2010（平成22）年に多職種連携教育と連携実践のための行動枠組みを発表した。地域包括ケアシステムを構築するには，多職種連携が必須であることから，日本においても，多職種連携教育に関する取り組みがなされつつある。

それぞれの専門職が，互いに対等な立場で意見が言える関係性を構築することは，多職種連携の基盤となる。専門職の枠組みを超えて，支援内容や支援方法，チームアプローチなどについて学ぶことは，相互理解を促進させる。クライエントを主体とした多職種連携は，クライエント本人や関わる専門職に対する理解や尊厳があってはじめて可能となる。

◆ 多職種連携における守秘義務

多職種連携にはチームアプローチが欠かせない。チームに関わるメンバーは，情報や目的を共有し，互いに意思疎通をはかりながら，それぞれが担う役割に対し，責任をもって実践をしていく。そこでは，メンバー間の情報共有が必須である。

一方で，クライエントに関する情報について秘密を保持することは，クライエントとの援助関係を形成するうえで重要な要素である。高齢者支援に関わるチームは，守秘義務のある専門職に加えて，地域住民やボランティア等もその構成メンバーになることが多い。多職種が関わる場合，守秘義務をいかにとらえるかは，実践上の大きな課題である。

基本的に，個人情報の取り扱いについては，個人情報の保護に関する法律の基本理念に基づき，目的外利用や個人データの第三者提供の場合には，原則として本人の同意を得ることが求められている。個人情報を取り扱う際は，「医療・介護関係事業者における個人情報の適切な取扱いのためのガイダンス」等をふまえ，クライエントに関わるすべての人が，守秘義務に関する理解と実践が求められる。

具体的には，クライエントの情報はどこまで必要であるのか，それらの情報をだれが共有するのかなど，**チームとしての秘密保持**のルールをそれぞれのケースに合わせて検討する必要がある。　　　　　　　　　　　（小松尾京子）

注
（1）　高齢者支援においては，専門職だけでなく，地域住民等のインフォーマルサービスも一緒に連携することがある。
（2）　地域包括支援センター運営マニュアル検討委員会編（2022）『地域包括支援センター運営マニュアル3訂』一般財団法人長寿社会開発センター，66.
（3）　野中猛・野中ケアマネジメント研究会（2014）『多職種連携の技術——地域生活支援のための理論と実践』中央法規出版.

6章　高齢者と家族等に対する支援の実際

㊻ 高齢者への就労支援

◆事例の概要

　杉村啓二さん（仮名）は，65歳の一人ぐらし
の男性である。長年勤務してきた宅配会社を60
歳で定年退職した後，しばらくは雇用継続によ
り勤務を続けていたが，体力的に厳しくなった
ため，63歳の時に退職した。その後は預貯金で
生活し，65歳より老齢年金を受給することにな
ったものの，生きがいを感じられない日々を送
っていた。

　ある日，自治体の広報誌で高齢者への就労支
援事業があることを知り，相談窓口を訪れた。
相談窓口の就労支援相談員（社会福祉士）は杉
村さんの思いを尊重しながら，本人が生きがい
感をもって生活を送ることができる就労を検討
した。支援の結果，介護老人福祉施設に併設さ
れている通所介護事業所の送迎バスの運転手と
して就職することができた。杉村さんは，職歴
を活かした就労が叶っただけではなく，通所介
護事業所を利用する人々の役に立つことができ，
生きがいを感じながら就労する機会を得ること
ができた。

◆対象者（高齢者）の状況と支援経過

　杉村啓二さんは一人ぐらしである。妻とは10
年前に離婚し，2人の子どもはすでに独立して
他県で生活をしている。杉村さんは高校卒業後
に宅配業者に就職し，60歳の定年まで42年間働
いてきた。定年退職後は65歳の老齢年金受給ま
で雇用継続で働く予定であったが，運転はとも
かく荷物を運ぶ作業は体力的に厳しくなったた
め，63歳で退職することとなった。その後は退
職金や預貯金を切り崩しながら生活をしていた
が，元来仕事一筋で生活してきた杉村さんはと
くに趣味もなく，朝起きて食事を作り，テレビ
を観て過ごす毎日を送っていた。

　65歳になると**老齢年金**が受給できようになり，
経済面での心配はなくなったものの，杉村さん
は「このまま何となく毎日を過ごすだけでよい
のだろうか」と考えるようになった。ある日，
自治体の広報誌を読んでいたところ，高齢者へ
の就労支援事業の記事が目に留まった。杉村さ
んは「今から就職なんて……」などと思いなが
らも，一度話だけでも聞いてみようと思い，就
労支援事業の窓口となっている社会福祉協議会

老齢年金

　年金を受給する事由には，老齢・障害・死亡の3種類
がある。老齢年金は，老齢（基本的には65歳から）を事
由として支給される公的年金のひとつである。

　掛けてきた年金の種類により老齢基礎年金の支給を受
ける場合（国民年金を掛けた場合），老齢基礎年金と老
齢厚生年金（厚生年金を掛けた場合）の両方を受ける場
合がある。支給額は年金の掛けてきた期間等により異な
る。

へ電話で予約し，定められた日時に出向いた。

　杉村さんは，就労支援相談員（社会福祉士）と面談をおこなうなかで，前職の業務が体力的に厳しかったため雇用継続を中断したこと，生きがい感のある生活を望んで就労を考えていることを話した。就労支援相談員は杉村さんの話を傾聴したうえで，就労支援事業の内容についてていねいに説明し，杉村さんの希望に合った就職先を紹介する旨を伝えた。杉村さんは就労支援事業の内容について理解できた様子であったが，「少し考えさせていただいてよいですか？」と話し，就労支援にあまり積極的ではないように見受けられた。就労支援相談員は，その理由についてたずねてみることにした。

就労支援相談員：杉村さん，就労することについて何かご心配なことがあるのではないでしょうか？

杉村さん：はい。いろいろ心配はあります。

就労支援相談員：いろいろですか。いくつかおありなのですね。もしよろしければお話しいただけないでしょうか？　ご心配されていることについてわたしが協力できることがあるかもしれません。

　就労支援相談員は，就労先を紹介することだけが業務ではなく，杉村さんの気持ちを尊重しながら希望に合った就労先を選定し，交渉できる旨を伝えた。杉村さんは少し安心した様子で心配になっていることを話してくれた。その内容は以下の3点であった。

①　高齢者を雇用してくれる企業等は限られており，希望する業種に就くことは難しいため，相談を進めてもあまりメリットがないのではないか。

②　働きたい気持ちはあるものの，体力的に常勤で毎日働くことには自信がない。

③　老齢年金を受給しはじめたところであり，働くことで年金が受給停止になるのではないかと不安がある。

　就労支援相談員は，杉村さんが心配している3点について，次のように説明あるいは助言をおこなった。

　①，②については，　杉村さんは，相談に出向くにあたって高齢者の就労に関する情報を多く入手していたがその情報のなかでもっとも杉村さんの不安を高めていたのは，高齢者は就職を希望しても職種のミスマッチが起きることが多く，希望する業種への就労が叶わないのではないかというものであった。就労支援相談員は，そのような状況を否定はできないものの，可能な限り杉村さんの希望する職種を探したい旨を伝えた。そして具体的な支援では，杉村さんの就労経験や能力等を詳細に理解したうえで，それらのなかでもっとも優先して活かしたいものを一緒に選定し，その能力を活かせる職種を紹介したいと説明した。

　杉村さんは宅配会社で運転業務をしていたため，運転免許は大型免許を取得しており，それを活かした就職を希望しているが，長年の勤務

MEMO

によるものか不明であるが慢性的な腰痛があり，前職のように重荷を抱えるような仕事は難しいとのことであった。しかし，腰痛は運転には支障がないため運転技術を活かしつつ，人との交流をはかることができる業種を希望しているとのことであった。

次に③については，杉村さんは，就労することで老齢年金の受給ができなくなると思っていた。そのため，就労に対する希望はありながらも，就労することに躊躇していた。就労支援相談員は，給与収入がある場合においても老齢年金を受給できる旨を伝えた。

杉村さんの老齢年金は，基礎年金（約6万円）と厚生年金（約10万円）を合わせて約16万円であった。就労支援相談員は，老齢厚生年金と給与の合計が1か月当たり48万円を超える場合は年金の一部あるいは全部が支給停止になることを説明し，38万円までの給与（1か月あたりの賞与額を含む）であれば，年金は支給停止にならない旨を伝えた。[1]

就労支援相談員の説明等により，杉村さんの心配は解消された。就労支援相談員は杉村さんの能力や希望をふまえて業種を検討した結果，介護老人福祉施設に併設されている通所介護事業所の送迎バスの運転手を提案した。業務内容にミスマッチが起こらないよう，事業所と杉村さんの間を調整したところ，双方ともに了解が得られ，試行期間を経て就職することとなった。杉村さんは，職歴を活かした就労が叶っただけ

ではなく，通所介護事業所を利用する人々の役に立つことができ，生きがいを感じながら就労する機会を得ることができた。

◆高齢者に対する就労支援のポイント

日本では，高年齢者等の雇用の安定等に関する法律（高年齢者雇用安定法）により，企業に対して65歳までの雇用の確保を目的とした**高年齢者雇用確保措置**を義務づけており，加えて70歳までの就業機会の確保を目的とした**高年齢者就業確保措置**を努めることを義務づけている[2]。人口減少のなかで，就労意欲の高い高齢者は貴重な人材である。しかしながら，継続雇用とは異なり，再就職の場合には希望する側と雇用する側で求めるものが異なり（ミスマッチ），雇用が促進されているとはいえない状況にある。高齢者の就労支援，とくに再就職において，社会福祉士にはクライエントの思いを尊重しつつ，クライエントの職歴等から能力を詳細に評価し，活かす能力の優先順位をともに検討することが求められる。これは妥協ではなく，クライエントのストレングスに視点を置いた評価であり，ストレングスを活かした支援である。

また，高齢者の就労支援では，老齢年金との関係も考慮することが必要である。就職の希望がありながら躊躇している場合，老齢年金への影響を危惧しているクライエントも少なくない。そのため，支援をおこなう社会福祉士には年金制度の知識も十分に習得しておくことが重要で

高年齢者雇用確保措置

高齢者等の雇用の安定等に関する法律（高年齢者雇用安定法）第9条で定められている65歳までの雇用確保措置をいう。65歳未満に定年を設定している事業主に対して，①65歳までの定年引き上げ，②定年制の廃止，③65歳までの継続雇用制度（再雇用制度・勤務延長制度）の導入のいずれかの措置を講じなければならないこととなっている。

高年齢者就業確保措置

高年齢者雇用安定法第10条の2で定められている70歳までの就業確保措置をいう。事業主には，①70歳までの定年引き上げ，②定年制の廃止，③70歳までの継続雇用制度（再雇用制度・勤務延長制度）の導入，④70歳まで継続的に業務委託契約を締結する制度の導入，⑤70歳まで継続的に「事業主が自ら実施する社会貢献事業」「事業主が委託，出資（資金提供）等する団体が行う社会貢献事業」に従事できる制度の導入のいずれかの措置を講ずる努力義務が課せられている。

ある。

さらに，高齢者に限らず，専門機関へ相談に出向くまでには身近の人に相談する，あるいは必要と思われる情報を収集するなど，何らかの努力をおこなっていることが多い。そして，その努力が思うように報われず，専門機関への期待（専門的な助言で自身の願いが叶うかもしれない）と疑念（自身が努力しても叶わなかったことが専門機関で本当にかなうのだろうか）の両方を抱いて来所するのである。そのため，初めての出会いの場面ではこれらの複雑な感情を理解したうえで面接を展開していくことが求められる。

（竹本与志人）

注
（1） 日本年金機構「働きながら年金を受給する方へ」(https://www.nenkin.go.jp/tokusetsu/zairou.html, 2024.2.18).
（2） 厚生労働省「高年齢者雇用安定法の改正〜70歳までの就業機会確保〜」(https://www.mhlw.go.jp/stf/seisakunitsuite/bunya/koyou_roudou/koyou/koureisha/topics/tp120903-1_00001.html, 2024.7.9).

MEMO

6章 高齢者と家族等に対する支援の実際

47 高齢者への低所得者支援

◆事例の概要

　山本はなさん(仮名女性・80歳。以下、はなさん)は、独身で仕事に就いていない長男(52歳)と2人で生活している。夫は8年前に他界した。はなさんの自宅は商店街が近隣にあり、ここで約50年くらしている。はなさんは、地域の商店街の人たちともつきあいが長く、買い物によく利用し、世間話をする顔なじみの関係であった。商店街の人たちは、長男がよく家にいるようで仕事をしているのか、どこか身体の具合が悪いのか気にかけていた。はなさんからは長男のことを話題にすることはなかった。

　はなさんは、地域の商店街で買い物中に財布や買い物をした食材を忘れることがたびたびみられるようになった。はなさんの忘れ物があった時には、商店街の人たちが声をかける等みんなでサポートをしていた。その後、はなさんは忘れ物だけでなく、商店街の人たちとの会話で同じ話を繰り返すこと、商店街の人の名前を間違えることが多くなった。また、商店街の数か所のお店で物とられ妄想や徘徊のような症状もみられ、目立つようになった。商店街の人たちはサポートの限界を超え、はなさんが心配であると地域担当の民生委員Aさん(以下、Aさん)に相談をした。

　相談を受けたAさんは、日中にはなさん宅を訪問した。長男が出てきて、玄関が開いたとき、部屋から異臭がした。長男の後ろの家のなかの様子はごみの山であった。長男からはアルコールの匂いがした。Aさんは、商店街ではなさんが買い物しているときの様子を皆が心配していると伝え、福祉の支援が必要なのではと長男に話をした。長男は「どうしていいかわからない」と言い、悩んでいるようだった。はなさんの様子を長男にたずねると、「今は、眠って休んでいる」とのこと。はなさんに会うことができなかった。Aさんは自身も含め地域の関係者では限界があり、日ごろから相談等をしている地域包括支援センターに連絡することにした。

◆対象者(高齢者)の状況と支援経過

　Aさんからの相談を受けた地域包括支援センター職員の社会福祉士B氏(以下、B氏)は、まず、Aさんから、商店街の人たちからはな

MEMO

んの最近の様子やAさんからはなさん宅に訪問したときの様子についての情報を聞いた。地域の商店街の人たちは地域にも住んでいる近隣住民でもあり，なかには町会長等役員のメンバーになっている人もいる。地域のイベントや行政等との専門機関との会議にも参加している人も含まれている。B氏は日ごろから地域のさまざまな会議やイベントにも顔を出し，商店街の人たちと顔のみえる関係であり，はなさんの件については快く協力してくれた。B氏が商店街の人たちから聞いた新たな情報として，夜に長男が泥酔した状態でコンビニエンスストアでお酒を購入する姿を多くみかけるようになったこと，はなさん宅の隣に住む住民からは，はなさんと長男が大声で言い争う声が時折聞かれたこと，はなさんが裸足で外を歩いているところを数回発見，やつれた表情で朦朧としている様子に心配をし，飲食物の差し入れも渡し，自宅の玄関前まで送ることもあったという情報を得た。

数日後B氏は，Aさんと一緒にはなさん宅に訪問することになった。自宅の玄関から出てきた長男は拒否をすることもなく，家のなかに受け入れてくれた。家のなかはごみで散乱，異臭もあり，不衛生な状態だった。台所も同じ生活用品や腐った食材が置きっぱなし，食べ残しのコンビニ弁当やお惣菜，アルコールの空き瓶が散乱しており，ごみを処分していない状況だった。

長男の話によると，はなさんがすべて家事や光熱費等支払いを管理してきたが，できなくなってきていること，同じ話をしたり，「ご飯は食べたか？」等，何度も確認するようになってきたとのこと。本人はもともときれい好きで家事もきちんとする人だった。ここ数年で家事をすることも難しくなってきた。しかし長男は自身が家事等生活管理のノウハウがわからないため，母親に任せっきりである。

生活費について，貯蓄はほとんどなく，収入ははなさんの年金のみで，収支の状況もどのようになっているか全くわからないとのこと。現在住んでいるアパートの家賃支払いの滞納が続いており，管理人からは支払えなければ出ていくようにと言われている。長男は精神科のクリニックに通っていたが，医療費もかかるため行かなくなった。薬を飲んでいないため不安な日々の生活を送っていると話した。長男は大学卒業後，人間関係がうまくいかず1年で仕事をやめてしまったこと，その後再就活をしたが人間関係がどうしてもうまくいかず，うつ病を発症し，その後仕事には就いていないとのことだった。すべてにおいて自信がなくなってしまっており，生活費や日ごろの生活管理は両親に頼りっぱなしで，父親の死去後も母親のはなさんにすべて頼り今日に至ってしまったことを話した。長男は，母親が年齢を重ねるにつれて心身が弱っていく姿をみて気になっていたが，介護のサービスはお金がかかり利用が難しそうで，お金がない自分たちはこれからどうしてよいか

MEMO

わからず母親に八つ当たりをしてしまうことを涙ながらに話をした。

はなさんは，自分の息子の話を聞きながらそばで一緒に涙を流した。家庭内のことをこれまで恥ずかしくてだれにも言えなかったこと，母親としてどうしてよいかわからなかったことを話した。

B氏は，言いにくい話を打ち明けてくれた2人に感謝の気持ちを伝えた。Aさんも含め地域の商店街の人たちは，つきあいが長く，優しく明るい人柄のはなさんのこと心配しており，地域の皆も何かできることがあればサポートを協力したい思いがあることを伝えた。それを聞いたはなさんと長男はふたたび涙を流すのだった。AさんとB氏は沈黙のなかで静かに2人の状況をしばらく見守っていた。そして，B氏は，サポートしてもらえそうな国の制度があることやAさんや地域包括支援センターがサポートできることもあることを伝えた。「国がサポートする制度ってわたしらが利用してもよいのか，少し抵抗があります…。どうなんだろう」と長男が言い，はなさんと不安そうな表情をしていた。

B氏は，できることから一つひとつ一緒によい解決方法を考えていきましょうと伝えた。

◆高齢者への低所得者支援のポイント

経済的な課題は潜在化されていることが多く，別の課題を通して（たとえば介護の課題等），表出されることがある。経済的な課題に関する

解決の一つの方法として制度の活用があげられる。はなさんとその長男からさらに詳しく情報を聞くことで，たとえば，この事例の世帯の場合，生活保護制度や生活困窮者自立制度，生活福祉資金貸付制度，日常生活自立支援事業や成年後見制度等の活用の可能性が考えられる。また，はなさんと長男との関係性から，高齢者虐待の防止，高齢者の養護者に対する支援等に関する法律（高齢者虐待防止法）の活用も考えられる。はなさんの症状への対応には介護の対応から介護保険法による介護サービスや介護保険負担限度額認定の活用等もある。

今回の事例は，「本人（親）と家族（子ども）を相互に影響をしあう1つの単位として視座に基づかなければ，対峙すべき問題の全体像はみえてこない」[(1)]特徴がある。つまり，高齢かつ親でもあるはなさんだけなく，同居家族の長男への支援も含めた「家族システムズアプローチ」[(2)]の視点が重要となる。

低所得の高齢者に関する課題は，経済的な問題や保健医療や福祉，介護の問題，家族関係，保健医療や福祉，介護，就労，地域との関係性等多種多様な問題が複雑に絡み合い，自分で解決する（または解決していこうとする）力を超えていることが多い。低所得の高齢者は，そのような状況に至る過程において社会的な孤立状況におかれ，自身の努力だけでは社会資源に結びつかないことが少なくない。今回の事例ではなさんは，地域の商店街の人たちとのつながり

インボランタリークライエント

自身の問題に認識がない，または，自分から専門機関に出向き，相談に行かないクライエント。

アセスメント

情報を集め，整理し，各情報を通してどのようなニーズがあるのかを分析すること。

アウトリーチ

積極的に援助対象の方に出向いてかかわりをもつようにすること。ニーズや問題の早期発見にもつながる。

はあった。しかし，長男のことや自身の症状等のことで悩みを周囲に相談することはなかった。はなさん自身の症状が進行し周囲のサポートが限界となりようやくＡさんにつながった。

　家庭内の課題にどうすればよいのか自分たちでは解決方法が見出せず殻に閉じこもり自分の訴えを上手く表現できない人，制度の存在を知っていたとしても利用することへの遠慮（利用料がかかってしまうのではないか，プライベートな質問内容やサービス利用に伴う多くの手続きを煩わしく感じたりする等の利用控え），疎遠となっている家族，親戚などに連絡がいくのではという心配からの利用への躊躇，恥ずかしいと思ってしまうスティグマを抱く人，相談機関などへの不信感から相談に行くこと自体に拒否的な態度をとる人もある。

　前述した活用可能な制度が存在していても利用者につながらなければ意味がない。社会福祉士はこれらの人に対して，**インボランタリークライエント**や援助希求力の弱い人の存在をまず理解することが必要である。利用者やその家族にはこれまでの人生のなかで構築されたライフスタイルやそのスタイルで生まれた価値観がある。一時的な感情や不安，情報不足からの判断となっていないか，専門的視点から確認する必要がある。利用者には，過去の出来事や現在の状況，状態によって気持ちのゆらぎが存在することを理解する必要がある。支援者は，利用者やその家族との関係性を築きながら，情報を集め，本人にも気持ちのゆらぎにも考慮し，その

情報から**アセスメント**を十分におこない，支援を進めていくことが必要である。

　低所得の高齢者への支援は，社会との関係性を含んだ多種多様な課題が絡んでいる。一つの支援アプローチ（たとえば，生活保護のケースワーカーによる支援のみなど）をおこなうだけで解決できるものではない。活用可能な制度があっても，関係機関や関係者が円滑な連携をしなければ利用者のための制度（サービスの提供）として機能しなくなる。また，支援には制度にはない制度の狭間にある内容も存在する。今回の事例は，地域の商店街や民生委員のＡさんからの相談で支援が展開されたが，日ごろから専門機関（制度外の関係団体も含む）や地域の関係者が**アウトリーチ**の意識をもち，潜在化している支援が必要なケースや彼らのみえにくい（表出しにくい）ニーズに気づき，掘り起こしていくことが重要である。また，ニーズの掘り起こしだけでなく，そのニーズに合った具体的なサービス（関係機関）につなげていくことが必要である。そのためにも日ごろからの地域の関係者や関係機関はお互いの関係づくりが重要である。それぞれの役割（できること）を把握し，だれが支援者なのか顔の見える関係づくりが求められる。また，彼らが地域で孤立しないように，関係機関や地域の関係者は，地域住民にも理解を促す等地域のなかで溶け込むよう働きかけ，その地域に醸成していくことが求められる。

　　　　　　　　　　　　　　　　　　（綾部貴子）

注
（１）　綾部貴子・竹本与志人・岡田進一・ほか（2023）「8050問題世帯への支援の悩みの構造〜介護支援専門員の自由記述結果による分析〜」『介護福祉研究』30（１），岡山県介護福祉研究会，中国四国介護福祉学会，1-4.
（２）　カー，M.E., ボーエン，M.／藤縄昭・福山和女監訳（2002）『家族評価──ボーエンによる家族探求の旅』金剛出版.

6章　高齢者と家族等に対する支援の実際

48 高齢者支援における医療介護連携

◆事例の概要

　斉藤キヌさん（仮名）は，夫（77歳）と暮らす75歳の女性である。胆嚢がんが発見され，手術の適用である旨の説明を受けたが，本人の強い希望により手術はおこなわず，通院による緩和医療をおこなうことになった。その後，病状の進行によりいったん入院治療を受けるものの，終末期を在宅で過ごしたい本人の気持ちを尊重し，在宅医療へ移行することとなった。病院のソーシャルワーカー（社会福祉士）は本人や夫の思いを尊重しながら，在宅生活が可能となるように訪問診療・往診や訪問看護，介護保険サービスのコーディネートをおこなった。在宅での看取り後は，夫に**グリーフケア**のための遺族の会への参加を促すとともに，地域包括支援センターへ見守り等の支援を依頼した。

◆対象者（高齢者）の状況と支援経過

　斉藤キヌさんは夫と2人ぐらしである。子どもはいなかったが夫婦仲はよく，夫が定年退職してからは年に2回程度旅行に出かけるなど，穏やかな日々を過ごしていた。ある日，キヌさ

んは腹部に鈍痛があることに気がついた。当初はあまり気にしていなかったが，次第に痛む頻度が多くなり，次第に食欲低下や体重減少がみられるようになったことから，病院を受診することにした。受診の結果は，ステージⅢB（リンパ節の転移あり）の胆嚢がんであった。

　主治医から手術についての説明を受けたキヌさんの表情は暗かった。それは手術の内容が領域リンパ節に加え，肝臓の一部等まで切除するという大きなものであったからである。キヌさんは夫と相談したい旨を伝え，後日返事をすることにした。

キヌ：あなた，わたしは手術をしません。

夫：どうして？　一日でも長く生きてほしい。手術を受けてほしい。

　夫はキヌさんに手術を勧めるも，キヌさんは「これから10年長生きしたとしても，いずれはお別れがくる。わたしは自然の理に従いたい」と気持ちを変えることはなかった。キヌさんは20年前に胃がんの手術をしている。そのときは若かったこと，そして夫のためにも生きたいという思いが強かったため手術に臨んだが，今回

グリーフケア

　大切な人を亡くした遺族の悲しみ，なかでも配偶者を亡くした人の悲しみは大きく，そのことが原因で精神的不調をきたすことが少なくない。このような悲しみのなかにいる人に寄り添い支えることをグリーフケアという。従来，遺族の自殺率が高いことが報告されており，多死社会においてグリーフケアのニーズは高まってきている。しかし，診療報酬や介護報酬上での規定はなく，一部の医療機関や団体等で実施されるのに留まっている。悲しみのなかにある人がグリーフケアを求めて行動することは極めて困難であると考えられることから，アフターケアとしての支援が積極的に求められるといえる。

は大きな手術でもあり，かつ高齢でもあることから残された時間を大切に生きたいと語った。夫は何とかして手術を受けてほしいと訴えたが，キヌさんの意志は固かった。

それからしばらくの間は，鎮痛薬の服用を続けながら，毎月1回通院をおこなった。そして4回目の受診時の血液検査の結果，胆汁の流れがよくないことが疑われたため，内視鏡で胆道を拡げるためのドレナージ（内視鏡的胆道ステント留置術）をおこなうことを目的に，入院することとなった。しかし，検査の結果，思った以上にがんの進行が早く，治療困難な状態となっていた。主治医は夫とキヌさんに余命があまりないことを伝え，今後の治療をどのようにしたいかについてさまざまな方法を提示しながら判断を仰いだ。その結果，2人は痛みを緩和するのみの方法を選択した。主治医は今後の療養の場について，緩和ケア病棟への入院を提案したが，キヌさんと夫は自宅での療養を強く希望した。主治医は2人の気持ちを尊重し，自宅で安心して療養ができるためには，環境整備などが必要であること説明し，ソーシャルワーカー（社会福祉士）との相談を勧めた。

主治医から紹介を受けたソーシャルワーカーは，キヌさんの病室をたびたび訪室して面談をおこない，自宅での療養についてどのようにイメージしているか，心配や不安がないか否か等をたずねた。キヌさんは，痛みを緩和できることを一番望んでいるが，自分が夫の食事を作る

ことができないこと，自分が亡くなった後に夫がひとりで生きていけるかどうかが気がかりであることなどを話してくれた。ソーシャルワーカーは，キヌさんの話を**傾聴**しながら，キヌさんが安心して療養できるよう，そして夫のことも考慮した支援をしていきたい旨を伝えた。また，夫とも面談をおこなったところ，夫はキヌさんのために自宅での療養を何とか叶えたいと思っているものの，キヌさんを失うつらさと怖さで心が壊れそうであると話した。ソーシャルワーカーは夫の思いを受け止めつつ，キヌさんが夫のことを心配していることを代弁するとともに，2人が安心して過ごせるよう協力する旨を伝えた。

ソーシャルワーカーは，主治医や看護師に対し，とくに夫の心理的支援が必要であること，在宅生活のためには訪問診療・往診や訪問看護（末期がんのため医療保険対象），そして訪問介護や福祉用具貸与などの介護保険サービスが欠かせないため，その準備のための時間が必要であると伝えた。その後，ソーシャルワーカーは夫とキヌさんと面談し，さまざまな医療・介護サービスが利用できるようにこれから調整していく旨を説明し，同意を得た。

ソーシャルワーカーは，まず訪問診療・往診と訪問看護について主治医や看護師と相談し，協力が得られる在宅療養支援診療所と訪問看護ステーションを調査・選定した。また，介護保険サービスの利用については，まず要支援・要

傾　聴

クライエントの思いを言語・非言語ともに積極的に聴くということである。また，援助者が理解したことがクライエントの思いと異なっていないかどうかを確認することも含まれる。

さらに，援助者には，クライエントが思いを表出しやすいよう，視線や姿勢，環境等に配慮することが求められる。

介護認定の申請をおこない，並行して居宅介護支援計画の依頼が可能な居宅介護支援事業所を調査・選定することにした。そして，これらの情報を基にキヌさんと夫と相談し，事業所を定めて在宅医療・看護の受け入れ交渉をおこなった。これらの結果，AクリニックとB訪問看護ステーション，そしてC居宅介護支援事業所の受け入れが可能となったため，入院医療から在宅医療・療養へと円滑に移行ができるよう，キヌさんと夫も同席したカンファレンスを企画することにした。

カンファレンスには，院内は主治医と看護師，管理栄養士，ソーシャルワーカー，院外からはAクリニックの医師，B訪問看護ステーションの管理者と看護師，C居宅介護支援事業所の介護支援専門員が出席した。ソーシャルワーカーは院内外の関係者の間で円滑な情報交換ができるよう，そして，キヌさんや夫が気持ちや希望等を伝えることができるよう**ファシリテート**や**アドボケイト**をおこなった。カンファレンスの結果，医療については，週1回の訪問診療と緊急時の往診，そして訪問看護は週2回実施，介護保険サービスは週5回の訪問介護に加えて電動ベッドの貸与，入浴用いすの購入をおこなうこととなった。

その後1回の試験外泊を経て，10日後に自宅退院となった。退院日には介護支援専門員や訪問介護員，福祉用具専門相談員が訪問し，サービス担当者会議を開催して，利用する介護保険サービスの内容等について検討をおこなった。要支援・要介護認定の結果は，退院日には審査中で明らかとなっていなかったため，キヌさんの状態像から要介護2と勘案し，計画を立てた。

退院して3週間後，キヌさんは自宅で永眠した。短い期間であったが，キヌさんと夫は大切な時間を過ごすことができた。C居宅介護支援事業所の介護支援専門員から連絡を受けたソーシャルワーカーは，キヌさんが生前に亡くなった後の夫のことを心配していたこと，そして大切な人を亡くした家族の心身の状態を確認するために自宅を訪問した。キヌさんが心配していたように夫の落胆は大きかった。生きていく気持ちになれないという夫に対してソーシャルワーカーは，キヌさんは自分の分まで生きていってほしいと願っていた旨を代弁し，キヌさんのためにも生きてほしいと伝え，グリーフケアのための遺族の会への参加を勧めた。また，夫の今後の相談先として地域包括支援センターを紹介するとともに，了解を得て地域包括支援センターへ連絡をおこない，見守り等の依頼をおこなった。

◆**高齢者支援における医療介護連携のポイント**

高齢者は，疾病を抱えていることが多く，疾病は心身の状態に影響を与えるため，医療と介護は両輪となって支えていくことが求められる。**医療介護連携**は，高齢者の生命や健康，生活を守る・支えるといったニーズに対する有効な方

ファシリテート
共通課題（たとえば高齢者の在宅支援を叶えるためにどのような支援が必要か等）に対し，専門価値（専門職がもつ価値観）の異なる職種が，上下関係なくそれぞれの立場から意見を伝えることができるよう，職種間の潤滑油の役割を果たすことをいう。

アドボケイト
高齢者や家族といった当事者が，自らの思いや願いを表明できるよう，代弁等をおこなうことをいう。権利擁護のための重要な支援の一つでもある。

法・手段であるが，医療と介護を担う機関や職種が異なるため，それらをつなぐ役割が必要となる。この役割は，ソーシャルワーカーが担うことが多い。

　がんの罹患率は高齢であるほど高く，今後のさらなる人口高齢化によりその患者数は増大すると推測されている。高齢者は自宅での療養，そして最期の場に自宅を希望することが少なくないため，かれらが望む療養環境を自宅に創る（整えていく）ことが求められる。しかし，高齢者が希望する生活が現実的に可能ではないこともあるため，ソーシャルワーカーは希望と現実に齟齬がないか確認しながら，支援をおこな

っていくことが重要である。また，家族がいる場合，高齢者と意向が異なっている場合や意思疎通が十分できていない場合などもあり，両者の仲介や調整をおこなうことが必要なこともある。他方，医療・介護サービスを担う専門職は，職種により**臨床推論**が異なるため，高齢者の自宅療養の可否についての臨床判断が異なる場合がある。高齢者や支援する専門職が同じ世界をイメージできるよう，ソーシャルワーカーには必要な情報提供やソーシャルワーカー自身の臨床判断を伝えることが求められる。

（竹本与志人）

医療介護連携

　医療と介護の両方のニーズを併せもつ人に両者の支援が円滑に提供されるよう，両者がおのおのの情報を共有するとともに協力し合うことをいう。

臨床推論

　専門職はその学問基盤により養成課程で学ぶ知識等（専門価値の形成のための知識等）が異なっている。また，専門職は臨床現場で働く際にその専門に合致したクライエントの課題に対応するため，その経験の積み重ねにより専門価値が強化される。このような知識や経験により形成された専門価値を基礎にして，臨床現場で出会うさまざまな現象を解釈する，あるいは分析をおこなう過程を臨床推論という。

6章　高齢者と家族等に対する支援の実際

49 地域包括ケアシステムにおける認知症高齢者支援

◆事例の概要

　木村マサトさん（仮名）は，一人ぐらしの76歳の男性である。大学卒業後，印刷会社で営業の仕事についた。50年前に結婚し，2人の子どもがいる。70歳の時に白内障の手術を受けたが，それ以外は大きな病気をしたことがない。2年前に妻に先立たれ，現在，長男は海外で長女は国内であるが遠方に住んでいる。現在の自宅に住みはじめてからすでに40年が経過している。

　定年後は町内会の副会長を担うなど地域に根差してくらしてきたが，約束を忘れてグランドゴルフなどに参加できなかったり，いつも同じ服装をしていることなどが増えた。地域包括支援センターの社会福祉士の勧めでもの忘れ外来を受診し，軽度のアルツハイマー型認知症と診断された。しばらくは，地域のサロンなどに参加して生活を継続していたが，認知機能の低下による生活上の課題や健康状態の乱れが徐々に生じてきた。現在は介護保険サービスを利用してくらしを整えている。

◆対象者（高齢者）の状況と支援経過

　マサトさんは住み慣れた自宅で過ごしたいと思い，定年後は町内会の副会長を担うなど地域にも貢献をしてきた。天気のよい日は夕方に妻とウォーキングをし，すれ違う近所の人々とあいさつや時には立ち話をすることもあった。2年前に妻をくも膜下出血で急遽亡くし，ひどく落ち込んだ時期があった。しかし，近隣の人が声をかけてくれたり，長女が気にかけてくれたことで次第に落ち着いた。きれい好きのため掃除は得意で苦ではなかったが，炊事や洗濯は妻に任せていたので慣れるのに時間がかかった。

　1年前から少しずつ，地域の活動にまた参加するようになった。しかし，3か月経過したころから，**老人クラブ**が開催しているグランドゴルフの日時を間違えて参加できないことがあった。ほかの参加者が事前に電話してくれることでなんとか参加できるようになったが，最近は毎回薄汚れた同じ服を着ていたり，タオルや飲み物など必要な持ち物を忘れてくる日もあった。

　マサトさんのくらす地区では，市が作成した75歳以上の一人ぐらし高齢者の名簿をもとに敬

老人クラブ

　高齢者が自主的に集まり，健康づくりや生きがいを目的とする組織である。主な活動は健康体操や趣味活動，地域ボランティア活動などで，参加者同士の交流や日々の情報交換を通して，高齢者の孤立を防いでいる。さらに，地域のさまざまな団体と協力し，明るい長寿社会づくりや保健福祉の向上にも寄与している。一般的に60歳以上の人々が参加し，地域のコミュニティセンターや公民館を拠点に活動する。これらの活動は老人福祉法において，「老人福祉の増進のための事業」として位置づけられている。[公益財団法人　全国老人クラブ連合会（http://www.zenrouren.com/index.html）参考.]

老週間に高齢者宅へ訪問を実施する取り組みがおこなわれている。訪問は地域包括支援センターの職員と民生委員が協力して実施している。民生委員のトメさんはグランドゴルフに参加している夫からマサトさんの様子を聞いており、心配をしていた。ちょうど来週、敬老週間を控えており、一人ぐらしのマサトさんを訪問する予定となっていた。訪問当日、トメさんは意識的にマサトさんの最近の様子を聞いた。

トメさん：お元気ですか。お食事などしっかりととれていますか。

マサトさん：元気にしていますよ。ただ、ちょっと最近忘れっぽくてね。まあ、大丈夫だと思っとりますが、歳ですかね。

マサトさんは町内会のゴミ当番を積極的に引き受けるなど、きれい好きで知られていたが、玄関には捨てられずに溜まっているゴミ袋がいくつか置きっぱなしになっていた。また、夏の間に雑草が増え、庭は草の手入れができていない様子がみられた。トメさんは庭の手入れなどお手伝いできることがあるかもしれないので、また改めて地域包括支援センターの職員と伺ってよいか確認し、マサトさんの了解を得ることができた。

トメさんと地域包括支援センターの社会福祉士がマサトさんの元に訪れた。その後、社会福祉士が何度か訪問し、少しずつマサトさんの日常の様子を聞くことができた。最近は、買ったことを忘れて同じものを何個も買ってしまい後から困ったことやグランドゴルフに行っても参加者の名前と顔が一致しないことが増えてきていることなどを話してくれた。来週、長女が帰省すると話してくれたので、そのときに訪問することを約束した。

長女が帰省するタイミングにあわせて社会福祉士が訪問し、マサトさんと長女と一緒に話し合いをした。長女もマサトさんと電話で話していても、時々話がかみ合わなかったり、以前よりもやせてきている様子から食事をちゃんととっているのか心配していたこともあり、**認知症疾患医療センター**のものわすれ外来に受診することとなった。受診時には長女も同行し、軽度のアルツハイマー型認知症と診断を受けた。マサトさんは「最近、何かこれまでとは違うなと思っていたんです。これからのことは心配ですが、今は、なぜかがわかり、少しほっとした気分です」と話していた。マサトさんの了解を得て、かかりつけ医にも情報提供をおこなうこととした。マサトさんにとって、介護保険のサービスの利用が今すぐ必要という状況ではないものの、周りの人が認知症のことを理解してマサトさんに関われるように、環境整備を進めることは重要であると社会福祉士は考えた。

妻が亡くなってからは前のような関わりは少なくなっていたが、マサトさんは民生委員のトメさん夫妻との付き合いが長く、信頼を寄せていた。トメさん夫妻の子どもは長女と同級生ということもあり、長女もトメさん夫婦から日ご

認知症疾患医療センター

認知症に関する保健医療推進の向上をはかることを目的とする専門医療機関である。地域医療・介護機関などと連携をはかりながら、認知症の鑑別診断、認知症の行動・心理症状や身体合併症に対する急性期治療、専門医療相談を実施するとともに、地域の保健医療・介護関係者とのネットワークを構築することが求められている。

ろの見守りがあると心強いと感じ，話し合いの場をもった。そこでは，定期的に出かける場所があって，顔を見れるとよいだろうという話になった。最近，近くの公民館で囲碁サロンが週に1回開催されることになり，参加者の呼びかけがされていた。トメさんの夫も参加しているので，マサトさんを誘って通うことになった。囲碁サロンの人たちに認知症の人のことを知ってもらうために，地域包括支援センターに配置されている認知症地域支援推進員が**認知症サポーター**養成講座を開催した。囲碁サロンの参加者が認知症の人の理解を深めたことで，マサトさんも囲碁サロンに定期的に安心して通うことができるようになった。また，トメさんの夫は，マサトさんを囲碁サロンに誘いに行くついでに，ゴミを一緒にゴミ収集所に出す手助けをしてくれるなど，ちょっとした日常のサポートに取り組んでくれた。

　さらに，マサトさんがくらす地域には認知症カフェがいくつか設置されていた。マサトさんは少し距離があるが，認知症対応型共同生活介護（グループホーム）で開催されている認知症カフェにも参加することにした。そこでは，認知症と診断された年齢の近いほかの参加者とも話をする機会をもつことができ，ほっとした表情も見られた。

　それから10か月が経過したころ，長女から社会福祉士に相談の電話が入った。マサトさんから「財布が見あたらない」「鍵が見あたらない」と1日に何度も電話がかかってくるが，それがここ1週間続いており，精神的に参っているとのことであった。社会福祉士はマサトさんを訪問し，財布と鍵を置く場所を一緒に決め，探さなくてもよい環境づくりに取り組んだ。それとともに，長女のくらす地域の近くの地域包括支援センターが実施している**認知症家族介護者教室**や認知症カフェの情報を提供し，参加を勧めた。

　マサトさんの様子が落ち着いたと感じた約1か月後，マサトさんが熱中症となり病院へ救急搬送された。水分を十分にとれていなかったとともに，クーラーをつけずに暑い部屋で長時間過ごしていたことが原因のようであった。幸いにも命には別状はなかったが，1週間ほど入院が必要な状況であった。また，夏の暑さもあり食事も十分とれていなかったようで栄養失調になりかけていることがわかった。長女はマサトさんのこれからを心配し，サービス付き高齢者住宅や有料老人ホームへ移ることを希望したが，マサトさんは長年くらした自宅に戻りたい気持ちが強かった。社会福祉士は，本人，長女，医師と話し合いの機会がもてるように病院の医療ソーシャルワーカーに働きかけた。本人の自宅に戻りたい強い気持ちを尊重しつつ，多様なサービスを活用する必要があることを説明した。介護保険サービスを利用して在宅での生活を再開できるように準備を進めることとした。介護認定調査を早急に受け，要介護1と認定された。

認知症サポーター

　認知症および認知症の人について正しく理解し，偏見をもたずに認知症の人やその家族を関わるうえで必要な知識と心構えをもつ人である。認知症サポーターは特別な資格は必要なく，地域住民，スーパーマーケットや金融機関といった生活関連産業に従事する人や，小・中・高等学校等の学校の生徒など，さまざまである。認知症サポーターになるために，「認知症サポーター養成講座」が提供されており，講座のなかで認知症の人の特徴やかかわり方を知ることで，地域社会のなかで認知症の人々と自然に接することがめざされている。

介護支援専門員も決まり，退院後には訪問介護と訪問看護を利用することとなった。また，栄養失調になりかけていたことから，配食サービスも安否確認を兼ねて利用することとした。本人はこれまで参加していた囲碁サロンにも継続的に参加することを希望していた。そのため，個別地域ケア会議を開催し，長女，社会福祉士，介護支援専門員，訪問看護師，ホームヘルパー，トメさん夫妻，囲碁サロンのリーダー，配食サービス員が参加して，退院後のマサトさんの自宅でのくらしを支えるために話し合いをおこなった。

◆地域包括ケアシステムにおける認知症高齢者支援のポイント

地域包括ケアシステムにおいて，それぞれの地域の実情に合った「医療・介護・予防・住まい・生活支援」が確保される体制を構築することがめざされている。認知症高齢者の支援においては，適切なタイミングでの確定診断やステージに応じた支援やサービスの提供，地域住民による理解や本人が生活上で抱える困りごとへの可能な範囲での地域住民やボランティアによる支援などの体制づくりが重要となる。

高齢者が認知機能の低下など不安なことがある場合に，どこに相談したらよいのかを知っており，また，躊躇せずに相談できることは大切である。地域包括支援センターには社会福祉士，主任介護支援専門員，看護師が配置されており，相談内容に応じて必要な専門職が関わる。

さらに，認知症高齢者がその人らしくくらしていくために，早期発見・早期診断が求められている。早い段階で医療機関につながるためにも，身近な家族や民生委員などが認知症かもしれないと気づけるように，認知症に関する適切な知識や認知症の人に関する知識を広げていく機会も重要である。さらに，診断を受けた後にどの機関にもつながらない「空白の期間」が生じないための診断後支援も重要となってきている。

早期に診断を受ける場合，必ずしも介護保険サービスが必要な状況でない場合もある。その場合，本人がこれまで地域のなかで参加していた活動などを継続できる支援も大切となる。また，生活上のちょっとした困りごとへの地域住民やボランティアによる関わりも大切である。これらの関わりや支援が充実していくことで，定期的に人々と関わりをもち続けることができるとともに，認知症になってからも地域で安心してくらすことができる地域づくりへとつながっていく。これら一連の支援において忘れてはいけないことは，「本人の意思決定」を尊重する支援である。それと同時に，家族介護者の負担を軽減する支援も重要といえる。

(中島民恵子)

認知症家族介護者教室

認知症の人のケアに携わる家族介護者を対象に，認知症ケアの知識や技術を学び，心理的なサポートを受けられる場である。日常生活での具体的なケア方法などの講義に加え，参加者同士のグループワークや意見交換を通じて，お互いの励ましや共感を得ることで，家族介護者の孤立感が軽減することも期待されている。専門職との個別相談の場が設けられることも多く，家族介護者が直面する具体的な課題についても助言を受けることが可能である。地域包括支援センターなど身近な場で開催され，無料や低額で利用できる場合が多い。

6章　高齢者と家族等に対する支援の実際

50 高齢者への介護予防

◆介護予防の意義

　介護予防とは,「要介護状態の発生をできる限り防ぐ（遅らせる）こと,そして要介護状態にあってもその悪化をできる限り防ぐこと,さらには軽減を目指すこと」と定義されている。[(1)]

　介護保険法にうたわれている「自立支援」は,高齢者自身にも「自ら要介護状態となることを予防」し,「常に健康の保持増進に努め」,「要介護状態となった場合においても」「その有する能力の維持向上に努める」ことを求めている（第4条）。同時に,介護予防には,高齢者本人の努力のみならず,高齢者が可能な限り,地域において自立した日常生活を送り続けられるような地域づくりの視点も重要としている（第115条の45）。

　要介護状態の前段階である「フレイル（虚弱）」は,低栄養,転倒を繰り返すこと,嚥下・接触機能低下などの身体的側面と,認知機能の低下や意欲や判断の低下,抑うつなどの精神的側面,家に閉じこもりがちとなって他者との交流の機会が減少する社会的側面とが相互に影響しあって起こる（**図表50-1**）。

　フレイルには「可逆性」という特性がある。予防に取り組むことでその進行を緩やかにし,健康に過ごせていた状態に戻すことができる。フレイル予防の3つの柱は,①栄養（たんぱく質の接取,バランスのよい食事,充分な水分摂取）,②身体活動（歩いたり,筋トレをしたりするなどの運動）,③社会参加（就労や余暇活動,ボランティアなどへの参加）である。とくに,社会とのつながりが途絶えることがフレイルのリスクを高めるといわれている。

　定年退職や病気やけがによる外出の減少,家族や友人との死別などを契機に精神・心理状態が落ち込むと行動範囲が狭まり,社会とのつながりが途絶える。活動が低下すると食欲が減り,栄養不足に陥る。すると体力が落ち,気力や意欲もわかなくなるといった「負のスパイラル」に陥ってしまう。このようにドミノ倒しのように衰えが進んでいく現象を飯島は「フレイル・ドミノ」と呼んでいる。このドミノの順番や程度は人によって異なるが,社会とのつながりが途絶えるとフレイルな状態になりやすいというのはほとんどの人に共通しているといわれてい

フレイル（虚弱）

　「加齢に伴う症候群（老年症候群）として,多臓器にわたる生理的機能低下やホメオスターシス（恒常性）低下,身体活動性,健康状態を維持するためのエネルギー予備能の欠乏を基盤として,種々のストレスに対して身体機能障害や健康障害を起こしやすい状態」を指すことが一般的である。したがって,フレイルの位置づけとしては機能障害に至る前段階,日本では要介護状態に至る前段階としてとらえることができる。また日本老年医学会は,フレイルを「加齢に伴う様々な機能変化や予備能力低下によって健康障害に対する脆弱性が増加した状態」としている。［葛谷雅文（2015）「超高齢社会におけ

るサルコペニアとフレイル」『日内会誌104：2602～2607』.］［荒井秀典（2014）「フレイルの意義」『日本老年医学会雑誌』51.6.］

介護予防訪問介護

　2014（平成26）年の法改定以前におこなわれていた予防給付の一つ。要支援者であって,居宅において支援を受ける者（以下,居宅要支援者）について,その者の居宅において,介護予防を目的として,介護福祉士等により入浴,排せつ,食事等の介護その他の日常生活上の支援のことをいう。

198

る。

◆施策としての介護予防

2000年に介護保険制度が施行され20年以上経過し，介護予防に関する施策も変化してきた。

（1）2000（平成12）年　介護保険制度の創設と予防給付

要介護状態とならないよういわゆる「寝たきり予防」の観点から必要なサービスを提供するという目的で予防給付が設けられた。

（2）2005（平成17）年　法改定

「介護予防をより重視したシステムの確立」をうたい，要介護認定の区分を変更し，要介護1を「要支援2と要介護1」にわけ，それまで介護給付とほぼ変わらなかったサービスを「新・予防給付」と区分した。また要支援者・要介護者になるおそれの高い者を「特定高齢者」とし，地域支援事業（介護予防や介護予防マネジメント等）が創設された。その後2007（平成19）年，2010（平成22）年の法改定では，特定高齢者施策について，より多くの者を事業の対象とできるよう，特定高齢者の決定方法等の見直し等がおこなわれた。

（3）2014（平成26）年　法改定

地域支援事業における介護予防事業（一次予防事業および二次予防事業）が再編され，通いの場の取り組みを中心とした一般介護予防事業が創設された。これにより，年齢や心身の状況等に関係なく，参加者や通いの場が継続的に拡大していくような地域づくりが推進されるとともに，リハビリテーション専門職等の関与を促進し，地域における介護予防の機能強化がはかられた。それまで要支援1，2の人を対象に，全国一律の基準で実施されていた「**介護予防訪問介護**」「**介護予防通所介護**」（200頁）は，予防給付から介護予防・日常生活支援総合事業に移行し，市町村の基準で実施されることになった。

◆介護予防・日常生活支援総合事業

「一般介護予防事業」は要支援・要介護状態の有無にかかわらず，すべての高齢者を対象に，また高齢者自らも担い手となってコミュニティを活性化し，高齢者が自宅に引きこもる状態を作らず，さまざまな交流の機会を作ろうとする試みである。一方で，基本チェックリスト（**図表50-2**）により，介護予防のスクリーニング（仕分け作業）をおこない，このまま積極的に生活改善や介護予防をしなければ要支援・要介護状態になる恐れが高い者と，要支援者には，「介護予防・日常生活支援総合事業」をおこなうこととなった。基本チェックリストにより「生活機能の低下がみられた人」となれば，地域包括支援センターの保健師等が生活相談，介護予防事業への調整をおこない，「介護予防プラン」に基づいて支援をおこなう。

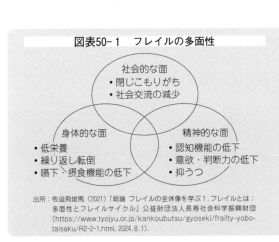

図表50-1　フレイルの多面性

出所：牧迫飛雄馬（2021）「総論　フレイルの全体像を学ぶ1．フレイルとは：多面性とフレイルサイクル」公益財団法人長寿社会科学振興財団 (https://www.tyojyu.or.jp/kankoubutsu/gyoseki/frailty-yobo-taisaku/R2-2-1.html, 2024.8.1).

◆具体的な介護予防の取り組み
（市町村でおこなわれている主なプログラム例）
（1）運動器機能向上プログラム

使う機会の減った筋肉を動かし，バランス感覚を養う運動などをおこなうことにより，低下した機能の向上をはかり，転倒や閉じこもりを防ぐ取り組み。

（2）栄養改善プログラム

管理栄養士の助言・指導により，食に関する関心を高め，バランスの取れた食事について，実際に調理実習をするなどして学ぶ取り組み。

（3）口腔機能の向上プログラム

歯科衛生士等の助言・指導により，噛む力，飲み込む力，口の衛生などを保ち，むせにくくし，飲み込む機能を高める取り組み。

（4）その他，認知機能低下プログラムなど

(堀川涼子)

注
（1）厚生労働省エビデンスを踏まえた介護予防マニュアル改訂委員会（2022）「介護予防マニュアル（第4版）——生活機能が低下した高齢者を支援するための領域別プログラム」5 (https://www.mhlw.go.jp/content/12300000/001238550.pdf, 2024.8.1).
（2）飯島勝矢（2018）「高齢者と社会（オーラルフレイルを含む）」『日本内科学会雑誌』107, 2469-2467.
（3）厚生労働省老健局老人保健課（2021）「介護予防について」(https://www.mhlw.go.jp/content/001245241.pdf, 2024.8.1).

介護予防通所介護

居宅要支援者について，介護予防を目的として，老人デイサービスセンターに通わせ，当該施設において，入浴，排せつ，食事等の介護その他の日常生活上の支援，機能訓練をおこなうことをいう。

50　高齢者への介護予防

図表50-2　基本チェックリスト

No.	質問項目	回　答 （いずれかに○を お付けください）		
1	バスや電車で1人で外出していますか	0.はい	1.いいえ	10項目以上 に該当
2	日用品の買物をしていますか	0.はい	1.いいえ	
3	預貯金の出し入れをしていますか	0.はい	1.いいえ	
4	友人の家を訪ねていますか	0.はい	1.いいえ	
5	家族や友人の相談にのっていますか	0.はい	1.いいえ	
6	階段を手すりや壁をつたわらずに昇っていますか	0.はい	1.いいえ	運動 3項目以上 に該当
7	椅子に座った状態から何もつかまらずにたちあがっていますか	0.はい	1.いいえ	
8	15分くらい続けて歩いていますか	0.はい	1.いいえ	
9	この1年間に転んだことがありますか	1.はい	0.いいえ	
10	転倒に対する不安は大きいですか	1.はい	0.いいえ	
11	6ヵ月間で2～3kg以上の体重減少がありましたか	1.はい	0.いいえ	栄養 2項目に 該当
12	身長　　　　cm　体重　　　　kg（BMI＝　　　）（注）			
13	半年前に比べて固いものが食べにくくなりましたか	1.はい	0.いいえ	口腔 2項目以上 に該当
14	お茶や汁物等でむせることがありますか	1.はい	0.いいえ	
15	口の渇きが気になりますか	1.はい	0.いいえ	
16	週に1回以上は外出していますか	0.はい	1.いいえ	閉じこもり
17	昨年と比べて外出の回数が減っていますか	1.はい	0.いいえ	
18	周りの人から「いつも同じことを聞く」などの物忘れがあると言われますか	1.はい	0.いいえ	認知機能 1項目以上 に該当
19	自分で電話番号を調べて，電話をかけることをしていますか	0.はい	1.いいえ	
20	今日が何月何日かわからない時がありますか	1.はい	0.いいえ	
21	（ここ2週間）毎日の生活に充実感がない	1.はい	0.いいえ	うつ 2項目以上 に該当
22	（ここ2週間）これまで楽しんでやれていたことが楽しめなくなった	1.はい	0.いいえ	
23	（ここ2週間）以前は楽にできていたことが今ではおっくうに感じられる	1.はい	0.いいえ	
24	（ここ2週間）自分が役に立つ人間だと思えない	1.はい	0.いいえ	
25	（ここ2週間）わけもなく疲れたような感じがする	1.はい	0.いいえ	

注：BMI（＝体重（kg）÷身長（m）÷身長（m））が18.5未満の場合に該当とする。

出所：「地域支援事業の実施について」（平成18年6月9日老発第0609001号）.

MEMO

さくいん

ページ数太字は用語解説で説明されているもの

あ 行

アイデンティティ **11**
アウトリーチ **189**
悪徳老人病院問題 **59**
アセスメント **189**
アソシエーション型組織 **173**
新しい葬儀 **16**
新しい認知症観 **113**
アドバンス・ケア・プランニング
　　（ACP）　→人生会議
アドボカシー（Advocacy）**50**
アドボケイト **192**
新たな高齢者介護システムの構築を
　　目指して 60
アルツハイマー型認知症 **108**
生きがい 114
医業 **162**
育児・介護休業法 →育児休業, 介
　　護休業等育児又は家族介護を行
　　う労働者の福祉に関する法律
育児休業, 介護休業等育児又は家族
　　介護を行う労働者の福祉に関す
　　る法律（育児・介護休業法）
　　138
医行為 **153**
医師 162
意思決定支援 52
一次判定（要介護認定）68
一定の障害があると認定された65歳
　　以上75歳未満の人 123
一般介護予防事業 80, 199
意味記憶 **9**
医療介護総合確保推進法 →地域に
　　おける医療及び介護の総合的な
　　確保を推進するための関係法律
　　の整備等に関する法律
医療介護連携 **192**
医療費適正化計画 124
医療保険制度 **69**
医療保険と介護保険の給付調整に関
　　する留意事項及び医療保険と介
　　護保険の相互に関連する事項等
　　について 98
インテーク 176
インフォーマルサービス 180
インフォーマル資源 29
インボランタリークライエント
　　189

運営指導 **129**
運動器の機能 7
エイジズム **56**
栄養士 165
エピソード記憶 **9**
エリクソン, E.H. 10
エンゲージメント **176**
エンディングノート **16**
エンド・オブ・ライフケア 159
エンパワメント **50**
オーラルフレイル 80
オレンジプラン →認知症施策推進
　　5か年戦略
恩給 **22**

か 行

介護医療院 89
介護医療院サービス 89
介護休暇 141
介護休業給付 140
介護休業制度 **138**
介護休業の対象となる労働者と家族
　　140
介護給付（介護保険）68, 71
介護給付としての地域密着型サービ
　　ス 83
介護給付費単位数表 **72**
外国人介護人材 49
介護サービス事業者 144
介護サービス相談員 170
介護支援専門員 68, 167
介護支援プラン 43
介護事業経営実態調査 **72**
介護職員 168
介護職員初任者研修 **48**
介護人材 47
介護・世話の放棄・放任（ネグレク
　　ト）129
介護認定審査会 68, 76
介護福祉士 48, 151, 167
　　──に求められる役割 151
介護福祉施設サービス 89
介護報酬 72, 98
介護報酬改定 72
介護保険事業計画 46
介護保健施設サービス 89
介護保険制度の創設の背景 **102**
介護保険における福祉用具の貸与と
　　購入 95

介護保険における福祉用具の範囲
　　94
介護保険法 60, 66〜69
　　──第1条 **150**
　　──第5条第4項 144
　　──第5条第5項 144
　　──の目的 66
介護保険優先 103
介護予防 78〜81, 198
介護予防サービス計画費 71
介護予防サービス費 71
介護予防支援（介護予防ケアマネジ
　　メント）91
介護予防生活支援サービス事業 80
介護予防地域密着型サービス 82
介護予防通所介護 **199**
介護予防・日常生活支援総合事業
　　78, 90, 199
介護予防訪問介護 **199**
介護離職 35, 42
介護離職ゼロ 44
介護老人福祉施設 89
介護老人保健施設 89
介護ロボット 48, 97
介護ロボットの例 97
核家族 **34**
喀痰吸引 **152**
加算 73
可処分所得 **22**
家族介護支援事業 **44**
家族介護者 34
家族システムズアプローチ **188**
家庭奉仕員制度 58
加齢 6
鰥寡孤独 58
看護師 162
看護小規模多機能型居宅介護 85
管理栄養士 165
緩和ケア 158
キーパーソン **172**
基本チェックリスト 80, 199, 201
キャラバン・メイト **170**
嗅覚 7
救護法 58
キューブラー・ロス（Kübler-Ross,
　　E.）16
共生型サービス 64
共生社会の実現を推進するための認
　　知症基本法 44, 52, 113

さくいん

業務独占　**162**
虚弱高齢者　**92**
居宅介護サービス計画費　71
居宅介護サービス費　71
居宅介護支援事業者　68
居宅給付費　**70**
居宅サービス　86
居宅サービス計画　68
居宅療養管理指導　86, 87
苦情解決制度　51
区分変更申請（要介護認定）　68
グリーフケア　161, **190**
ケアハウス　60
ケアプランの作成　176
ケアマネジメント　174
　──におけるプロセス　176
ケアマネジャー　174
ケアラー　**42**
ケアラー支援条例　**45**
経管栄養　152
経済財政運営と構造改革に関する基
　　本方針2005（骨太の方針2005）
　　122
経済的虐待　129
継続雇用制度　31
傾聴　**191**
軽費老人ホーム　118
敬老思想　**55**
敬老の日　56
ケースカンファレンス　**179**
血管性認知症　**108**
結晶性能力　8
言語聴覚士　155, 165
権利擁護　50
権利擁護（地域支援事業）　92, 147
高額療養費制度　**124**
後期高齢者　2
後期高齢者医療広域連合　123
後期高齢者医療制度　123
　──の財源　123
後期高齢者支援金　**123**
公共交通事業者　132
公共職業安定所　134
恒常性　**6**
公的年金　22
高年齢雇用継続給付　136
高年齢者雇用安定法　→高年齢者等
　　の雇用の安定等に関する法律
高年齢者雇用確保措置　**184**
高年齢者就業確保措置　32, **184**
高年齢者等の雇用の安定等に関する
　　法律（高年齢者雇用安定法）
　　31, 134-137

高齢化　**3**
高齢化社会　118
高齢化率　**2**
高齢者生きがい活動促進事業　116
高齢社会対策大綱　**115**
高齢者虐待の防止，高齢者の養護者
　　に対する支援等に関する法律
　　（高齢者虐待防止法）　126〜129
　──の対象　126
高齢者虐待防止法　→高齢者虐待の
　　防止，高齢者の養護者に対する
　　支援等に関する法律
高齢者，障害者等の移動等の円滑化
　　の促進に関する法律（バリアフ
　　リー新法）　131
高齢者住まい法の目的　**20**
高齢者生活福祉センター　60
高齢者の医療の確保に関する法律
　　122〜125
高齢者
　──の権利擁護　52
　──の社会活動への参加状況　12
　──の所得　22
　──の定義　i, 2
　──の貧困問題　24
高齢者の身体的・精神的・社会的状
　　態　**176**
高齢者の生活と意識に関する国際比
　　較調査　**30**
高齢者福祉の理念　**54**
高齢者保健福祉推進十か年戦略
　　（ゴールドプラン）　60, 119
高齢者保健福祉推進十か年戦略の見
　　直しについて（新ゴールドプラ
　　ン）　60, 119
高齢障害者　102
ゴールドプラン　→高齢者保健福祉
　　推進十か年戦略
ゴールドプラン21　→今後5か年間
　　の高齢者保健福祉施策の方向
呼吸器の機能　**7**
国際生活機能分類（ICF）　157
国民健康保険団体連合会　69, 72,
　　144
国民年金制度　**69**
心のバリアフリー　131, 133
骨粗鬆症　8
個別避難計画　39
雇用確保措置　**32**
雇用保険　136
今後5か年間の高齢者保健福祉施策
　　の方向（ゴールドプラン21）
　　110, 119

さ　行

サービス担当者会議　**179**
サービス付き高齢者向け住宅（サ高
　　住）　21
災害時要配慮者　38
災害対策基本法　38
災害派遣福祉チーム　39
災害派遣福祉チームが協働するチー
　　ム　**39**
再雇用制度　11, **134**
財産管理　52
在宅医療・介護連携推進　93
作業療法士　155, 156, 164
サクセスフル・エイジング　**32**
サ高住　→サービス付き高齢者向け
　　住宅
サルコペニア　**80**
散骨　17
三世代世帯　**26**
歯科医師　163
歯科衛生士　163
死生観　14
施設介護サービス費　71
施設サービス計画　**89**
施設等給付費　70
市町村国民健康保険　122
市町村特別給付（介護保険）　69, 71
実務者研修（介護福祉士）　48
シニア住宅　20
社会的孤立　**28**
社会的障壁　**133**
社会的入院　59
社会的役割　11
社会福祉基礎構造改革　51
社会福祉協議会　144, **166**
社会福祉士　**166**
社会福祉施設緊急整備五か年計画
　　59
社会保険診療報酬支払基金　**70**
若年性認知症　**106**
終活　15
重層的支援体制整備事業　64
住宅確保要配慮者居住支援法人　20
集中型モデル　176
終末期　158
主治医意見書　68, 76
恤救規則　58
主任介護支援専門員　167
守秘義務　181
准看護師　162
准高齢期　**2**
准高齢者　2

203

生涯学習　114
障害者　**102**
障害者支援施設　**103**
消化器の機能　7
小規模多機能型居宅介護　85
少子化　**138**
消費者被害　52
視力　6
シルバー人材センター　**135**
シルバーハウジング・プロジェクト
　　制度　**20**
新オレンジプラン　→認知症施策推
　　進総合戦略
人格尊重義務　**129**
腎機能　7
新ゴールドプラン　→高齢者保健福
　　祉推進十か年戦略の見直しにつ
　　いて
心循環器の機能　7
申請（要介護認定）　67
人生会議（アドバンス・ケア・プラ
　　ンニング）　**17**
人生の最終段階における医療・ケア
　　の決定プロセスに関するガイド
　　ライン　159, 160
身体介護　**86**
身体拘束　**126**
身体的虐待　**129**
心理的虐待　129
診療報酬　**98**
ストレングスモデル　175
スピリチュアル　**158**
生活援助　**86**
生活支援コーディネーター　**148**
生活支援サービス　**147**
生活支援体制整備　93
生活ニーズ　**174**
生活福祉空間づくり大綱の基本的方
　　向　**20**
生活保護制度　**24**
成熟期　6
生殖器の機能　8
精神保健福祉士　166
性的虐待　129
成年後見制度　**51**
聖ヒルダ養老院　58
性別役割の固定観念　**141**
世界の高齢化　3
積極的地域支援プログラム　**176**
セルフ・ネグレクト　**128**
セルフヘルプグループ　**161**
前期高齢者　2
前期高齢者医療制度　124

全国健康福祉祭（ねんりんピック）
　　116
前頭側頭型認知症　108
総合事業（介護保険）　78
総合相談支援（地域支援事業）　92,
　　147
総合的な介護人材の確保対策　48
ソーシャルアクション　**105**

た　行

第1号介護予防支援（介護予防ケア
　　マネジメント）　92, 146
多重介護　35
多職種協働　**178**
ダブルケア　**36**, 150
ダブルケアラー　**42**
団塊世代　**26**
短期記憶　9
短期入所生活介護（ショートステイ）
　　59, 86, 88
短期入所療養介護　86, 88
単身高齢者　26
地域共生社会　**62**
地域区分　72
地域ケア会議　178
　　——推進　93
地域ケア個別会議　93
地域ケア推進会議　93
地域コミュニティ型組織　**173**
地域支援事業　64, 90〜93, 148
地域との連携のための運営推進会議
　　等　83
地域における医療及び介護の総合的
　　な確保を推進するための関係法
　　律の整備等に関する法律（医療
　　介護総合確保推進法）　**61**, 64
地域包括ケアシステム　18, **117**,
　　178
　　——の概念　62
地域包括支援センター　**63**, 71, 146
　　〜149
　　——の事業内容　146
地域密着型介護サービス費　71
地域密着型介護予防サービス費　71
地域密着型介護老人福祉施設入所者
　　生活介護　85
地域密着型サービス　**63**, 82〜85
地域密着型サービス運営委員会　82
地域密着型通所介護　83
地域密着型特定施設入居者生活介護
　　85
チームアプローチ　**178**
チームとしての秘密保持　**181**

痴呆　111
地方公共団体　**142**
中核症状　106
長期記憶　9
超高齢期　2
超高齢者　2
長寿社会対策大綱　60, 119
聴力　6
腸ろう　**153**
通所介護　86, 87
通所型サービス（総合事業）　90
通所サービス事業（デイサービス事
　　業）　59
通所リハビリテーション（デイケア）
　　86〜88
通報の義務　127
低栄養状態　7
定期巡回・随時対応型訪問介護看護
　　83
定年　30, **134**
デスカフェ　**16**
手続き記憶　**9**
特定施設入居者生活介護　86, 87,
　　121
特定疾病　66, 74〜77
特定福祉用具販売　86, 88
特定目的公営住宅　**20**
特別養護老人ホーム　88, 89, 118,
　　179
トリプルケア　36

な　行

難病　76
二次判定（要介護認定）　68
2015年の高齢者介護　62, 111
日常生活圏域　63, 146
日常生活自立支援事業　51
ニッポン一億総活躍プラン　64
認知機能　8
認知症
　　——の症状　106
　　——の定義　106
　　——の薬物療法　109
認知症家族介護者教室　196
認知症カフェ　**112**
認知症基本法　→共生社会の実現を
　　推進するための認知症基本法
認知症ケアパス　**112**
認知症サポーター　170, 196
認知症サポーター100万人キャラバン
　　111
認知症サポート医　**111**
認知症疾患医療センター　112, **195**

さくいん

認知症初期集中支援チーム　111,
　148
認知症施策推進基本計画　113
認知症施策推進5か年戦略（オレン
　ジプラン）　112
認知症施策推進総合戦略（新オレン
　ジプラン）　112, 170
認知症施策推進大綱　113
認知症施策推進大綱5つの柱　113
認知症総合支援（事業）　93, 111
認知症対応型共同生活介護（認知症
　グループホーム）　85
認知症対応型通所介護　85
認知症地域支援推進員　112, 148
認知症になっても安心して暮らせる
　町づくり100人会議　111
認知症の行動・心理症状（BPSD）
　106～108
認知症の人と家族への一体的支援事
　業　112
認定介護福祉士　48
認定調査（要介護認定）　67
認認介護　150
任用資格　169
寝たきり老人ゼロ作戦　119
脳の機能　8
ノーマライゼーション　130

は　行

配食サービス　91
ハヴィガースト，R.J.　10
8050問題　28
発達課題　10
バトラー（Butler,R.N.）　57
バリアフリー　130
バリアフリー新法　→高齢者，障害
　者等の移動等の円滑化の促進に
　関する法律
パワーリハビリテーション　80
ビジネスケアラー　42
非正規雇用　31
悲嘆反応　161
避難行動要支援者名簿　39
避難スイッチ　41
泌尿器の機能　7
皮膚の機能　6
被保険者（介護保険）　66
病院のサロン化　59
被用者保険　122
貧困線　24
ファシリテート　192
フォーマル資源　29
福祉活動専門員　168

福祉関係八法改正　119
福祉元年　118
福祉事務所　166
福祉ビジョン　60
福祉避難所　39
福祉用具　94
福祉用具購入　96
福祉用具専門相談員　168
福祉用具貸与　86, 88, 95
福祉用具の研究開発及び普及の促進
　に関する法律（福祉用具法）
　94
福祉用具法　→福祉用具の研究開発
　及び普及の促進に関する法律
扶養　56
フレイル（虚弱）　39, 80, 198
ブローカーモデル　175
プロダクティブ・エイジング　32
平均寿命　55
包括的・継続的ケアマネジメント支
　援　92, 147
包括的支援事業　92
防護動機理論　40
法定代理受領方式　71
訪問介護（ホームヘルプサービス）
　86
訪問介護員（ホームヘルパー）　46,
　86, 168
訪問型サービス（総合事業）　90
訪問看護　86, 87
訪問入浴介護　86, 87
訪問リハビリテーション　86, 87
保健師　164
保険者（介護保険）　66
ポピュレーション・アプローチ　81
ボランティア　173
ボランティア活動　12
ボランティアコーディネーター
　173

ま　行

味覚　7
民生委員・児童委員　144, 171
名称独占　162
モニタリング　177

や　行

夜間対応型訪問介護　83
薬剤師　163
役割喪失　11
ヤングケアラー　36, 37, 42, 44, 46
有料老人ホーム　61, 120
ユニバーサルデザイン　130

養育里親　139
養介護施設従事者　126
要介護者　68
要介護状態　67, 74
要介護認定　67, 68
　──の有効期間　68
要介護認定等基準時間　67
養護者（高齢者虐待防止法）　126
養護老人ホーム　87, 118, 179
要支援者　68
要支援状態　67, 74
要配慮者を対象とした研究　40
4つの助（自助，互助，共助，公助）
　81
予防給付（介護保険）　71, 78
　──としての地域密着型サービス
　83

ら・わ行

理学療法士　155, 164
リハビリテーション　154
リハビリテーションモデル　175
流動性能力　8
療養の給付　123
臨床推論　193
レビー小体型認知症　108
老人　54
老人医療費の無料化　59
老人介護支援センター　146
老人クラブ　116, 194
老人福祉センター　121
老人福祉法　118～121
　──に基づく措置　120
　──の事業　120
　──の目的　59
老人保健施設　60
老齢年金　182
老老介護　35, 46, 150
ロコモティブシンドローム　39, 80
ワンストップ　92, 147

欧　文

ACP　→人生会議
BPSD　→認知症の行動・心理症状
EPA（経済連携協定）　49
IADL（手段的日常生活動作）　165
ICF　→国際生活機能分類
IPE（多職種連携教育）　180
IPW（多職種連携）　180
MCI　106
QOL　114

執筆者紹介

（所属：分担，50音順，＊は編著者）

綾部　貴子	梅花女子大学文化表現学部教授：⑦，㊼
荒井　浩道	駒澤大学文学部教授：④
岩田　純	日本福祉大学福祉経営学部講師：㉞，㉟
植木　是	大阪大谷大学人間社会学部准教授：㉖
鵜川　重和	大阪公立大学大学院生活科学研究科教授：②，③
鵜浦　直子	大阪公立大学大学院生活科学研究科准教授：⑬
梅谷　進康	福井県立大学看護福祉学部教授：①，㊱
太田　健一	日本福祉大学福祉経営学部講師：㉝，㊴
大和　三重	関西学院大学名誉教授：⑭
岡田　進一	大阪公立大学大学院生活科学研究科教授：㊹
岡田　直人	北星学園大学社会福祉学部教授：⑯，㊸
岡本　秀明	和洋女子大学家政学部准教授：㉙
＊神部　智司	編著者紹介参照：⑤，⑰，⑱
桐野　匡史	岡山県立大学保健福祉学部准教授：⑪
金原　京子	関西医科大学看護学部講師：⑳
合田　衣里	新見公立大学健康科学部講師：⑫，㊳，㊵
小松尾　京子	鹿児島国際大学福祉社会学部准教授：㊺
佐藤　ゆかり	岡山県立大学保健福祉学部准教授：⑩，㉔
＊杉山　京	編著者紹介参照：はじめに，⑥，㉛，㊶，㊷
＊竹本　与志人	編著者紹介参照：はじめに，⑲，㉕，㊻，㊽
中島　民恵子	日本福祉大学福祉経営学部教授：㉗，㊾
橋本　力	神戸学院大学総合リハビリテーション学部講師：㉒
秦　康宏	大阪大谷大学人間社会学部教授：㉑，㉓
広瀬　美千代	大阪公立大学大学院生活科学研究科客員准教授：⑧，⑨
藤林　慶子	日本医療大学通信教育部総合福祉学部教授：⑮
堀川　涼子	美作大学生活科学部教授：㉚，㊲，㊿
矢吹　知之	高知県立大学社会福祉学部教授：㉘
吉川　悠貴	東北福祉大学総合福祉学部准教授：㉜

編著者紹介

竹本　与志人（たけもと・よしひと）
2010年　大阪市立大学大学院生活科学研究科後期博士課程生活科学専攻修了。博士（生活科学）。
現　在　岡山県立大学保健福祉学部教授，大阪公立大学客員教授。
主　著　『認知症のある人への経済支援まるわかりガイドブック』［共編著］（2024）中央法規出版。
　　　　『認知症のある人への経済支援』［単著］（2022）法律文化社。

神部　智司（かんべ・さとし）
2011年　大阪市立大学大学院生活科学研究科後期博士課程生活科学専攻修了。博士（学術）。
現　在　花園大学社会福祉学部教授。
主　著　『介護老人福祉施設の機能と地域貢献活動』［単著］（2023）大学教育出版。
　　　　『ソーシャルワークの理論と方法［共通科目］』［分担執筆］（2021）中央法規出版。

杉山　京（すぎやま・けい）
2018年　岡山県立大学保健福祉学研究科保健福祉科学専攻博士課程修了。博士（保健福祉学）。
現　在　大阪公立大学大学院生活科学研究科講師。
主　著　『認知症のある人への経済支援まるわかりガイドブック』［共編著］（2024）中央法規出版。
　　　　『生活不安の実態と社会保障』［分担執筆］（2022）東京大学出版会。

Horitsu Bunka Sha

社会福祉を学ぶ50の扉

高齢者福祉

2025年5月5日　初版第1刷発行

編著者　竹本与志人・神部智司・杉山　京
発行者　畑　光
発行所　株式会社　法律文化社

〒603-8053 京都市北区上賀茂岩ヶ垣内町71
電話 075(791)7131　FAX 075(721)8400
customer.h@hou-bun.co.jp
https://www.hou-bun.com/

編集：㈱にこん社
印刷：中村印刷㈱／製本：㈱吉田三誠堂製本所
装幀：谷本天志
ISBN978-4-589-04411-2

ⓒ2025 Y. Takemoto, S. Kanbe, K. Sugiyama
Printed in Japan

乱丁など不良本がありましたら、ご連絡下さい。送料小社負担にてお取り替えいたします。
本書についてのご意見・ご感想は、小社ウェブサイト、トップページの「読者カード」にてお聞かせ下さい。

JCOPY　〈出版者著作権管理機構　委託出版物〉

本書の無断複写は著作権法上での例外を除き禁じられています。複写される場合は、そのつど事前に、出版者著作権管理機構（電話 03-5244-5088、FAX 03-5244-5089、e-mail: info@jcopy.or.jp）の許諾を得て下さい。

社会福祉を学ぶ50の扉

B5判・並製カバー巻・各巻約220頁　順次刊行

●一人ひとり、知りたいところから学べる教科書

社会福祉士（国家資格）養成課程のカリキュラム内容に準拠した入門書シリーズ。
各科目の基本を、50の項目（1項目基本4頁構成）に分けてわかりやすく解説。
読者の学びの状況に合わせ、知りたいところから学ぶことができる。

竹本与志人・神部智司・杉山 京 編著

高齢者福祉　2750円

岩永理恵・野田博也 編著

貧困に対する支援　2750円

木下大生・與那嶺司 編著

障害者福祉　2750円

〈今後の刊行予定〉
こども家庭福祉
地域福祉
社会福祉の原理と政策

汲田千賀子編著

デンマーク発 高齢者ケアへの挑戦
―ケアの高度化と人財養成―

A5判・216頁・2530円

いま日本の高齢者介護の現場では人材不足が大きな問題となっており、それは介護の質的水準の低下に直結する。限られた人材で対応するには、ケアの高度化が必須となる。本書は一足早くケアの高度化を実現したデンマークの現場を知る著者が、その実際を詳解する。

香山芳範著

成年後見制度の社会化に向けた
ソーシャルワーク実践
―判断能力が不十分な人の自立を目指す社会福祉協議会の取り組み―

A5判・114頁・2200円

明石市社会福祉協議会の具体的事例を通して、成年後見制度の社会化に向けた社協の役割を考察した理論と実践の書。市民の主体性を育むことで制度の利用と担い手の広がりを図っていくことの重要性も提起する。

倉田康路・滝口真監修／
高齢者虐待防止ネットワークさが編著

高 齢 者 虐 待 を 防 げ
―家庭・施設・地域での取り組み―

A5判・184頁・2200円

高齢者介護にかかわってきた家族や介護従事者、民生委員など当事者への調査をもとに、高齢者虐待の実態と課題を明らかにする。虐待防止・発見のための各人の役割や手だてを提示し、地域ネットワーク構築の重要性を説く。

法律文化社

表示価格は消費税10％を含んだ価格です